国防科技重点实验室
知识创新研究

董鸿波　韦国军　侯兴明
曹裕华　翟　宁　吴红朴　王保顺　编著

電子工業出版社.

Publishing House of Electronics Industry

北京·BEIJING

内 容 简 介

本书深入剖析了国防科技重点实验室知识创新的一般原理，回答和解决了国防科技重点实验室为什么进行知识创新、怎么推动知识创新等基本问题；结合国防科技重点实验室知识创新实际，运用知识管理、组织学习、内部协同创新和团队创新绩效等理论，论述了学科、人才、文化在国防科技重点实验室知识创新中的作用原理，基于创新人才培养、创新学科构建、创新文化培育三个层面，有针对性地提出了提升国防科技重点实验室知识创新效率的对策措施；在吸收借鉴其他创新平台知识创新经验的基础上，结合军事技术与武器装备发展趋势，从政府部门、重点实验室依托单位和重点实验室自身三个层面，全方位提出了增强国防科技重点实验室知识创新能力的政策建议，这对于其他国家级重点实验室技术与知识创新绩效的提升，有着较强的借鉴意义。

图书在版编目（CIP）数据

国防科技重点实验室知识创新研究 / 董鸿波等编著. —北京：电子工业出版社，2019.7
ISBN 978-7-121-36923-0

Ⅰ．①国…　Ⅱ．①董…　Ⅲ．①国防科学技术－国家重点实验室－技术革新－研究－中国　Ⅳ．①E25-33

中国版本图书馆 CIP 数据核字（2019）第 122573 号

策划编辑：张正梅
责任编辑：张正梅　　特约编辑：余敬春
印　　刷：北京七彩京通数码快印有限公司
装　　订：北京七彩京通数码快印有限公司
出版发行：电子工业出版社
　　　　　北京市海淀区万寿路 173 信箱　　邮编：100036
开　　本：720×1000　1/16　印张：14.5　字数：270 千字
版　　次：2019 年 7 月第 1 版
印　　次：2022 年 4 月第 3 次印刷
定　　价：98.00 元

凡所购买电子工业出版社图书有缺损问题，请向购买书店调换。若书店售缺，请与本社发行部联系，联系及邮购电话：（010）88254888，88258888。

质量投诉请发邮件至 zlts@phei.com.cn，盗版侵权举报请发邮件至 dbqq@phei.com.cn。

本书咨询联系方式：（010）88254757。

前　　言

知识创新是一个理论问题，更是一个实践问题，提升知识创新能力与水平是一项艰巨而复杂的系统工程，涉及学科涵盖经济学、管理学、社会学等。选择一个什么角度，能够在有限篇幅内对这一问题进行深入研究，是我们始终考虑的问题。最终之所以要从国防科技重点实验室入手，一是考虑到国防科技重点实验室是国家重点实验室体系的重要组成部分，其能力和水平会直接决定和影响知识创新，尤其是军事技术和武器装备领域知识创新效率；二是现有关于知识创新的研究，大多集中于整体和宏观研究，以微观或某一具体领域为研究对象的不多，也基本集中在企业管理方面，对科研院所，尤其是基于实验室这一平台进行研究的少之又少；三是军事技术与武器装备领域的创新越来越依赖知识创新等基础层面，而国防科技重点实验室作为在基础领域进行军事技术的知识创新的重要力量，对其研究知识创新能力显然有非常强的针对性。

本书是原总装备部军事训练重大现实问题研究项目"基于国家级重点实验室平台的知识创新专题研究"的最终研究成果。课题立项的出发点是，通过分析国防科技重点实验室这一基础创新平台的知识创新行为，在一定程度上总结知识创新的一般规律和关键环节，提出增强经济主体知识创新、技术创新能力水平的方法和途径。课题立项后，课题组在分析国防科技重点实验室知识创新研究意义、概括研究现状、界定基本概念的基础上，从影响因素、动力、过程、系统等层面和角度入手，深入剖析了国防科技重点实验室知识创新的一般原理，初步回答了国防科技重点实验室为什么进行知识创新、怎么推动知识创新等基本问题。为了增加研究深度，结合国防科技重点实验室军事知识创新实际，课题组运用知识管理、组织学习、内部协同创新和团队创新绩效等理论，重点分析研究了学科、人才、文化在国防科技重点实验室知识创新中的作用原理，基于创新人才培养、创新学科构建、创新文化培育三个层面，有针对性地研究了提升国防科技重点实验室知识创新效率的对策措施。考虑到军事技术的知识创新是一项系统工程，涉及一系列内外部因素，其能力水平的提升离不开管理，因此课题组在吸收借鉴其他创新平台知识创新经验的基础上，结合军事技术与武器装备发展趋势，从政府部门、重点实验室依托单位和重点实验室自身三个层面，基于管理系统归纳了增强国防科技重点实验室知识创新能力与水平的政策建议。

课题以国防科技重点实验室为研究对象，揭示了在开放条件下国防科技重点实验室知识创新的特点与规律，其成果对于其他国家级重点实验室技术与知识创新绩效的提升，同样有着较强的借鉴意义。

项目课题组成员主要由航天工程大学航天保障系的领导和专家组成，原装备学院装备试验系主任王保顺为课题组负责人，具体参加人员包括航天保障系侯兴明主任、曹裕华、廖学军教授，董鸿波、吴红朴、钟铁军副教授，翟宁、陆云峰讲师等。项目课题组成立后，在上级机关的指导下，根据项目任务书要求，课题组成员在科学分工的基础上，经过多次集中讨论，形成了本书的研究框架与写作提纲。

课题研究和本书写作的分工情况如下：

韦国军、侯兴明：第9章　国防科技重点实验室知识创新能力提升政策建议；

王保顺、王小涛：第7章　国防科技重点实验室知识创新经验研究；

吴红朴、王义：第6章　国防科技重点实验室知识创新文化培育；

曹裕华、韦国军：第5章　国防科技重点实验室知识创新的学科建设；

董鸿波：整体框架，第1章　绪论，第2章　国防科技重点实验室知识创新基本理论，第3章　国防科技重点实验室知识创新系统分析，第10章结论与展望；

翟宁：第8章　国防科技重点实验室知识创新能力评价；

胡蝶、贺萧鹏：第4章　国防科技重点实验室知识创新人才培养及管理。

在课题组成员完成各自撰写任务后，董鸿波对全书进行了统一修改和定稿，彭云对文稿做了大量审校工作，翟宁对书中涉及的图、表等进行了技术处理，航天工程大学基础部白建武、杨艳对"第6章　国防科技重点实验室知识创新文化培育"部分内容的设置提出了宝贵意见，并参与了撰写任务；大连舰艇学院童哲参与了"第3章　国防科技重点实验室知识创新系统分析"部分的研究与撰写；国防大学政治学院西安校区王小涛参与了"第7章国防科技重点实验室知识创新经验研究"部分的撰写。航天工程大学军队政治工作学专业的胡蝶、贺萧鹏、王义三位在读研究生，承担了大量资料收集和整理工作，并高质量完成了相应章节内容的撰写，在这里对所有参与课题研究和书籍撰写的同志，表示衷心的感谢。

需要说明的是，本书能最终呈现在大家面前，绝非仅仅我们几人之力。在提纲和初稿形成过程中，郑怀洲、柯宏发、廖兴禾等领导和专家提出了宝贵的意见和建议，在此一并表示衷心感谢。在研究和写作过程中，我们借鉴了国内外文献关于这一问题的最新研究成果，并一一列于参考文献中，在这里对各位学者也表示衷心感谢。

由于时间、能力等的限制，书中还有许多不足之处，我们期待有机会聆听各位同行指正并加以修正。

编　者
2019 年 5 月

目　　录

第 1 章

绪论

· · · · · · · ·

　　重视知识创新是时代发展的必然要求，实施知识创新工程是提升国家科技实力，增强综合国力的重要手段。改革开放以来，针对世界科技发展趋势，着眼提升包括国防和军事在内的国民经济和社会发展各领域内的知识创新能力与水平，我国实施了包括国防科技重点实验室在内的一系列国家重点实验室建设计划。实施至今，作为国防和军事领域科技创新体系的重要组成部分，国防科技重点实验室围绕国防科技战略目标和武器装备技术的发展趋势，开展探索性、创新性和重大关键技术的应用基础研究，取得了一些具有国际先进水平的成果，在人才队伍建设方面涌现出一批具有国际影响力的团队，成为孕育国防科技英才的摇篮。进入新时代，随着科学研究的规模和复杂程度日益加大，学科领域之间的交叉不断扩展和深化，新兴学科、边缘学科不断地涌现，国防科技重点实验室如何进一步发挥项目、基地、人才相结合的优势，完善运行和管理，为增强国防领域技术与知识创新能力、建设创新型国家发挥更大作用，是值得关注与研究的重要问题。

1.1　研究背景与意义

　　知识创新是指通过基础研究和应用研究获得新的基础科学和技术科

学知识的过程。知识创新工程是指通过实施制度设计、体制改革、管理优化等途径，提升知识创新能力，实现知识创新目标。知识创新工程是中国特色国家创新体系的重要组成部分，是提升国家竞争力的一个重要举措。为此，党的十七大报告明确提出：要进一步加强知识创新体系建设，要着重发挥科研机构和大学在科技创新和人才培养方面的核心作用。党的十八大报告则提出：完善知识创新体系，强化基础研究、前沿技术研究、社会公益技术研究，提高科学研究水平和成果转化能力，抢占科技发展战略制高点。党的十九大报告也强调指出：要瞄准世界科技前沿，强化基础研究，实现前瞻性基础研究、引领性原创成果重大突破。所以，进行知识创新相关问题的研究是国家宏观政策的要求，也是我国提升科技竞争力的长期任务。

与党和政府高度重视科技创新、知识创新相比，我国科技发展和知识创新还存在不少亟待解决的问题：研究力量分散，研究工作缺少长期持续发展的综合目标；科学研究和创新规划和重点项目的整合程度不高，难以实现科技资源与成果共享，低水平重复建设现象相当普遍；学科的综合性、交叉性、集成性以及国际化程度普遍较低，科学研究缺乏核心竞争能力等。着眼解决现实中存在问题，提升科研活动效率，适应世界科技发展和知识创新加快的趋势，1984年，国家正式实施加速中国科学事业发展的国家重点实验室建设计划。国家重点实验室指由国家投资或推动，依托某一大学或科研机构的优势领域建设的以基础研究和应用基础研究为主要任务的相对独立的科研实体。国家重点实验室作为科技创新体系的重要组成部分，作为实施知识创新工程的重要举措，在科学研究方面取得了一些具有国际先进水平的成果，在人才队伍建设方面涌现出一批具有国际影响力的团队，成为孕育我国科技将帅的摇篮。

国防科技重点实验室是国家重点实验室计划的一个重要组成部分。1992年，为加强与国家安全息息相关的国防工业的发展，考虑到国防科学研究与应用开发资金与保密性的特殊要求，当时国防科工委决定启动国防科技重点实验室建设计划。2008年国家体制改革后，国防科技重点实验室由国家国防科技工业局、原解放军总装备部共同建设和管理。国防科技实验室体系由国防科技国家实验室、国防科技重点实验室、国防重点学科实验室三类实验室构成，分别对应科技部的国家实验室、国家重点实验室、国家工程技术研究中心。

21 世纪以来，科学研究的规模和复杂程度日益加大，学科领域之间的交叉不断扩展和深化，新兴学科、边缘学科不断涌现，科学发展需要的投资急剧增加，实验环境条件对科学研究的影响日益显著，所有这些使研究人员个体和小型研究团队已经难以完成知识创新上的重大或者较大突破，依托创新平台，汇聚创新力量，形成集群创新势在必行。国防科技重点实验室拥有大量的高技术人才，在国防科技和武器装备领域拥有绝对领先的优势学科，担负的各种任务科技含量高，是国防科技创新的重要平台和源泉，有责任和条件为提升整个国家的知识创新水平做贡献。研究国防科技重点实验室的知识创新问题，不仅能够为国防科技重点实验室分析自身知识创新能力状况、确定知识创新发展目标、总结知识创新经验、加强知识创新管理和完善创新机制提供有益的帮助，也能够为国防科技和武器装备管理的相关部门提供有价值的决策依据，同样也能为立足国家重点实验室提升知识创新效率提供可供借鉴的样本经验。基于此，研究军民融合背景下国防科技重点实验室知识创新问题，既具有必要性，又具有紧迫性。

1.2 研究概况与述评

学术界关于知识创新的研究最早见于 20 世纪中叶，21 世纪以来，随着知识经济的兴起与发展，研究知识创新的热度不断递增，涌现出了大量研究成果。

1.2.1 知识创新研究现状

知识是人类通过实践对自然、社会和思维活动形态及其规律认识和描述的信息。知识创新则是指为了获取科学技术方面的新知识，有针对性地开展的研究活动。国内外学术界对知识创新研究的时间并不长，CNKI 文献检索可以看出，1998 年开始，知识创新成为学术热点，持续至今，形成了大量研究成果，具体如图 1-1 所示。

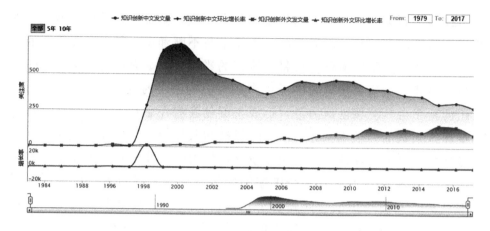

图 1-1 知识创新学术关注图

1. 国外研究概况

关于知识创新的论述可以追溯到熊彼特的创新理论。约瑟夫·熊彼特认为，所谓创新就是要"建立一种新的生产函数"，就是要把一种从来没有的关于生产要素和生产条件的"新组合"引进生产体系中去，以实现对生产要素或生产条件的"新组合"。在熊彼特基于"生产函数"的创新观点中，创新事实上是一种"知识"范畴内的创新，不仅仅包括技术创新，还包括管理创新、组织创新以及市场创新等。

在 1952 年出版的、由美国学者伯纳德·巴伯撰写的《科学与社会秩序》一书中，多次提到"科学创新"。伯纳德·巴伯所谓的"科学创新"，指科学发现或发明。如果考虑到科学不仅是探索未知的活动，也是人类的知识体系，那么，"科学创新"与"知识创新"有类似之处。

1991 年，日本学者野中郁次郎在《哈佛商业评论》发表"创造知识的公司"一文，指出知识创造能激发创新，新知识在组织内的创造过程是创新活动的基石。野中郁次郎指出，通过不断地创造新知识，在组织中广泛推广新知识，并迅速将其融进新技术、新产品、新系统中，就能够实现创新。此后，野中郁次郎在知识创新领域做了大量的研究，提出了知识创造的五阶段模型和七个原则，提出了知识创新空间的概念，并以"ba"命名，同时建立了创新的 SECI 转化与螺旋运动模型。野中郁次郎的研究取得了学术界的广泛认同，其在知识创新领域取得的里程碑式的研究成果将知识创新的研究带入了新的阶段，被广大知识管理的学者争相学习和探讨。随着知识创新思想在企业管理中的广泛普及，如何在企业管理实践中推动知识创新成为很多学者的研究重点。

知识创新的概念是由美国学者德伯拉·艾米顿（Debra. M. Amidon Rogers）于 1993 年提出来的。她认为知识创新就是"通过创造、演化、交流和应用新思想，将其转化为市场化的产品和服务，以达到企业经营成功、国民经济振兴、社会全面进步的目的。"[1]在艾米顿的认识里，知识创新包括科学研究获得新思想、新思想的传播和应用、新思想的商业化三个过程，或者说形式。具体而言：一是通过研究和发展（R&D）活动进行知识创新；二是除了研究与发展活动外，在知识的生产、传播、交换和应用过程中发生的知识创新；三是为了社会和经济利益的新知识的首次扩散和应用。艾米顿主要是在企业层面、从知识管理的角度理解知识创新的。她强调的是知识创新的适用性，使新知识通过市场转化产生社会效用。艾米顿的研究为知识创新的蓬勃发展奠定了基础。

国外关于知识创新实体的研究。知识创新实体指的是知识创新的成果或者说产出物——知识到底是什么，以及如何进行划分的问题。野中郁次郎（1991）以日本制造企业为样本，在分析了代表性企业管理的数据和经验后认为，企业知识应分为显性知识和隐性知识，而在企业中起主导作用的知识是隐性知识。有学者（Collins，1993）分别从两个不同的维度，对知识进行分类，他指出知识的使用与人的认知水平有关，也与知识运用的具体环境有关。有学者（Glynn，1996）在综合其他学者研究的基础上认为，企业中的知识具有三种属性：隐含性、环境依赖性和分散性。其中分散性是指企业中的知识分散在企业的各个员工之中。除此之外，还有许多学者对知识创新的实体进行了研究，得出了一些有益结论，比如企业中隐性知识，是知识创新的根本要素，对于知识创新活动起主导作用；企业中知识创新离不开环境的支持，环境因素的好坏对于知识创新的成功与否有非常大的影响；企业中的每个员工，都是知识创新的执行者等。

国外关于知识创新关联的研究。有代表性的研究理论认为，知识创新是持续的，由计划和决策驱动，产生于企业的任何工作流程中，在培训会议、讨论、研讨、侧面思考、持续学习、头脑风暴中促发，需要的条件有组织意向、自主权、波动与创造性混沌、信息冗余、必要的多样性以及核心竞争力，运用的资源有企业内部价值链、外部供应商和客户以及大学的增值链、政府、自有研究机构、竞争对手和相关产业，知识创新的输出为新的思路、挑战和创新精神。

国外关于知识创新的一个研究重点就是基于知识创造对知识创新过程的研究。对于知识创新过程的研究，最早可以追溯到 1995 年，这时涌现出了大量研究成果，最有代表性的学者当属野中郁次郎[①]。作为知识创造理论之父的野中郁次郎，将知识创造的过程分为四个步骤，分别是知识的社会化、外在化、整合化和内化过程，这是一个动态的、成长的过程。继而又提出了"场"的理论，对于一个企业而言，"场"更多关注的是企业如何为知识创新提供一个良好的企业环境，也就是创新平台，从而有利于知识创新的过程。在此基础之上，有学者（Petrash，1996）进一步指出在企业知识创新的过程中，有三种载体：人员载体，即企业中每个员工都拥有知识和产生知识；组织载体，即企业知识，其形式可表现为企业文化、组织结构等；客户载体，即企业在与供应商或者客户进行贸易交流时所产生的知识。该学者认为这三类知识载体之间的关系直接影响企业知识创新的过程和效果，增加企业知识创造的空间，进而增加企业价值创造的空间，应该注重优化这三类知识载体的相互关系。

除以上几个方面外，国外关于知识创新的研究成果还包括以下几点：认为创新产生于知识衍生和应用之中的交互过程；知识创新程度较高的企业得益于较广的研究范围和专利申请，以及与大学和研究机构之间的联系程度，而知识创新程度较低的企业更加依赖于商业服务之间的知识联系；研究人员的招聘是促进企业和大学之间知识交流的关键要素；自主创新和复杂创新通常比系统创新和简单创新更加依赖于设备的支出；知识创新中最重要的因素是人，而且由于知识交流程度等因素影响，小规模创新企业通常比大规模创新企业的知识创新程度高。

2. 国内研究概况

1998 年，国内众多学者开始关注知识创新，在 2000 年便达到了关注度的峰值，CNKI 统计当年中文发文量达到 704 篇。这些文献总的特点是研究借鉴了国外研究成果，同时融入了具有我国特色的研究成果。经过 20 年左右的研究探索，对于知识创新的一系列基本问题，理论界已经达成共识。

关于知识创新的内涵。路甬祥提出，知识创新是指通过科学研究（包括

[①] 知识创造与知识创新之间有着明显的区别，也有着紧密的联系。简单地讲，知识创造其实是知识创新的一个子过程，或者说环节，知识创新除了包括知识创造，还包括知识应用，即知识创新是通过知识创造过程产生具有"新颖性"的知识，然后通过知识应用最终实现知识的"应用价值"的过程。具体细节下章相关内容有专门论述。

基础研究和应用研究）获得新的基础科学知识和技术科学知识的过程。它主要包括三大类：发现了新的科学事实，探索到新的科学规律，建立了新的科学理论；发明了新技术，创造了新产品；提出了新方法、新手段，开拓了新领域。傅家骥指出，知识创新主要是指人们在基础研究领域取得的对于自然规律的突破性认识，在各个学科前沿领域发现新现象，解释新机理，建立新理论，并成为新的科学技术社会化的前提条件。他还重点阐述了知识创新与技术创新的区别与联系：知识创新包含于知识的自操作和新知识的生成过程；技术创新则体现于对物质资源的操作或知识功能充分发挥的过程。知识创新是技术创新的基础和源泉，技术创新是知识创新的延伸和落脚点。

关于知识创新影响要素的研究。有学者将知识创新影响要素分为资源、组织和环境三个方面，其中资源影响包括人力资源、财务资源和技术资源，组织影响包括组织结构和组织文化，而环境影响包括社会创新系统、宏观环境、企业间合作与客户；有的将影响面向业务流程的企业知识创新因素分为微观（人力资源、沟通、管理）、中观（组织结构、文化、财力、信息知识）和宏观（法制、融资、社会文化）三个方面。很多学者关注了人才和知识创新的关系，如中科院的知识创新工程认为人才的培养是提高知识创新能力的一个重要举措，人力资源的吸收和运用也是智力资本的一种体现，而在强调以人为本的管理发展的今天，智力资本被认定为企业生产管理的核心要素，成了企业竞争的关键资源和发展新动力。除此之外，有的学者分析了人的全面发展思想对知识创新的影响，从微观角度强调个人对知识创新的影响，如企业员工个人和知识创新的关系，以及变革型领导通过对员工的知识创新行为影响进而促进或抑制了知识创新的结果，还有的将研究重点放在了组织中人力资源管理对知识创新的具体作用机制。

关于知识创新效果的研究。国内学者一致认为，知识创新对企业核心竞争力的作用是最明显的，知识创新构建起了企业竞争战略的基础。企业竞争优势的来源是资源和能力，而资源和能力的核心又来源于知识，知识创新使企业在整体上获得竞争优势，同时能够实现企业战略。产业集群和知识创新是互相促进、共同发展的，知识创新是产业集群中企业提升竞争力的客观需求。有的学者还建立了知识管理与核心能力动态建设的模型框架，讨论了组织学习、核心能力与竞争优势关系，描述了企业的核心能力——显性知识、诀窍和态度的动态发展过程；有的运用关联模型，在定量上从知识学习、知识共享、知识整合、知识创新四个方面，论证了知识创新和企业核心竞争力之间的关系，对企业知识管理实施的有效性检测具有重要的参考价值，也提供了一种对于知识创新研究的可行方法和具体措施。

关于知识创新研究领域，学者闫刚通过对中文社会科学引文索引（CSSCI）数据库1998—2011年关键词为"知识创新"的文献的分析，指出我国与知识创新有关的研究工作主要集中在知识管理、知识经济、技术创新、知识共享、组织学习、图书馆等研究领域[2]。可以看出，国内关于知识创新的研究系统性较强，尤其是对于知识创新的影响要素的研究，既有定性研究也有定量研究，而对于知识创新带来的企业竞争力等方面的提升，国内学者也做了大量的阐述和分析。在知识创新刚刚引进之时，我国学者对知识创新的内涵从哲学、经济学和管理学等角度进行了大范围的讨论，并且重点探讨了知识创新的动力机制。随着知识创新理论和方法在我国的逐渐普及，知识管理研究学者将研究重点放在了知识创新的方法演绎上，同时侧重于知识创新在组织中的应用。

1.2.2　知识创新平台研究现状

无论是相对于知识创新其他方面的研究，还是相对于其他创新平台的研究，国内外关于知识创新平台研究都是相当不充分的。从CNKI文献检索可以看出，中外文发文量都非常少，具体如图1-2所示。即便对于知识创新平台相关概念的认识，学术界也是随着实践领域的发展而逐渐深入的。

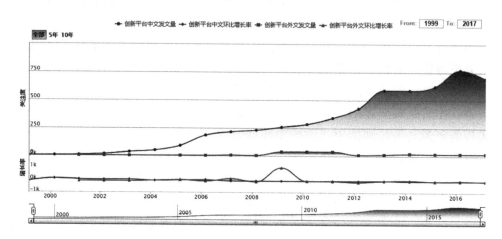

图 1-2　知识创新平台学术关注度

1. 国外研究概况

"知识平台"（Knowledge Platform）思想，是罗森伯格（Rosenberg，1982）在研究技术发展过程规律时提出的。罗森伯格认为，技术发展是一个通过少数几个阶段性台阶实现间断性积累的结果。当多个知识层面相互交叉时，新的知识就出现了[3]。知识面的交叉表明原先不相关的领域聚焦于某一点时所产生的积累知识的综合（Usher，1954）。所以，知识积累不单是知识面内部的积累，更是不同的知识面偶然性的知识综合创造出新的知识。在罗森伯格的观念中，如果两个或两个以上的知识层面交叉产生新的知识，就表明知识上了一个平台。我们知道，知识创新平台，更多的应该是指知识创造的空间与组织，因此罗森伯格这里提出的知识平台，还不是严格意义上的创新平台。

1999 年，美国竞争力委员会在题为《走向全球：美国创新新形势》的研究报告中，提出了创新平台（Platform for Innovation）的概念。其内涵主要是指创新基础设施以及创新过程中不可或缺的要素：人才和前沿研究成果的可获得性；促进理念向创造财富的产品和服务转化的法规、会计和资本条件；使创新者能收回其投资的市场准入和知识产权保护。需要指出的是，这里的创新平台泛指包括技术创新在内的各类创新平台，而不仅局限于知识创新平台。同样可以看出的是，这里的"Platform"并不是"空间"或"组织"层面的，更多指的是知识创造的环境条件。

严格来讲，野中郁次郎的知识创造理论论述和回答了知识创新平台问题。在野中郁次郎构造的 SECI 过程模型中，隐性知识与显性知识相互作用、相互转换，进而在螺旋过程中得以实现知识创新。这一过程需要一个平台实现知识间的转换，野中郁次郎称之为"ba"。"ba"不仅指知识交流共享的物质空间，而且指基于信息网络的超物质空间和精神空间（共享的经验、理念以及价值观）[4]，是分享、创造和使用知识的环境。

随着分工的演进和市场竞争的深化，知识创新已由组织内部扩展到组织之间，企业之间、企业与高校之间等形式的知识联盟应运而生。于是，组织之间知识转移、知识连接的界面接口问题也得到了重视，在野中郁次郎相关界定的基础上，学术界提出了知识共享平台、协同创新平台、产业链的知识整合平台、组织间知识网络等概念。但是，目前国内外对于支持知识创新的平台还没有进行系统的研究，已有的研究主要集中在以国家资助的基础研究机构上，在我国指的就是包括国防科技重点实验室在内的各类国家级重点实验室。

2．国内研究概况

随着对各类创新研究的深入，借鉴国外研究思路，国内有的学者在创新研究中也引入了平台的概念，如胡树华等研究了产品创新平台的问题，对产品创新平台的内涵、主体、层次、内容、机制及其功能特点进行了探讨及关于产品平台与产品创新战略的研究。张宗臣等提出了技术平台的概念，论述了其在企业核心能力理论中的地位。吴国林探讨了区域技术创新平台的概念、构成与运行机制。刘毅对高科技园区创新平台建设进行了系统的研究，提出高科技园区创新平台的概念、特征、运行机理。洪晓军在总结分析国外关于创新平台概念界定的基础上认为，创新平台将创新资源与要素汇聚，通过整合，在某个领域进行创新研究，产生应用成果[5]。这一界定，一定程度上对包括知识创新在内的各类创新平台的共同性本质与特征进行了揭示。

国内"知识创新平台"这一概念首次出现，是 2001 年《光明日报》的一篇文章：打造知识创新平台。作为一篇通讯类文章，文中并没有界定概念本身，而是介绍了一家校企合作公司在科技创新方面的有效成就。此后至今，CNKI 中可见的为数不多的几篇学术文献中，学者们从不同层面和角度揭示了知识创新平台。有学者剖析了重点学科建设在高校知识创新体系发展中的地位、作用以及目前存在的问题，提出要以重点学科建设为突破口，构筑上海高校知识创新的新平台。[6]有学者指出基于数字网络的图书情报服务平台是知识创新的基本保障条件之一，并从图书情报服务平台的网络结构和功能结构两方面探讨了平台的构建问题。[7]还有学者通过对博客（BLOG）特点和文化内涵的探讨，证明博客可以成为协同知识创新的平台，并对此平台上进行的协同知识创新过程进行了研究。[8]除此之外，有的学者指出高校科研信息服务平台在知识创新中具有重要作用，提出了搭建面向知识创新的高校科研信息服务平台的总体目标和要求，确立了该平台的具体功能结构。[9]有学者更进一步设计了知识网络平台体系结构，构建了基于知识网络的协同知识创新系统体系架构，并依此设计了协同知识创新系统的虚拟知识网络工作环境。[10]在网络工作环境构建方面，有的学者更为具体，提出将 Wiki 技术应用于学术领域，针对科学研究的具体需要实施基于 Wiki 的技术集成平台，可作为数字科研环境建构的有机组成部分，能够有效促进学术知识创新的开展。[11]瞿成雄在其博士论文《跨系统知识创新信息保障平台构建与服务组织研究》中论述了开放式知识创新环境下，构建面向用户的跨系统知识创新信息保障平台的重要性，探索了国家创新信息保障平台构建的社会化组织机制，研究了平台的技术支持、框架结构、跨系统共享协议和平台的整体化实现方案。[12]可以看出，这些成果均涉及了知识创新平台的某一个方面，或者说某一种形式，没有从整体上对知识创新平台进行系统深入论述。

2007 年，吉林大学王蕊在其硕士毕业论文中对知识创新平台展开系统论述。[13]文中作者界定了企业知识创新平台的概念、特点及功能，分析了企业知识创新平台的结构和运行机制，在运用知识管理和知识创新基本思想的基础上给出了企业知识创新平台构建的方法。作为吉林大学同年毕业、同一个导师指导的硕士研究生，田爱玲在其毕业论文《吉林省知识创新平台构建研究》中，研究揭示了区域知识创新平台的相关功能及其构建。这两篇论文从企业和地域两个不同层次入手，系统深入研究了知识创新平台，提升了学术界对其整体性把握的能力。

1.2.3　国家级重点实验室研究现状

尽管名称各有不同，但国内外公认的一点是，在基础和前沿领域从事研究的、受国家资助的科研机构、大学等是知识创新的重要平台。显然国防科技重点实验室也在其列，但由于国防科技重点实验室的特殊性，国内外公开文献中，并没有基于其探讨知识创新的，为此，我们以国家级重点实验室为样本，对理论界有关研究进行梳理。由 CNKI 文献检索可知，1988 年开始，中外学术界开始关注"国家重点实验室"相关研究。进入 21 世纪，研究热度明显上升，具体如图 1-3 所示，2010 年前后中外发文量先后达到峰值。

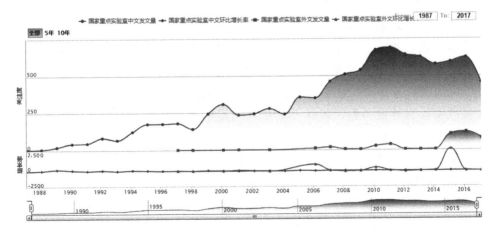

图 1-3　国家重点实验室学术关注度

1．国外研究概况

国外学者对于包括国防科技重点实验室在内的科研机构的论述，由于种种原因，我们能见到的比较系统的研究大都是关于美国科研机构的探讨。美国学者出版的《美国研究机构的管理：着眼于政府研究所》一书，追述了美国研究机构波浪式向前发展的历程，概括了现代研究机构的特点，探讨了美国国家研究机制的发展及其在应用研究方面的管理、计划、组织、实施、物资调拨、行政管理、协调和评价，以及如何在正常经费限定的条件下，对大型研究机构实施管理。[14]同样是由美国学者出版的《美国国家创新体系中的研究与开发实验室》一书，选取全美若干个代表性实验室，通过对其历史、任务、组织结构及其活动资料的分析，回答了"为什么要把注意力集中在联邦实验室上"的问题，指出联邦实验室"是国家创新体系的杠杆作用点"的问题。[15]书中，作者采用环境背景分类法这一新途径，对美国国家创新体系进行了深入系统的思考，分析了以往按照三个部门分类的实验室模式的优缺点，并提出了新的分类模式，提出了一个了解这些实验室的组织结构和工作情况的新框架，这个新框架也为使联邦政府的科技政策合理化，从而为建设更高效的实验室打下了基础。

2．国内研究概况

我国学者对于包括国防科技重点实验室在内的科研机构开展具有针对性的研究时间不长，其中大部分又都内嵌在文献中作为一个章节进行论述。以"国家重点实验室"为关键词，在 CNKI 搜索，篇名中涉及的文献相当多，每年发文量在数百篇，但其中绝大部分是报道性文章，即介绍某一具体国家重点实验室，学术研究性论文相当有限，仅有的也以中外比较为主。如 CNKI 中国家重点实验室相关论文引用最高的三篇论文中，两篇都是关于我国国家重点实验室与美国国家实验室建设管理比较研究的。

我国国家重点实验室是 1984 年开始建设的，2009 年，易高峰在分析国家重点实验室建设历程、现状及其成就与经验的基础上，提出了国家重点实验室未来发展的建议：创新管理体制；加大科研经费投入与提高经费使用效益并重；吸引、聚集、培养一流人才，致力于学术卓越；促进学科交叉与综合集成；建设优秀的实验室文化。[16]2011 年，苏丁丁等在对我国国家重点实验室的布局、队伍建设、研究水平、经费支持、运行管理等进行统计分析的基础上，叙述了国家重点实验室发展中存在的问题，对重点实验室如何定位、特色凝练、创新管理及发挥科研成果在经济建设中的作用等提出了对策建议。[17]谢焕瑛、危怀安、满杰、刘国瑜等，从运行机制、评估考核、文化建设等不同角度，论述了国家重点实验室建设与发展。

华中科技大学夏松的博士论文《我国基础研究基地若干管理问题研究》对国内外基础研究基地进行了比较研究，在此基础上，通过分析美国国家实验室运行管理机制，尝试提出了构建我国基础研究基地的管理模式。北京大学晋保平的博士论文《论国家科研机构的研究生教育》，运用统计分析、个案分析、比较分析等科学方法，对国家科研机构发展研究生教育的重要性和可行性进行系统的理论研究。华中科技大学殷朝晖的博士论文《论国家科研体制建设与研究型大学发展》，从研究型大学的角度论述了我国科研系统在国家层面上的整合，概括了世界上研究型大学与国家科研机构的三种关系模式。华中科技大学王福涛的硕士论文《我国国家重点实验室发展战略研究》，系统地研究了我国国家重点实验室二十年来的发展历程，概况了国家重点实验室与国家经济发展同步变化的规律，总结了国家重点实验室的管理与经费投入模式，并结合我国中长期发展战略规划，对国家重点实验室今后的发展趋势进行了展望，是近几年这方面研究的成功之作。

1.2.4　国内外研究现状评述

知识创新是为适应时代发展的要求而提出来的，实施知识创新工程是提升国家科技实力，增强综合国力的重要手段。尽管目前知识创新和知识创新工程的概念被广泛使用，但迄今为止，还没有广泛认可的定义。不同学者基于不同的研究目的，往往强调了不同的侧面，而且他们也并未试图给出一个关于知识创新的严格和完整的定义。再者，不论是国外学者，还是国内学者，他们关于知识创新和知识创新工程的研究都存在着明显的缺陷：一是研究对象大多局限于企业这一微观领域，缺乏国家这一宏观层面的研究。二是受历史、政治和文化等因素的影响，每一个国家都会以不同的制度安排来推动知识创新，这种差异性造成了国家创新体系多样性和系统效率上的差异。然而国内学者对于知识创新和知识创新工程的理论研究基本上是沿着国外的思路进行的，尚未形成自己的理论体系。三是论述国防科技与知识创新关系，立足国防科技推进国家知识创新的研究还是空白。除此之外，国内外对于知识创新的关联要素研究普遍将"人"的问题摆在了第一位，甚至认为知识创新就是关于"人"的管理，国外的少数研究考虑到了研发强度、组织间的合作、资金投入和设备对于知识创新的作用，而国内除了"人"的要素之外，更加重视创新主体文化、融资、制度和市场方面的因素。同时，国外对于知识创新要素的研究侧重于定量分析，定性分析不足，国内则是定性分析为主，定量不足，说服力较低。

知识创新和科学技术的进步离不开创新平台的支撑，理论界在研究知识创新和科技发展效率能力提升时，似乎都忽略了对创新平台的系统分析，至于创新平台在知识创新和知识创新工程中的地位和作用的研究更是凤毛麟角。在少量关注和重视创新平台的文献中，涉及创新平台某一类的多，系统论述的少；以企业为研究分析对象的多，科研院所、重点实验室的少。虽然国内也有学者，开展了一些关于国内科研机构的研究，但这种研究也侧重于国际比较，基于提升知识创新效率对国内科研机构高屋建瓴的系统研究还比较匮乏，以国防科技重点实验室开展研究的更是没有。

基于此，本书首次提出"基于国防科技重点实验室平台的知识创新工程"的概念，立足军民融合深度发展的大背景，以国防科技重点实验室为分析研究对象，在前人研究的基础上，结合国防科技和武器装备发展实际，从宏观层面上论述国防科技重点实验室在知识创新中的地位和作用，提出基于国防科技重点实验室的知识创新能力与效率提升对策措施，为丰富中国特色知识创新理论做出一份贡献。

1.3　研究内容与方法

知识创新是国家科技发展的源泉和获取竞争力的关键，也是我国构建国家创新体系的重要组成部分。当今科学技术发展与知识创新的重要特征之一是学科的交叉与融合。知识创新和重大科技成果的获得，越来越依赖拥有学科、人才、设备和研究优势的各类创新平台，越来越需要组建创新学术团队，集中力量进行联合攻关。包括国防科技重点实验室在内的国家级重点实验室作为知识创新的基础平台和战略高地，在国家创新体系中发挥着越来越重要的作用。以国防科技重点实验室为样本，着眼国家级重点实验室知识创新能力与效率的提高，本书主要研究内容和思路方法如下。

1.3.1　主要研究内容

本书在分析知识创新一般原理的基础上，针对影响国防科技重点实验室军事技术与知识创新的几个关键因素，从人才培养、学科建设、文化培育等方面分析总结了提升国防科技重点实验室军事技术与知识创新能力效率的对策措施。主要内容分为以下几个部分。

1．国防科技重点实验室知识创新理论基础研究

概括归纳知识创新、知识创新工程、国家重点实验室等重点词汇的概念、内涵、特征；从主体、客体、环境等方面全方位分析影响国防科技重点实验室知识创新的因素；分析国防科技重点实验室知识创新动力机制，掌握其动力类型与动力模式；从管理、转化和场三个层面深入分析国防科技重点实验室知识创新的过程；运用体系思想，分析国防科技重点实验室知识创新系统构成、特性及其运行机制。

2．国防科技重点实验室知识创新学科方向和专业领域研究

分析学科方向和专业领域在知识创新中的重要作用及其发挥途径，梳理国防科技重点实验室现有主干学科专业和优势专业领域，重点研究军队所属国防科技重点实验室学科培育和专业领域拓展基本情况，深入研究不同学科专业知识创新情况，归纳总结学科培育和优势专业领域拓展的成功经验，基于知识创新提出学科研究方向进一步培育和拓展的思路。

3．国防科技重点实验室知识创新人才队伍建设研究

论述创新型人才，尤其高层次创新型人才在国防科技重点实验室知识创新中的重要地位与作用，总结新时期军队系统科研创新平台及重大科研项目培养科技帅才的主要做法，重点研究军队单位依托科研创新平台及重大科研项目搭建拔尖人才培养新模式、加强团队建设的主要做法，分析其在制度与体制改革方面采取的主要举措，总结其成功经验。

4．国家级重点实验室知识创新经验借鉴研究

跟踪研究中科院、中国科技大学等地方单位开展知识创新的主要做法和经验，重点研究地方单位依托国家重点实验室培育主干学科和优势专业领域

的主要做法，总结地方单位依托国家重点实验室培育科技帅才特别是院士的成功经验。

5. 国防科技重点实验室知识创新能力效率提升研究

在总结分析影响国防科技重点实验室知识创新的影响因素，归纳国防科技重点实验室知识创新的核心竞争力、运行机制的基础上，构建国防科技重点实验室知识创新系统模型，结合新时代国防和军队现代化目标有针对性地提出加强国防科技重点实验室知识创新的政策和措施。

在完成主要研究内容的过程中，突出以下关键问题的研究和解决。一是系统分析影响国防科技重点实验室知识创新的各种因素，定向与定量相结合，总结概括出各因素影响权重；二是基于知识创新影响因素分析，构建国防科技重点实验室知识创新体系，梳理清楚体系的构成及其各子体系间的关系；三是基于知识创新过程分析，深入系统研究国防科技重点实验室知识创新运行机制，着重分析动力、激励机制，有针对性地提出增强和提升国防科技重点实验室知识创新的对策措施。

1.3.2　基本研究方法与思路

围绕课题目标和拟解决的关键问题，结合课题组成员的学术专长，在课题研究过程中，主要采取以下研究方法。

一是理论方法。课题运用系统工程学、管理科学、信息科学、行为科学、技术经济学等学科的理论，对国防科技重点实验室军事技术与知识创新的性质、内涵、核心竞争力、运行机制等进行研究，并在此基础上探索国防科技重点实验室军事技术与知识创新的影响因素及提升其创新效率的对策措施。具体方法包括：文献法，从多视角对国内外团队理论和知识创新理论进行分析、概括、归纳和总结，为本研究的顺利开展提供必要的文献依据；系统分析法，应用系统工程的思想方法对国防科技重点实验室军事技术与知识创新系统进行分析，阐明各要素之间的关系，总结国防科技重点实验室军事技术与知识创新的动力机制和实现路径，为机理研究与模型分析提供参考。

二是实证方法。在掌握国防科技重点实验室军事技术与知识创新的影响因素、核心竞争力、运行机制等理论后，设计调查问卷，对军内外国家重点实验室进行问卷调查，重点走访有代表性的军内外设立的国防科技重点实验室，通过访谈掌握第一资料，利用 STATA 软件分析调查问卷结果，验证所提出的国防科技重点实验室军事技术与知识创新观点的正确性和可信性。

根据知识创新的内涵与特征，结合国防科技重点实验室在知识创新中的地位与作用，联系我国知识创新现状，本书按照"提出问题—分析问题—解决问题"的研究思路进行组织，相应的具体研究内容和研究方法的技术路线，如图 1-4 所示。

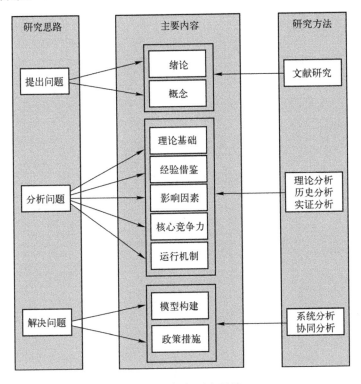

图 1-4 本书研究思路

本章小结

概括了研究和分析国防科技重点实验室开展知识创新的意义，指出进行知识创新相关问题的研究是国家宏观政策的要求，是解决我国知识创新和科学研究现实中存在问题、提升科研活动效率、适应世界科技发展和知识创新加快的趋势的必然要求，是对新世纪知识创新和科学研究发展趋势的必然遵循。围绕研究主题，对国外学者关于知识创新、知识创新平台和国家级重点实验室等相关研究成果，进行了全面分析与梳理，概括了现有研究的优点，指出了存在的不足，为下一步有针对性开展研究奠定了基础。

第 2 章

国防科技重点实验室知识创新基本理论

• • • • • • • •

正确认识和把握创新、知识创新、知识创新平台，以及国防科技重点实验室等基本概念的内涵与外延，全面厘清和掌握军事技术与知识创新的基本原理，是增强国防科技重点实验室知识创新效率，提高知识创新能力的前提和基础。

2.1 军事技术与知识创新

知识创新是指人们通过社会实践（包括科学研究）获得新知识的活动[18]。理解和把握知识创新，必须从知识入手，深化理解。

2.1.1 知识的概念及分类

关于知识的定义和性质，目前尚无定论。从各种文献研究来看，知识是一个模糊的概念，在许多情况下，人们甚至认为它是常识性概念。也有许多学者试图将其准确化，但是事实上在不同的时间和研究视野下，知识呈现出不同的维度。

1. 知识的概念

"知识"一词在中国文化中有 20 多种含义，在各类历史文献和书籍中频繁使用。据统计，在 2500 年前问世的《论语》中，"知"字就出现过 116 次；在 2200 多年前，先秦时期的儒学大师荀子在《劝学》中说"则知明而行无过矣"，这里的"知"是"智"的意思；在 1500 多年前，东汉哲学家、教育家王充在《论衡》中提到"知为力"，开了"知识就是力量"的先河。在 1979 年版的《辞海》中，定义知识是"人类在社会实践中积累的经验"[19]。

国外学者对于知识的定义也是众说纷纭。例如，有学者（Myers）认为知识是那些嵌含在能促进行为的惯例和过程之中的经过处理的信息，这些经过处理的信息还包含在组织系统、流程、产品、规则和文化中；有学者认为知识是一整套被认为是正确的、真实的并且可以用来指导人们思考、行为和沟通的洞察力、经验和程序。该观点强调知识的筛选、验证、认定和运用；也有学者对知识给出了较为明确、合理的解释，认为知识是一种有组织的经验、价值观、相关信息及洞察力的动态组合，它所形成的构架可以不断地评价和吸收新的经验和信息[20]。

尽管理论界对知识的定义有无数种，但根据他们的描述，我们还是可以将其归纳为以下几大类，如表 2-1 所示。这些定义从不同的角度揭示出：知识是决策、预测、设计、规划、分析、评估和直觉判断的关键资源，它通过人类的各种活动形成于大脑，并可为人类共享，等等。我们可以从以下四个方面进一步加深理解。

表 2-1　知识的定义分类①

定义的视角	定义的要点	代表人物（出处）
从认识论的角度	知识是人类在实践中获得的认识和经验总结。强调实践的重要性	《现代汉语词典》《辞海》
从知识的内涵	知识是事实、信念、经验、观点、方法论、洞察力，是一种动态组合。强调知识的组成要素	Wiig, Davenport & Prusak, 韦伯字典
从知识的作用	知识用于指导人们正确行动和解决问题	Wooolf, Spek & Spijkervet Myers, Nonaka

一是知识的形态：知识是一个流动的、动态的混合体，随着刺激和学习

---

① 见蒋翠清博士论文《支持动态能力的企业知识创新体系研究》，第 18 页。

随时更新改变。二是知识的组成元素：包括经验、价值观、情境信息和专业洞察力[①]。三是知识主要功能：它能提供一种参考机构来评估和整合新刺激所产生的信息和经验，形成新的结构并可以指导决策和行动。四是知识的存储主体：它由知者的心智产生并被利用，在组织内不仅存在于文件与知识库中，也存在于例行的工作、流程、实践和文化中。该观点较以上几个定义更为完整，它整合了知识的形态、组成元素、主要作用和存储的主体等因素。

综合以上，我们认为，所谓知识，是指人类积累的关于自然和社会的认识和经验的总和。

2. 知识的分类

某种程度上讲，目前所知道的知识的分类比知识的定义还多。例如，亚里士多德把知识分为经验知识、技术知识和理论知识；根据来源的不同，斯宾诺莎把知识分为由传闻、经验、推论、事物本质而来等几种不同的知识。孔德则把知识分为神学知识、形而上学知识和实证知识[21]，等等。

在传统意义上，知识被划分为经验知识和理论知识。而就知识的来源和实质问题，哲学上又有唯心主义和唯物主义之分。辩证唯物主义认为，社会实践是一切知识的基础和检验知识的标准，并将知识区分为直接知识和间接知识。就知识的表现形式或存在形式，在经济合作与发展组织编写的《知识经济学》中，知识又被区别为"可编码知识"与"隐知识"，或"意会知识""隐含经验类知识"[22]。在这里，可编码知识指的是通常以概念、推理、假设、预见等思维形式和范畴体系表现自身的知识。隐知识就是那些"只可意会不可言传""跟着感觉走""习惯了"等的知识。

在知识管理领域中最重要的分类结构是 Polany 和 Nonaka 按知识的可呈现度将知识分为：显性知识和隐性知识。显性知识（Explicit Knowledge），也称为编码知识，是人们可以通过口头传授、教科书、参考资料、期刊、专利文献、视听媒体、软件和数据库等方式获取的知识，是可以通过语言、书籍、文字、数据库等编码方式传播、容易被人们学习的知识。而隐性知识是不可用语言来解释的，只能被演示证明的知识，是存在的高度个人化的知识，

---

① Churchman 在 1971 年给知识的定义中指出：如果把知识看成是信息的集合，那么无异于剥夺了其最核心的部分，知识存在于人而不是信息集合中，知识是人对一系列相关信息所产生的反应。这就启示我们不能把知识单纯看作信息的子集，要充分重视人在知识创造中的重要地位。

很难规范化也不易传递给他人，主要隐含在个人经验中，同时也涉及个人信念、世界观、价值体系等因素。

无论对知识怎么进行分类，在有关知识的含义的理解中，有一点是不会改变的，即知识是相对于客观存在的具体事物、具体实践活动，它不具有时空特性。从这一角度出发，我们可以说知识接近于思维、意识、发展时空序列，是对客观存在的具体事物和实践活动本质规律的把握。

2.1.2 知识创新的内涵及特性

正像对于知识的认识一样，理论界关于知识创新的认识也众说纷纭。

1. 知识创新的内涵

广义的知识创新是指通过创造、演讲、交流和应用，将新思想转化为可销售的产品和服务活动，以取得企业经营成功、国家经济振兴和社会全面繁荣。广义知识创新包括科学研究获得新思想、新思想的传播和应用、新思想的商业化等。广义知识创新有三种具体形式：一是通过研究和发展活动进行知识创新；二是除了研究与发展活动外，在知识的生产、传播、交换和应用过程中发生的知识创新；三是为了社会和经济利益的新知识的首次扩散和应用[23]。在这里，知识创新是一个宽泛的概念，可以包括技术创新、制度创新和管理创新三个主要内容。其中，技术创新是知识创新的核心和基础，管理创新是知识创新的保障，制度创新是知识创新的前提。

狭义的知识创新是指通过科学研究获得新的自然科学知识、社会科学知识和技术科学知识的过程。知识创新是在世界上首次发现、发明、创造或应用某种新知识，或者在世界上首次引入知识要素和知识载体的一种新组合和新组合的首次应用。狭义的知识创新主要通过科学研究这个具体途径获得，主要有科学发现、技术发明、知识创造和新知识首次应用四种表现形态[24]。在此，科学研究主要指科研活动和学术活动。在我国，科研活动由三部分构成：研究与试验发展、成果转化和应用、科技服务。学术活动是从科学研究的角度来讲的，高等教育系统的基本学术活动，包括教学、科研和社会服务，同时还包括举办和参与学术会议，进行学术交流，出版学术刊物和书籍[25]。

综合以上观点，我们认为知识创新是通过科学研究获得新的自然科学和技术科学知识的过程。知识创新的目的是追求新发现、探索新规律、创立新学说、创造新方法、积累新知识。知识创新是技术创新的基础，是新技术和新发明的源泉，是促进科技进步和经济增长的革命性力量。知识创新为人类认识世界、发现世界提供新理论和新方法，为人类文明进步和社会发展提供不竭动力。

以上是就一般性而言的，至于本书我们分析研究的知识创新是指国防科技重点实验室通过科学研究获得新知识、新技术、新规律、新学说、新方法或它们的随机组合，是增进武器装备创新所需要军事技术知识的过程。与一般知识创新相同，国防科技重点实验室知识创新，也是一项涉及内外部诸多因素的系统工程。限于精力与篇幅，我们主要是在重点实验室这一创新平台内部，分析军事技术与知识创新的维度和军事技术与知识创新过程，与国民经济层面的知识创新有着一定的区别。所以，课题研究的知识创新是一种狭义的知识创新，其实质就是国家重点实验室团队通过科学研究进行科学发现、技术发明、知识创造和新知识首次应用的过程。

2. 知识创新的特征

在以上关于知识创新内涵把握的基础上，可以看出作为人类创造新思想、新知识的知识创新具有以下特征。

一是知识创新是一个创新系统，而不是创新链。传统的创新理论认为创新过程是一种"线形模型"，也就是说是一种"创新链"。在这种创新链中知识的流动被描述成为：基础研究—应用研究—新技术、新产品的开发这样一个简单的静止的流程。很多人认为只要增加上游的基础研究的投入就可以直接增加下游的新技术、新产品的产出。但在实际经济活动中，创新有许多的起因和知识来源，可以在研究、开发、市场化和扩散等任何阶段发生。创新也有多种形式，包括产品改进、工艺改良等。它是诸多参与者之间复杂、综合的相互联系和相互作用的结果，是一个复杂的系统过程。知识创新系统是动态、多维的，它表现了成功创新所需要的各种内在联系[26]。

二是知识创新不仅关注创新成果的新颖性，而且注重其在市场上的价值性。就像德鲁克指出的知识创新是"赋予知识资源以新的创造财富能力的行为"[27]艾米顿也曾指出"知识创新是为了企业的成功、国民经济的活力和社会进步，创造、演化、交换和应用新思想，使其转变成市场化的产品和服务"[28]。国内学者何传启同样认为"知识创新是为了经济和社会利益获取或创造新知识的过程，知识创新出现在知识的生产、传播和应用的全过程中。"从中可以看出，知识创新从一开始目标就是明确的，既追求创造成果的新颖性，还讲究创造成果要能获得市场认可,在市场上要能体现出其独特价值。

三是知识创新并不是只关注眼前利益,它同样关注未来的利益。应该承认,知识创新的出发点最初确实是为了解决现实中的问题,也就是着眼眼前。但随着知识创新实践的推进,人们越来越强烈地认识到,只投资于能马上带来经济利益的创新而对短期内不能见效或效益不明显的项目不予重视的做法,目光短浅,会限制创新主体未来的发展,也会使得创新主体缺乏持续发展的动力。"立足于现在,放眼未来,对所有的创新都高度重视、支持和鼓励,不满足于能直接带来眼前利益的创新,这就使创新主体的创新氛围相当活跃,创新项目层出不穷"[29]。当代创新实践,尤其是知识创新实践和经济主体发展实践,充分佐证了这一点。

《辞海》对创造的解释是"做出前所未有的事情"。可以看出,创造强调首次和新颖性。依此类推,知识创造产生的知识强调知识要具备"前所未有"的新颖性。根据 Nonaka 的 SECI 模型,知识创造是在个人的想法、直觉、经验、灵感的基础上通过显性知识和隐性知识之间的相互转化过程,在某种共享环境的影响下,将想法、直觉、经验、灵感等具体化为新知识的过程。简而言之,知识创造就是指在世界上首次创造出某种知识,如首次产生新概念、新发明(含有新知识)、新作品等。

从对知识创新与知识创造概念的剖析可以看出,两者除了都强调知识的首创性、新颖性这一共同点外,有着明显区别。从价值导向上看:知识创新以市场和应用为导向,强调知识应用,强调其市场价值和经济效益,知识创造则以丰富知识体系为导向[30],强调新知识的产生,注重丰富知识内容;从创新成果来看,知识创造不仅包括有应用价值的新知识,而且还包括那些由于各种原因难以或暂时难以产生"应用价值"的非知识创新部分;从开放性来看,知识创造以企业内部知识为基础,知识创新强调内外部知识的融合,特别是对市场知识和顾客知识的获取利用。

在肯定两者有着明显区别的基础上,也要看到两者有着密切联系。从前面的分析可以看出,知识创造其实是知识创新的一个子过程。知识创新除了包括知识创造,还包括知识应用,即知识创新是通过知识创造过程产生具有"新颖性"的知识,然后通过知识应用最终实现知识的"应用价值"的过程。

从以上分析中可以看出,知识管理界普遍认可的 SECI 知识创造模型和"Ba"理论,其关注的重点是知识的创造(Creating),即首次发现。而企业创造新知识的根本目的是为企业的发展战略服务,即创造有用的知识,并将创造出的知识应用于产品开发、产品生产、产品销售、企业管理和流程改造等企业的经营活动，最终为企业创造财富。依此类推，国防科技重点实验室从事科研工作，其目的绝不仅仅是知识创造，而是要在创造新知识的基础上，关注其军事应用，真正创造那些能够提升国防实力、军队战斗力的知识。

2.1.3　军事技术及其创新

关于军事技术，理论界从不同角度有着大量略有不同的界定，大致可以分为两类。一类以《军事技术论》为代表，其核心观念认为军事技术是"物化技术与观念技术的结合"。类似逻辑，《中国大百科全书·军事卷》将军事技术定义为："直接运用于军事领域的技术，是建设武装力量和进行战争的物质基础与技术手段，包括各种武器装备及其研制、使用和维修保养技术，军事工程，军事系统工程。有时也专指人们操纵、使用武器装备的技能，如射击技术、驾驶技术等。"另一类以郭世贞等撰写的《军事技术论纲要》为代表。郭世贞等将军事技术定义为"人们为了武装斗争的需要，在社会生产和军事实践活动中，运用自然规律创造的军事物质手段和有关知识、技术的总和，其中最主要的是武器装备系统"。可以看出，这两类定义都认可军事技术以武器装备为典型代表，也认可除了物化的军事技术之外，有观念形态的军事技术。不同之处在于，前者把观念形态的军事技术仅局限于技能层面，缩小了军事技术观念形态的范围。据此，军事技术概念有广义、狭义之分。

结合已有研究，军事技术既包括与军事领域相关设备、活动密切结合的物化技术，也包括以研究报告、专利、经验等形态存在的知识技术。其中，武器装备是物化技术的典型代表，而具有军事应用价值的专利是知识技术的典型代表。两者的区别，简单地讲，物化技术是已经应用或具有明确用途的军事技术，而知识技术是有明确军事应用意图尚未使用的军事技术。从创新生产流程上讲，知识型的军事技术成果在知识创新成果之后，物质军事技术成果之前。结合研究对象，本书中所提到的军事技术主要是针对知识形态的军事技术而言的，不包括物质形态军事技术。

2.2　知识创新平台

信息时代，平台泛指人们进行交流、交易、学习的具有很强互动性质的舞台，如信息平台、建筑平台等。显然，这里的平台，既包括有形的场所，也包括无形的具备互动交流的场所和环境。

2.2.1　创新平台概念及其分类

1．概念

在平台一般定义的基础上，我们可以简单理解，所谓创新平台就是指从事创新活动的场所。显然，这一定义过于简单。美国竞争力委员会 1999 年在题为《走向全球：美国创新新形势》的研究报告中指出，创新平台的内涵主要是指创新基础设施以及创新过程中不可或缺的要素：人才和前沿研究成果的可获得性；促进理念向创造财富的产品和服务转化的法规、会计和资本条件[31]。根据这一界定，我们可以理解创新平台就是将创新资源与要素汇聚，通过创新主体整合，在某个领域进行创新研究，产生创新成果的场所。

创新平台（Innovation Platform）可定义为由政府或某一组织牵头，通过政策支撑、投入引导，汇集具有科技关联性的多主体创新要素，形成一定规模的投资额度与条件设施，便于开展关系到科技重大突破、长远发展、国家经济稳定需要的创新活动，以支撑行业和区域自主创新与科技进步的集成系统[32]。可以看出，这一定义既符合对创新平台的一般性界定，又反映了我国重视技术创新、突出自主创新的特色。按照创新平台概念的理解思路，从创新平台视角理解的话，所谓国防科技重点实验室，就是指使一系列要素，包括知识、信息、技术、人才、政策等能够共享，以形成一个有利于获取新的国防领域科学知识和军事技术的知识与信息共享平台。

2．分类

根据不同的标准或维度，创新平台可以分为不同的类型。按创新成果归属属性划分，可分为公共创新平台、行业创新平台和企业创新平台等几种类型；按创新活动运作模式划分，可分为虚拟组织创新平台、实体组织创新平台两种模式；按创新平台功能划分，可分为基础条件创新平台、科学研究创新平台和技术开发创新平台；按创新活动的侧重点划分，可分为基础知识研究平台、技术研发平台、成果转化平台；根据创新主体层级不同，可以分为国家级、区域级、法人级等。尽管不同标准下分类不同，但创新平台具有的进行基础课题研究、创造知识成果、锻炼培养创新人才等基本功能是一样的，本质是相同的。

2.2.2　知识创新平台及其特点

作为特殊类型的创新平台，在创新平台概念的基础之上，我们很容易理解知识创新平台。所谓知识创新平台，是指能够使一系列要素，包括知识、信息、技术、人才、政策等能够共享，以形成一个有利于获取新的基础科学知识和技术科学知识的知识与信息共享平台。概括起来，知识创新平台具有以下几个显著特点。

一是知识性。知识性是知识创新平台的根本属性，其他特性也是围绕知识性而展开的。根据知识创新平台的定义，"为企业创新活动提供智力支持的设施保证和创新要素获得的可能性，为潜在的创新活动提供的机会、空间和机制"[33]。从这一定义中可以看出，尽管知识创新平台提供的是一种设施保证、机会、空间和机制，但知识是提供这些设施保证、机会、空间和机制的源泉。对于知识创新平台来说，没有知识作为核心内容一切都无从谈起。另外，知识创新平台本身就是一种知识。罗森伯格把两个或两个以上的知识层面交叉产生新的知识，定义为知识上了一个平台。罗森伯格认为，知识平台的形成在于同一层面知识的不断积累以及不同层面知识的交叉，因此，知识资源是知识创新平台的核心因素。

二是发展性。发展性是指随着同一层面知识的积累和不同层面知识的交叉，创新组织的知识资源层次不断提高，因此知识创新平台也随之发展，总体上看，知识创新平台也是呈阶梯状向上发展的。

三是基础性。基础性是指知识创新平台是一个行业或地区创新系统的基础，是行业或地区得以发展的根本保证。核心竞争力理论认为，组织核心竞争力形成的根本在于知识的积累和流动。知识创新平台为创新组织的创新活动提供智力支持，是保障创新组织创新活动能够获得知识的系统设施，因此，知识创新平台又是同创新组织的核心竞争力紧密联系的平台。

2.2.3　我国国家科技创新基地和平台

国家科技创新基地是围绕国家目标，根据科学前沿发展、国家战略需求及产业创新发展需要，开展基础研究、行业产业共性关键技术研发、科技成果转化及产业化、科技资源共享服务等科技创新活动的重要载体，是国家创新体系的重要组成部分。根据国家战略需求和不同类型科研基地功能定位，我国国家级创新基地和平台分为以下三类，具体如图2-1所示。[34]

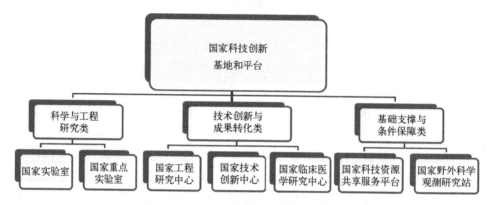

图 2-1 我国国家级创新基地和平台

第一类是科学与工程研究类国家科技创新基地。这类基地，也就是我们前面说的平台定位于瞄准国际前沿，聚焦国家战略目标，围绕重大科学前沿、重大科技任务和大科学工程，开展战略性、前沿性、前瞻性、基础性、综合性科技创新活动。主要包括国家实验室、国家重点实验室。国家实验室是体现国家意志、实现国家使命、代表国家水平的战略科技力量，是面向国际科技竞争的创新基础平台，是保障国家安全的核心支撑，是突破型、引领型、平台型一体化的大型综合性研究基地。国家重点实验室是面向前沿科学、基础科学、工程科学，推动学科发展，提升原始创新能力，促进技术进步，开展战略性、前沿性、前瞻性基础研究、应用基础研究等科技创新活动的国家科技创新基地。为满足国家重大战略需求，立足世界科技前沿，推动基础研究和应用基础研究快速发展，1984年，我国启动国家重点实验室计划，2000年启动试点国家实验室建设。统计资料表明，"十二五"期间，新建国家重点实验室162个，启动青岛海洋科学与技术试点国家实验室建设，已有国家重点实验室481个、试点国家实验室7个，覆盖基础学科80%以上。集聚了新增的50%以上的中国科学院院士和25%左右的中国工程院院士①。

---

① 参见科技部、国家发展改革委、财政部关于印发《"十三五"国家科技创新基地与条件保障能力建设专项规划》的通知。在国家科技创新基地中，国家实验室是我国科技创新基地中层次、级别最高、投资力度最大、设置数量最少的创新平台。

第二类是技术创新与成果转化类国家科技创新基地。这类国家科技创新基地定位于面向经济社会发展和创新社会治理、建设平安中国等国家需求，开展共性关键技术和工程化技术研究，推动应用示范、成果转化及产业化，提升国家自主创新能力和科技进步水平。主要包括国家工程研究中心、国家技术创新中心和国家临床医学研究中心。其中，国家工程研究中心是面向国家重大战略任务和重点工程建设需求，开展关键技术攻关和试验研究、重大装备研制、重大科技成果工程化实验验证，突破关键技术和核心装备制约，支撑国家重大工程建设和重点产业发展的国家科技创新基地。国家技术创新中心是国家应对科技革命引发的产业变革，面向国际产业技术创新制高点，面向重点产业行业发展需求，围绕影响国家长远发展的重大产业行业技术领域，开展共性关键技术和产品研发、科技成果转移转化及应用示范的国家科技创新基地。国家临床医学研究中心是面向我国重大临床需求，以临床应用为导向，以医疗机构为主体，以协同网络为支撑，开展临床研究、协同创新、学术交流、人才培养、成果转化、推广应用的技术创新与成果转化类国家科技创新基地。为推动相关产业发展，促进行业共性关键技术研发和科技成果转化与产业化，自 1991 年开始，我国启动实施了国家工程技术研究中心、国家工程研究中心、国家工程实验室建设，目前已建设国家工程技术研究中心 346 个、国家工程研究中心 131 个、国家工程实验室 217 个，在先进制造、电子信息、新材料、能源、交通、现代农业、资源高效利用、环境保护、医药卫生等领域取得了一批对产业影响重大、体现自主创新能力的工程化成果，突破了高性能计算机、高速铁路、高端数控机床等一批支撑战略性新兴产业发展的共性关键技术和装备，培育和带动了新兴产业发展。

第三类是基础支撑与条件保障类国家科技创新基地。这类基地定位于为发现自然规律、获取长期野外定位观测研究数据等科学研究工作，提供公益性、共享性、开放性基础支撑和科技资源共享服务。主要包括国家科技资源共享服务平台、国家野外科学观测研究站。国家科技资源共享服务平台是面向科技创新、经济社会发展和创新社会治理、建设平安中国等需求，加强优质科技资源有机集成，提升科技资源使用效率，为科学研究、技术进步和社会发展提供网络化、社会化科技资源共享服务的国家科技创新基地。而国家野外科学观测研究站，则是依据我国自然地理环境的地域分布规律，面向国家社会经济和科技战略布局，服务于生态学、地学、农学、环境科学、材料科学等领域发展，获取长期野外定位观测数据并开展研究工作的国家科技创新基地。

改革开放以来，尤其是党的十八大以来，通过实施国家自主创新能力建设、基础研究、重大创新基地建设、科研条件发展、科技基础性工作等专项规划，我国建设了一批国家科研基地和平台，科技基础条件保障能力得到加强，为推动科技进步、提升自主创新能力、保障经济社会发展提供了重要支撑。

2.3　国防科技重点实验室知识创新

从前面论述可以看出，包括国防科技重点实验室在内的国家重点实验室本质上讲，就是级别和功能定位不同的各类创新平台。

2.3.1　国防科技重点实验室概述

在我国，实验室有广义和狭义两种概念。广义上，主要从事研究和实验的机构、场所都可以称为实验室。包括但不局限于国家资助设立的基础研究性机构、各类科研院所设置的专业性实验室、企业设置的应用性技术实验室等。甚至中学时期我们接触过的化学、生物实验室都属于广义概念上的实验室。狭义的概念则仅指那些以从事实验性基础研究为主，有明确的组织机构、仪器设备和研究人员的科研实体。作为知识创新和提高国家自主创新能力的平台，本书中所指的实验室显然是从狭义角度讲的。

1. 国家重点实验室

从上一章文献综述中我们了解到，国防科技重点实验室是从国家重点实验室中分离出来的，实施特殊管理，从事特定领域研究的国家重点实验室。[①]因此，我们可以从国家重点实验室入手，加深对国防科技重点实验室的认识和把握。深入研究可以发现，学术界对国家重点实验室的概念还没有一个统一而明确的界定。虽然表述不尽相同，但这些表述为我们揭示出了国家重点

---

① 根据科技部、财政部、国家发展改革委关于印发《国家科技创新基地优化整合方案》的通知（国科发基〔2017〕250号），国家重点实验室管理序列中还包括国家研究中心。国家研究中心是适应大科学时代基础研究特点的学科交叉型国家科技创新基地，是在现有试点国家实验室和已形成优势学科群基础上，组建（地名加学科名）而成。2017年11月，依据《国家科技创新基地优化整合方案》的任务要求，科技部根据专家论证意见，批准组建北京分子科学等6个国家研究中心。

实验室的一些共同特点。结合这些特点，给出国家重点实验室的概念：国家重点实验室指由国家投资或推动，依托某一大学或科研机构的优势领域建设的以基础研究和应用基础研究为主要任务的相对独立的科研实体[35]。也就是说，国家重点实验室是从事特定科学研究的组织实体，是从事知识创新的专门平台。不同于其他实验室，国家级重点实验室作为面向国际科技前沿建立的公立新型科研机构和国家开放型公共研究平台，是组织国家高水平基础研究、战略高技术研究和重要共性技术研究的"国家队"，是增强知识创新效率、培养造就高级研究人才的重要环节，是提升我国自主创新能力的战略措施。

2．国防科技重点实验室

国防科技重点实验室起源于 1984 年，是当时国家重点实验室建设中的一部分。1992 年，为加强与国家安全息息相关的国防工业的发展，考虑到国防领域科学研究与应用开发的大量资金需求和保密性要求，当时国防科工委决定启动国防科技重点实验室建设计划，原国防领域的国家重点实验室陆续自动转为国防科技重点实验室，划归国防科工委管辖。

按照国家重点实验室的一般性，可以这样界定和理解国防科技重点实验室。国防科技重点实验室是国防科技创新体系的重要组成部分，是开展国防科技自主创新研究，培养与吸引高水平研究人才，进行学术交流、合作与科学实验的重要基地。国防科技重点实验室是国家级重点实验室，在新一轮国防和军队改革前，由国家国防科技工业局、原解放军总装备部共同建设和管理。

作为国防科技实验室体系中的专业型实验室①，国防科技重点实验室主要从事探索性、创新性和重大关键技术的基础与应用基础研究。具体而言就是根据国防科技和武器装备发展的需求，围绕国防科技战略目标和武器装备技术的发展趋势，开展探索性、创新性和重大关键技术的应用基础研究，建立本技术领域具有国际先进、国内领先水平的开放式研究平台，贯彻军民结合的方针，为推动军民两用技术的发展服务。

2.3.2　国防科技重点实验室组织管理

2003 年 1 月 20 日起开始施行的《国防科技重点实验室管理办法》，从实

---

① 国防科技实验室体系由国防科技国家实验室、国防科技重点实验室、国防重点学科实验室三类实验室构成，分别对应科技部的国家实验室、国家重点实验室、国家工程技术研究中心。

验室主任设置、建立重点实验室专家库和设立学术委员会等方面，对加强国防科技重点实验室组织管理做出了规定。

办法规定，重点实验室设主任 1 名、副主任 1～2 名。主任由国防科工委批准聘任。副主任由主任提名，有关部门和单位批准聘任，并报国防科工委备案。重点实验室主任负责重点实验室的科学研究、学术活动及日常管理等工作。重点实验室主任应具有较高学术水平和组织管理能力，身体健康，任期 3 年，连续聘任一般不超过两届。在任期内，年龄原则上不超过 60 周岁。办法第十七条规定国防科工委建立重点实验室专家库，专家库专家受国防科工委委托，对重点实验室发展战略、规划、立项论证等进行审议，提出咨询建议。

关于学术委员会职能定位，办法指出学术委员会是重点实验室的学术指导机构，负责审议重点实验室的重大学术活动、科研年度计划和人才培养计划，推动重点实验室的学术交流。关于学术委员会人员设置办法规定：学术委员会设主任 1 名、副主任 2～3 名，主任不得兼任重点实验室主任。学术委员会委员由本学科和相关学科的专家组成，一般不超过 15 人（联合实验室不超过 20 人），依托单位的委员人数不得超过总数的三分之一，中青年学术委员不少于三分之一。学术委员会每届任期 3 年，每次换届更换的人数不少于三分之一。办法还规定学术委员会主任、副主任及委员由有关部门和单位批准聘任，并报国防科工委备案。学术委员会主任的连续聘任一般不超过两届。

除此之外，对于实验室内部设置，《国防科技重点实验室管理办法》并没有做出具体规定。作为国防科技和武器装备领域知识创新平台的国防科技重点实验室组织形式，从理论上讲可以是正式团队或非正式团队，也可以是虚拟团队等多种类型，但在实践中更多是以正式团队形式出现的。限于篇幅，这里我们以正式团队为例来认识和把握国防科技重点实验室的组织形式。作为知识创新和科学研究平台的一个重要且比较常见的组织模式，实验室在组织结构方面有如下几个特点。

第一，一般实行主任负责制和学术委员会指导制。实验室主任、副主任是团队的领导者，对整个团队的运行、学术创新和人才培养进行统一管理。学术委员会是实验室的学术指导机构，由国内外著名专家组成，主要任务是审议实验室的目标、任务、研究方向和重大学术活动，帮助团队发展。这一点在《国防科技重点实验室管理办法》中已经明确规定。

第二，一般下设若干具体的研究室，每个室主攻一个研究方向，由一个 PI（首席研究员）负责。研究室的研究方向都与实验室的总体研究领域密切相关，相互之间互有关联，且随时可以根据科研项目的需要进行联合攻关。由于实验室基础研究的特性，研究室的设立会经常随着本领域学术发展情况的变化而调整。

第三，实验室具有一定的规模，正规化程度很高。在人员结构方面，由于实验研究的特点，实验室的大部分人员都是学术人员和实验人员，行政服务人员较少。

第四，在人、财、物的管理上实行集权和分权相结合的体制。人员方面，实验室的研究队伍由固定人员和流动人员组成，固定人员由实验室主任聘任，流动研究人员由各研究室的 PI 或具体研究项目的负责人根据研究工作的需要自主聘任。财务方面，实验室的运行经费由室领导统一管理，各研究室和学术人员的科研经费由项目负责人分别管理。由于实验研究的特点，实验室一般都会配备一些与研究方向相关的重要仪器设备，并由实验室统一管理，各研究室共享使用。

可以看出，采取实验室模式设置的国防科技重点实验室，其团队组织结构一般为一种扁平化的、弹性相对较大的直线事业部制结构。具体如图 2-2 所示。

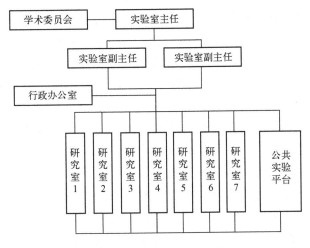

图 2-2　直线事业部制结构

2018 年 6 月，为加强军民融合，促进协同创新，推动国家重点实验室与国防科技重点实验室、军工和军队重大试验设施与国家重大科技基础设施的资源共享，科技部会同国家发展改革委、国防科工局、军委装备发展部、军委科技委制定了《促进国家重点实验室与国防科技重点实验室、军工和军队重大试验设施与国家重大科技基础设施的资源共享管理办法》，从管理职责、信息互通、双向开放、协同创新、评价考核等方面，对军民融合大背景下加强包括国防科技重点实验室在内的各类国家级重点实验室管理，提出了明确要求，为新形势下加强重点实验室管理提供了重要遵循。

2.3.3 国防科技重点实验室知识创新性质特点

前面分析时已经指出，国防科技重点实验室是国防安全和军事技术领域知识创新的重要平台，基于此，可以说国防科技重点实验室知识创新是一种基于国家级创新平台的特殊领域内的、具有特定研究对象的知识创新。可以从以下几个方面，把握其属性与特点。

1. 团队创新

简单理解，团队创新就是集体，或者说群体创新，是相对于单打独斗式个人创新而言的。从组织管理角度看，国防科技重点实验室知识创新就是一种团队创新。我们知道，最初科学研究大多都是以个人单独研究的形式开展的，但随着科学研究专业化程度的不同提升，科学家们开始共同研究和探讨一些科学问题，以便提升研究效率。于是各种便于合作研究的科学团体和科研组织，各种类型的科研团队也就逐渐成为科学研究的基本业务单位。根据国内外学者关于团队及其特征的界定①，国防科技重点实验室显然是一种团队，基于其开展的创新行为也无疑属于团队创新。

所谓团队创新，是指具有不同技能的成员组成团队，通过沟通与分享等互动行为完成团队创新任务，以达到组织进行创新的目的[36]。定义里的团队创新任务，是指组织为实现创新目的，分配给团队的工作。包括国防科技重点实验室知识创新在内的团队创新过程是团队完成创新任务的过程。在团队完成创新任务的过程中，团队领导首先要将复杂的创新任务分解为一系列子任务，针对子任务进行研究，形成解决方案，然后实施方案得到阶段性的创

---

① 团队是指由两个以上研究成员组成，以探索或求解某科学或技术问题为共同研究目标，有一定组织形式、相对稳定、相互合作的研究人员组成的研究小组。一般认为，团队具有下列特征：①由两个或两个以上通常具有互补关系的个人组成；②具有共同的承诺和目标；③成员彼此之间具有一定的任务分工，在完成组织目标的过程中相互协作、相互影响；④通过彼此协同，能够取得大于成员个人绩效总和的团队绩效水平。

新成果，接着推动下一个创新子任务的解决。这个创新循环是团队不断解决新问题直至最终完成创新任务的过程。包括国防科技重点实验室知识创新在内的团队创新具体过程，如图 2-3 所示。

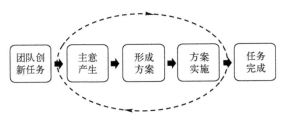

图 2-3　团队创新过程

2．协同创新

正如协同学创始人赫尔曼·哈肯（Herman Haken）教授在给国内《社会协同学》一书作的序言中所说："如果一个群体的单个成员之间彼此合作，他们就能在生活条件的数量和质量上得到改善，获得在离开此种方式时所无法取得的成效"。[37]结合赫尔曼·哈肯的描述和前面的分析，可以看出包括国防科技重点实验室在内的各类创新平台的知识创新，从实现范式上讲是一种协同创新。

协同创新的定义是由美国麻省理工学院斯隆中心的研究员彼得·葛洛提出的："协同创新就是自我激励的人员所组成的网络小组形成集体愿景，借助网络交流思路、信息或工作状况，合作实现共同目标"[38]。深入分析可以发现，协同创新是一个"沟通—协调—合作—协同"的过程，是各创新主体通过知识、资源、行动、绩效等方面的整合，突破创新主体间的壁垒，充分释放彼此间"人才、资本、信息、技术"等创新要素活力而实现的深度合作，能够实现知识分享、优化资源配置的目的。总之，在大科学时代，协同具有提升创新活动效率等多重效用，在国防科技重点实验室知识创新实践中，必须注重协同。

协同创新按实现途径的不同，分为内部协同创新和外部协同创新两种①。理论界通常分析的是外部协同，而包括国防科技重点实验室在内的各创新平台的知识创新，不同于企业技术创新，其效率和能力的提升更取决于内部协

---

① 内部协同创新是从协同创新的微观层面来分析的，其主体是创新组织本身，其实现依赖于组织内在要素之间的互动。外部协同创新是从较为宏观层面研究分析，其协同主体是众多不同创新组织，其实现主要取决于产业组织与其他相关主体之间的互动。

同。尽管属于内部协同创新，但国防科技重点实验室知识创新和其他协同创新一样，同样具有系统的重要特征：①整体性，创新系统是各种要素的有机集合而不是简单相加，其存在的方式、目标、功能都表现出统一的整体性；②动态性，创新系统是不断动态变化的。

2.3.4　国防科技重点实验室知识创新地位与作用

英国《经济学家》杂志文章认为公立科研机构和研究型大学是知识创新的两大核心，美国加利福尼亚大学伯克利分校教授则认为，公立科研机构与研究型大学在知识经济时代是经济发展的动力源，是知识创造的"发电机"之一。包括国防科技重点实验室在内的各类国家科技创新基地，作为国家级的科研大平台，拥有着诸多国内独一无二的一流的大型科研基础设施，汇聚了一支精干的高层次研究队伍，在一国知识创新中确实具有不可替代的地位与作用。

1．知识生产的源头

如果说知识和创新是知识经济中技术创新的燃料和电流，那么以包括国防科技重点实验室在内的国家科技创新基地为代表的各种公立科研机构和创新平台就是提供燃料的源头和产生动力的"发电机"。其生产过程是：创新主体在既有科学研究的基础上，借助于现代化的实验手段，通过大脑特殊的思维加工，生产出新的科学知识。从投入来看，有人员和人时工资、科研经费和实验室材料等；从主体来看，生产主体主要是各类研究人员，某些时候可能是身兼教学和科研任务的科学家、技术助手，甚至是学生；从客体上来看，也就是生产条件是实验室设备、实验材料和图书情报系统；从产生上来看，创新产品是无形的、新的科学知识（新思想、新观念、新方法，甚至是新问题）和有形的研究论文、科研报告、专利产品等。

2．知识传播的桥梁

在知识创新过程中，既有知识生产，也有知识传播，两者相辅相成，同等重要。知识传播为知识生产提供了必需的高素质人才的交流场所，同时大量的知识成果要通过知识传播扩散开来。就像知识生产源头是各类创新平台，而知识传播同样离不开以包括国防科技重点实验室在内的国家重点实验室为代表的各种公立科研机构和创新平台。正是各类创新平台在知识生产过程中，培养了懂得知识、掌握知识的人才。

3．知识转移的社会服务

这方面的作用主要通过以包括国防科技重点实验室在内的国家重点实验室为代表的各种公立科研机构和创新平台科技成果转化来完成。一般来说，创新平台的社会服务功能是通过上游的科研机构、中游的技术中心和下游的高技术知识型公司三位一体的体制来完成的。三个层次可以同时隶属于国家级重点实验室，也可以分别由不同的主体通过经济合作关系结成联盟。无论怎样，以国家级重点实验室为代表的各种公立科研机构和创新平台的社会服务功能是不变的。实践中许多知识转移成功案例一再证明，上游（包括国防科技重点实验室在内的国家级重点实验室）浓厚的学术气氛和自由的学术环境，使创造性人才有施展才能的机会，从而能够不断追求科学技术上的新突破，这大大促进了科技成果的商品化、产业化。

2.4　国防科技重点实验室知识创新理论基础

从本质上讲，国防科技重点实验室知识创新就是一类在特定创新平台开展的知识创新，必然要符合知识创新的一般原理。同时，分析知识创新所需要的基础理论，也必然适用它。因此，研究分析提升和增强国防科技重点实验室知识创新绩效，有赖于对知识管理、终身学习、内部协同，以及团队绩效等理论的认识与把握。

2.4.1　知识管理理论

对知识进行管理是人类自古以来就一直从事的活动。随着信息化和知识经济的到来，知识管理越来越成为组织竞争及生存的主要措施。关于知识管理理论，我们仅从促进知识创新效率和能力提升视角对其概要论述。

1. 知识管理概念

国内认可度较高的邱均平教授认为知识管理概念有狭义和广义之分[39]。根据他的概括，狭义的知识管理，主要是对知识本身的管理，包括对知识的创造、获取、加工、存储、传播和应用的管理。而广义的知识管理，不仅包括对知识进行管理，而且还包括对与知识有关的各种资源和无形资产的管理，具体涉及知识组织、知识设施、知识资产、知识活动、知识人员的全方位和全过程的管理。本课题是基于国防科技重点实验室研究知识创新，适用的显然是狭义的知识管理。

2. 知识管理对象

学者左美云从对象视角入手，概括了当前知识管理的三个学派：技术学派、行为学派和综合学派[40]。技术学派认为知识管理就是对信息的管理，行为学派认为知识管理就是对人的管理，综合学派认为知识管理不仅要对信息和人进行管理，还要将信息和人连接起来进行管理，要将信息处理能力和人的创新能力相互结合，增强组织对环境的适应能力。基于提升知识创新能力与效率，我们认为知识管理对象，必须以人为核心，同时要注重对信息和技术的管理。也就是我们主张的是综合学派的观点。辩证唯物主义认为知识只能通过人的能动创造性的发挥而产生，依附于人而存在，加之，知识管理以知识创新为直接目的，这决定了知识管理的研究必然以人的知识运动为内容，人理所应当成为研究的核心。与此同时，知识不是人生而具有的，它来源于客观世界的各种信息，因此在知识管理中同样必须注重采用现代信息技术对信息加以管理和利用。总之，知识管理的核心内容是寻求人与知识的有机结合以促进组织创新、事业创新，进而实现组织的最终目标。

3. 知识管理的内容

知识管理内容就是知识管理研究和解决什么问题。学者左美云概括了企业知识管理十个方面的主要内容：①知识创新管理；②知识共享管理；③知识应用管理；④学习型组织；⑤知识资产管理；⑥知识管理的激励系统；⑦知识管理的技术与工具；⑧知识产品的定价与版本；⑨知识员工的管理；⑩学习与创新训练[41]（见图2-4）。这一概括，对于国防重点实验室知识管理同样适用。考虑到国防科技重点实验室知识创新的特殊性，着眼于提高知识创新效能，在知识管理中应该更加注重知识共享管理。

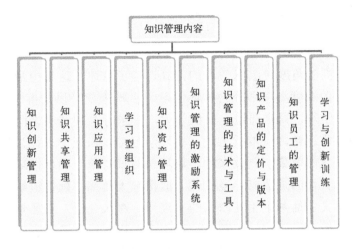

图 2-4 知识管理内容

知识共享是指组织的员工或内外部团队在组织内部或跨组织之间，彼此通过各种渠道进行知识交换和讨论，其目的在于通过知识的交流，扩大知识的利用价值并产生知识的效应[42]。随着人们对知识共享问题的深入研究，知识共享对于高水平的知识创新所起到的关键作用已经得到广泛承认。为此，国防科技重点实验室要采取各种手段提高知识共享率。比如，重视运用技术手段，构建信息共享保障系统，等等。技术只是工具，不可能解决所有问题。因此在注重为知识共享提供技术支持以外，还需要注重运用组织手段和文化手段等。比如，健全相应的知识产权保护措施，使知识创造者得到应有的补偿，保护知识创新者创新积极性；再比如，重视对知识创新主体进行思想教育，使其形成正确的人生观、价值观，在追求自我实现的过程中为自己所在的组织和社会做贡献，等等。

2.4.2 组织学习理论

从希尔特（R.Cyert）和马尔斯（J.March）到甘吉洛西（E.Cangelosi）、迪尔（W.Dill），再到阿吉利斯（C.Argyris）、熊恩（D.Schon），近 50 年来，

组织学习的思想得到了不断的发展。[①]尤其最近 10 多年的时间里取得了巨大发展，无论是理论上还是实践中都取得了一大批重要成果，也造就了一批杰出的管理大师。围绕知识创新效率和能力提升，以下几点需要重点掌握。

1. 组织学习方式

人们从不同的角度对组织学习的方式进行了论述，这其中最有代表性的是从组织学习的深度将其划分为单环学习、双环学习[43]以及再学习。

所谓单环学习，只是通过一般的学习，寻求行为和结果之间的匹配，以保证组织的正常运转。从本质上讲，单环学习可以保证学习行为的进行但不能保证取得优异的效果。一般来讲，单环学习只有单一的反馈环，是一种基本学习类型，其目的是适应环境变化，取得最大效率并延长组织寿命。双环学习，顾名思义包括两个相互联系的反馈环。深入分析，双环学习以对问题本质的反思开始，以开放的质疑与讨论作为过程，最后通过克服"习惯性防卫"造成的认知障碍，从战略层面对现有问题进行反思，从而取得根本性改善。一般而言，当组织目标从追求自身利益最大化转向更多地满足顾客需求时，双环学习就发生了。从图 2-5 中可以清楚地看到单环学习与双环学习的不同。[②]

需要说明的是单环与双环学习对组织都很重要，它们适用于不同的环境。单环学习在短期内会达到理想学习水平，但在长期，尤其是需要对组织一系列规范性东西做出变革时，就需要双环学习。因此，组织要学会在不同的情况下进行不同深度的学习。再学习又可称为"反思式学习""次级学习"，经常出现在组织对以往学习的反思，包括以往是怎样学习的以及学习中的不足，从而进一步寻求更好的学习方法的情况下。可以这么认为，再学习就是学习如何学习的能力。可以讲，一个组织拥有较强的学习能力，尤其是第三种学习能力，是这个组织能够长久发展的重要秘诀。

---

① 希尔特（R.Cyert）和马尔斯（J.March）于《商业组织的行为理论》一书中，把组织学习一词列在探讨组织理论的基本概念内。正式把组织学习当作"理论"研究，是甘吉洛西（E.Cangelosi）、迪尔（W.Dill）两人于 1965 年在《管理科学季刊》发表"组织学习：对理论的观察"一文。阿吉利斯（C.Argyris）、熊恩(D.Schon) 两人于 1978 年著《组织学习：行动理论之观点》一书最具代表性。

② 单环学习就是对表面现象的理解，然后得出解决方案。双环学习就是透过现象看本质，了解产生现象的根本原因和假设，从原因和假设处进行校正，最后再去得出最优解决方案。单环学习是一种解决问题的逻辑，而双环学习则是不同层次的问题解决逻辑。对行动背后的想法加以检视，反思我们看问题的心智模式，进而才能采取真正有效的行动。

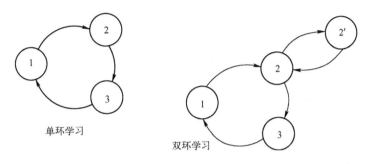

图 2-5　单环与双环学习示意图

1—感知，监测环境的变化；2—将所获取的信息和企业规范与目标进行比较；

2′—思考企业规范与目标的正确性；3—对行动进行改进。

2．组织学习的过程

组织学习的过程，其实质就是通过描述学习经过的所有过程与环节来揭示组织学习的特征，其中被广泛接受的是由阿吉瑞斯和熊恩（Schon）提出的模型。如图 2-6 所示，组织学习由 4 个过程组成：发现（Discovery）：发现组织发展的潜在问题或环境中的机遇；发明（Invention）：着手找出解决问题的方法；执行（Production）：实施解决问题的方法，形成新的运作方法、组织机构或报酬系统；推广（Generalization）：使学习从个人水平上升到组织水平，贯穿到组织内所有相关区域，扩展到其他组织。

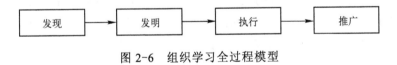

图 2-6　组织学习全过程模型

3．促进组织学习的方法与工具

学者陈国权等在分析组织学习障碍的基础上，提出了促进组织学习的方法与工具。方法方面主要是各种组织和管理措施，包括完善组织机构、对管理人员进行培训等[44]。另外也可以采取诸如管理信息系统（MIS）等其他辅助设施，核心是帮助企业传送和保存重要信息，加速各部门交流。工具方面，陈国权概括出了对组织学习有很好促进作用的四大类工具，具体如表 2-2所示。

表 2-2　组织学习工具矩阵

面向现在	面向现在和未来	面向未来
维持工具	交叉工具	预测工具
员工建议系统（Employee Suggestion Systems） 自治团队（Self-directed Work Teams） 统计过程控制（SPC） 标高研究（Benchmarking）	内部管理发展（Internal Management Development） 企业过程重构（BPR） 创新的传递（Transferring Innovations） 特别任务组（Task Foroces） 全面质量管理（TQM） 群件（Group Software）	情景企画（Scenario Planing） 深度会谈（Dialogue） 行动学习（Action Learning） 微世界演习（Microworld） 知识管理（Knowledge Management）
—	应用工具	—
—	顾客研究（Customer Survey） 满意度分析（Content Analysis） 咨询（External Advisory Groups）	—

根据以上对组织学习理论的简单归纳与综述，不难发现，组织学习和知识创新之间存在着密不可分的联系。知识创新过程从本质上说就是组织学习的过程，组织知识结构和内容的变化与更新正是通过学习的机制来实现的[45]。结合国防科技重点实验室实际，提升知识创新能力与效率，在组织学习过程中应重点考虑和关注以下方面问题：①最有利于知识创新的学习形式是网络学习形式，因此组织要建立可供交流的、完好基础设施的网络，以充分利用组织内部以及外部大量可编码的知识，使组织学习和知识创新建立在高效的信息网络基础上。②建立有利于组织成员彼此进行合作的创造性方式和激励组织成员参与知识共享的机制。由于组织内大量隐性知识的存在，这就使有效的部门合作、人员交流显得尤为重要，因为只有通过人员的交流与合作才能实现隐性知识的共享。③形成创造性的组织视野和相应的文化氛围，鼓励职能部门、项目团队和组织成员之间建立广泛、及时、不间断的交流制度，以利于组织学习与知识创新。

2.4.3　内部协同创新理论

内部协同创新的主体是创新组织本身，其实现依赖于组织内在要素之间的互动。国内外学者主要围绕与企业内部创新相关的核心要素（技术和市场）和若干支撑要素（战略、文化、制度、组织、管理等）的协同创新模式、机制及过程模型、影响因素及效应等展开研究[46]。学者熊励等用表格的方式对这些进行了详细列举，并且进行了文字解读。具体如表 2-3 所示。

表 2-3　内部协同创新相关研究

研究视角	代表性学者	内部影响要素
各要素协同创新模式	张钢等（1997）	技术、组织、文化
	贾生华等（2005）	技术、市场、组织、文化、战略、制度
各要素协同创新机制与过程模型	王方瑞（2003）	技术、市场
	郑刚等（2004，2008）	技术、市场、组织、文化、战略、制度
	陈劲等（2005，2006）	技术、市场
	董晓宏等（2007）	技术、市场、组织、战略、人力、信息
	饶扬德（2008）	市场、技术、管理
	孟娟（2008）	技术、组织、文化、战略、管理、人力、资金
	刘国龙（2009）	产品、工艺、市场
	王婷（2010）	技术、营销
各要素协同创新影响因素及效应	陈劲等（2005）	技术、市场
	陈光（2005）	技术、市场、组织、文件、战略、制度
	谢芳等（2006）	组织、战略
	白俊红等（2008）	技术、组织、文件、战略、制度
	李响亮等（2009）	技术、市场、组织

由表 2-3 可以看出，协同创新组织内部系统的构成包括技术、战略、组织、市场、人力、文化、制度、资源与信息等。结合国防科技重点实验室特点，加之知识创新不同于技术创新，在这些因素里面重点对技术、组织和制度三个关键要素进行阐述。

1. 技术协同创新

重点需要关注路径与策略的协同创新。这里的技术创新是从一般意义上讲的，在我们研究视野下指的就是知识创新。知识和技术协同创新，即各类创新资源以及各行为主体在知识和技术创新过程的各个环节协同整合。无论是知识，还是技术创新过程都是由一系列环节构成。实现知识和技术创新过程协同，要重塑知识和技术创新过程模式，流程重组，并行交叉，乃至一体化，创新资源创造性集成。[47]国防科技重点实验室在构建协同创新模式时应选择与之相适应的创新路径，逐步实现向创新优势的转变，重新审视和调整自己的创新模式，借助协同创新的群体优势，协同发展，实现整体竞争力提升。

2．组织协同创新

组织创新为贯彻组织战略提供保证，能够实现资源整合、优势互补，提高组织竞争能力。协同创新的运作机制应采用战略联盟、虚拟组织、网络组织结构，导入并行工程。这其中网络组织的协同创新是关于协同创新的一大分支领域，提升知识创新能力与水平要重视网络组织建设与创新。协同创新网络组织在实现创新协同过程中的功能逐步演变[48]：第一阶段：松散的网络组织——研发工作的集散地；第二阶段：密切合作的创新组织——整合内部资源的协作平台；第三阶段：全面协同的创新组织——创新体系中的重要一角。

3．制度协同创新

制度创新的核心在于企业产权关系和治理结构的优化，它能够为提升企业的创新发展能力提供动力支持。制度创新主导型创新发展模式的基本内涵包括实现产权结构的多元化乃至公众化、建立完善的董事会和监事会运作机制、实现所有权以及经营权和监督权的有效分离[49]，在此基础上强化技术创新，加强内部管理，建立起科学化的决策和管理体系，提升组织竞争力。

2.4.4　团队创新绩效理论

团队创新绩效研究属于团队绩效研究中的一个特例，理论界在分析团队创新绩效时一般都会遵循团队绩效研究的思路与范式。通常团队绩效研究的思路是通过梳理影响团队绩效的因素，剥离出对团队创新有明显影响的重点或核心因素，分析各因素影响权重，据此构建各因素对团队创新绩效作用机理的概念模型和有关假设，最后通过调研和统计分析进行实证性研究。

团队绩效模型把团队绩效定义为团队产出绩效（主要是团队任务产出）和非产出绩效（包括工作满意感和顾客满意度等）两类。一般对于包括各类重点实验室在内的科研团队的知识创新活动而言，主要采用产出绩效衡量其知识创新绩效。这些模型从理论和实证角度把团队绩效的影响因素划分为五类相对独立的关键因素：团队成员个人因素、团队结构因素、团队环境因素、团队过程因素、团队任务因素[50]。学者蒋日富、霍国庆、谭红军、郭传杰等基于对我国公立科研机构的调查，分析了上述各因素对科研团队知识创新绩效的影响，结合科研团队创新的具体实际，指出团队愿景、团队领导、团队结构、团队沟通和团队激励是影响科研团队知识创新绩效的五个关键因素。这一结论，对提升国防科技重点实验室知识创新绩效有着很强的借鉴意义。结合国防科技重点实验室知识创新特殊性，以下几点尤其值得关注。

一是在团队愿景方面，要注重团队愿景的清晰明确。作为影响知识创新绩效权重较大的因素，团队愿景就是团队热切希望的大方向，"它创造出众人是一体的感觉，并遍布到组织全面的活动，而使不同的活动全面地融汇起来"。清晰明确的团队愿景是团队这种组织模式在知识创新中效应发挥的重要条件，实践中没有或者未明确提出团队发展的目标和方向，或者有目标和方向，但团队成员对本团队的现状缺乏正确的认识，都会使科研团队的团队作用发挥不够，直接影响创新效果。

二是在团队领导方面，要注重培养战略型的团队领导。科研团队领导应该具有很强的学术洞察力和把握战略全局的眼光和能力，同时，也应该有崇高的道德风范和人格魅力，具备很强的沟通和协调能力，以及很强的争取项目的能力，这是战略科学家所具有的典型特征。

三是在团队结构方面，要注重团队成员的综合能力。科研团队结构包括年龄结构、知识结构和能力结构等。在能力结构中，综合能力被认为是最重要的能力，而计算能力可能由于计算工具的进步显得并不重要；虽然存在学科差异，但在科研能力的要求上存在共性特征。

四是在团队沟通方面，要注重沟通方式多样化与有效性。科研团队的沟通包括内部沟通和外部沟通，又包括正式沟通和非正式沟通，等等。在实践中，要采取多种方式促进沟通效果的提升。

五是在团队激励方面，要注重内在激励。科研团队激励方式包括：研究氛围融洽、团队远景目标宏伟、个人发展空间拓展和团队科研项目激增、团队或单位领导的支持，等等，有内在激励，也有外在激励。科研创新人员的激励要注重内在激励，即事业激励，这样效果会更好一些，应该为团队成员个人发展提供足够的支持和空间。

六是在团队评价方面，论文、科研经费和所培养研究生的质量是最重要的，也是有效果的绩效评价指标。科研经费也被视为重要的绩效指标，在采用这一指标时应该尽量避免其带来的负面影响。

本章小结

在概括分析理论界关于知识概念界定、类型划分的基础上，简明扼要指出知识接近于思维、意识、发展时空序列，是对客观存在的具体事物和实践活动本质规律的把握。关于知识创新，在介绍理论界关于知识创新概念界定的基础上，指出知识创新概念有广义、狭义区分之后，课题研究的狭义知识创新，其实质就是团队通过科学研究进行科学发现、技术发明、知识创造和新知识首次应用的过程。关于知识创新平台，明确指出所谓知识创新平台，是指能够使一系列要素，包括知识、信息、技术、人才、政策等能够共享，以形成一个有利于获取新的基础科学知识和技术科学知识的知识与信息共享平台。在介绍我国国家级创新平台基本情况后，结合实验室一般性，重点介绍了国防科技重点实验室的概念、组织结构及其在知识创新中的作用。着眼知识创新效率的提升，重点分析了研究国防科技重点实验室知识创新可能涉及的四个方面的基础理论：知识管理理论、组织学习理论、内部协同创新理论和团队创新绩效理论。对于每一理论，在简要介绍理论概况的前提下，有针对性论述了与知识创新效率水平提升相关、适用于特定创新平台而不是一般企业的理论，为下一步研究基于国防科技重点实验室的知识创新奠定了坚实的理论基础。

第 3 章

国防科技重点实验室知识创新系统分析

· · · · · · · ·

知识创新是一项系统工程，涉及主体、客体、环境等各个方面的要素及其互动。提高国防科技重点实验室知识创新效率与水平，必须对基于重点实验室平台的知识创新过程、动力、影响因素等一般原理有一个深入认识和把握。

3.1 国防科技重点实验室知识创新影响因素

不同创新平台知识创新能力与效率受各自拥有资源、组织方式、所处环境等的不同而有明显区别。因此，探讨这些因素对知识创新的影响，以及如何通过加强管理以促进知识创新，显然有着重要意义。影响国防科技重点实验室知识创新的因素很多，由于研究的角度不同，对影响因素种类的划分也不尽相同。这里，从主体、客体、环体（环境）三个方面概括分析影响包括国防科技重点实验室在内的国家级创新平台知识创新效率的主要因素。

3.1.1 主体影响因素

所谓主体影响因素是指人的因素，就是指影响知识创新效率的来自人的因素。创新是由主体发动、从事和实现的活动，主体要素是创新的核心要素[51]。人是知识创新主体，是创新活动的发动者与从事者。并不是任何人都能无条件成为创新者的，人作为知识创新主体，要具备能够创新的素质与能力。

1. 知识积累

知识积累反映了知识创新主体究竟拥有哪些知识，对知识的掌握程度以及各类知识之间的关联关系等。创新主体知识积累在知识创新的起始阶段发挥了关键性的作用，知识积累是知识在量上不断增加、在质上不断升华的具体体现。不论何人在进行创新时，都需要掌握一定的基础知识，包括创新领域中事物的本质和发展的基本规律、个人在实践中积累的经验以及创新所涉及的其他领域内的一些知识[52]。知识创新建立在足够的知识积累和丰富的经验积累的基础之上，拥有较渊博、深广的知识，才能形成良好的、具有优势的内在素质，使思维从一个维度向另一个维度转换，实现从一个领域向另一个领域的跨越，迸发出较大的创造力。已知的东西愈多，思考的范围就愈广泛，提出问题的角度就会愈新颖独特。知识积累是提出问题的最有效的途径，也是知识创新过程的出发点。所以，一个人要能够创造知识必须有一定的知识存量。

2. 创新主体知识结构

创新主体知识结构对于知识创新有着深远的影响。合理的知识结构对知识创新有着很强的影响作用。第一，广阔的创新思路。团队成员遇到问题时，首先要在头脑中形成解决问题的设想。一般而言，知识面越广，掌握得越扎实，可提供的信息就越多，就能在短时间内迅速发散出许多思维结果来；第二，创新思维的灵活性。要使思维从一个方式向另一个方式转换，实现从一个领域向另一个领域的跨越，必须以丰富的专业基础知识为先决条件。一般一个人专业基础知识越丰富，越能够旁征博引，思维跨度越大，跳跃性越强，创新思维的灵活性就越大；第三，把握创新方向。一般而言，团队成员掌握的知识深刻，专业化程度高，掌握的概念高度准确、联系性较强，则新的观念容易产生，其知识创造能力就越旺盛。同时，专业性的前沿知识的精尖程度也为知识创新方向的把握能力提供了专业的视角和敏锐的洞察力。总之，创新主体知识结构对于知识创新有着重要的影响。知识结构一般分为三个不同层次，即基础层、中间层和最高层。这三个知识结构层次构成了创新主体知识结构的金字塔结构，如图3-1所示。

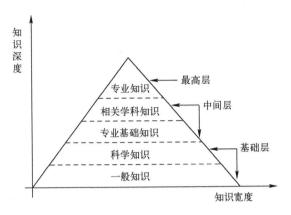

图 3-1　创新主体知识结构构成

基础层是指必备的各种基础知识，这些知识不仅是将来的知识创新所必需，而且是自身发展所不可缺少的。中间层是一般的、系统的专业基本理论知识、专业基本技能及专业相关知识等，它因专业而异，但侧重于知识数量的丰富性，是专业发展创新的基础和前提。最高层则指专业上的最新成果、专门见解、学科边缘、攻坚方向、研究动态或自己独具特色的专业知识、创新主体经验、技术诀窍等。最高层侧重于知识质量的开拓性，其中既有从课本文献上学到的丰富的显性知识，也有经过自己实践，或与同事交流，或经过知识内化而得到的各种隐性知识。

3．创造性思维

知识创新要以丰富知识积累为基础，要以合理的知识结构为前提，但这些并不一定能够导致知识创新，创新主体必须要具有创造性思维才能实现这个过程。创造性思维是指人们把信息、知识加工处理变成思想、行动，实现创造性成果的意识活动[53]。是大脑皮层区域不断地恢复联系和形成联系的过程，它是以感知、记忆、思考、联想、理解等能力为基础，以综合性、探索性和求新性为特点的心智活动[54]。创造性思维是一个面临问题从艰苦思索到茅塞顿开的量变和质变交融渐进的过程，一切创新都是从问题开始的，问题是思维的起点，如何在问题解决中打破思维定式，进行创造性思维成为知识创新的关键。由于思维定式使人们熟练地运用以往的经验，驾轻就熟、快速地处理经验范围内的常规性的问题。但是，知识创新面临的经常问题是超出经验范围的非常规问题，需要运用新的思路和办法创造性地加以解决，而创造性思维是对多种思维方法和逻辑模式的综合运用，它强调各种思维形式之间的相辅相成和交互作用。打破思维定式就是指思维主体善于从不同的角度和层次思考问题，它在认识客体面前，既是纵向思维和横向思维的融合，又是发散思维与收敛思维等多种方式的交织和统一。所以，创造性思维对于知识积累基础上的顿悟起到重要促进作用，是知识创新的重要因素。

4. 创新动机

动机是在需要刺激下直接推动人们活动的一种内部动力，是人们在活动中的一种自觉能动性、积极性的心理状态。动机是引导个体行为的驱动力量或刺激因素，通常情况下可划分为外在动机和内在动机两种。内在动机，指的是完成任务的首要动机，即因为该任务是有趣的、能获得成就感的并具有挑战性的驱动力。外在动机，是指为了获得一些工作之外的东西而有产生的驱动力，比如完成任务所得的奖励。内在动机无疑更有益于创造力的发挥，外在动机在某些情况下也可变成有益因素。影响创造力的关键因素，不在于动机本身是内在的还是外在的，而在于动机以何种方式影响个体对目标的注意力[55]。知识创新或创造行为需要科研工作者对任务本身有着极大的兴趣和热情并投入大量脑力，如此才能在逆境或困境中另辟蹊径创造独特解决方案。内在动机是个体被任务本身，而不是完成任务所能带来的外部产出所吸引并充满热情的一种激励状态。很多观点认为具有内在动机的个体倾向于显示出更高水平的创新，也就是说内在动机能够激发创造力，这种观点已经得到了许多研究发现的支持。

5. 性格特征

实践证明，性格特征对创新主体的各种创新活动产生着深远的影响。Gouhg（1979）编制的创造性人格量表（CPS），概括了外向性、愉悦性、公正严谨性、神经质、开放性五个方面不同性格特征对创造力的影响，如表 3-1 所示。

表 3-1　影响创造力的五个维度

1	外向性	热情，合群，爱交际，自信，活跃，追求兴奋，积极情绪
2	愉悦性	信任，诚实、坦诚，利他，顺从，谦逊，质朴
3	公正严谨性	能力，守秩序，负责任，追求成就，自我控制，严谨
4	神经质	焦虑，愤怒、敌意，抑郁，自我意识，冲动，脆弱，敏感
5	开放性	幻想，有美感，情感丰富，行动，观念，价值

研究表明这五个方面因素并非是独立的,而是作为五个相对稳定的因素,相互交织、相互影响,共同影响和决定创新主体的创新能力。知识创新是一种与众不同的行为方式,包含着顿悟,同时创新结果存在偶然性,创新的过程也可能经历风险,产生多种结果。因此在知识创新的过程中创新主体应具备如下性格特点:第一,拥有良好的心理素质。保持高尚的理想和追求,充满乐观精神,具备坚韧不拔的毅力;第二,有强烈的创新欲望和敏锐的洞察力。就是在创新实践中,有发现问题、积极探求的心理取向,善于把握机会,积极改变自己,具备创造条件以解决问题的应变能力。良好的心理承受能力为在进行创新工作时克服种种困难提供了前提条件;敏锐的洞察力和创新欲望为扩展解决问题的思路和寻找创新的方法提供了保障。

总之,作为知识创新的第一影响要素,包括国防科技重点实验室在内的各创新主体提升知识创新效率,都必须高度重视上述各主体性因素,花大力气解决好人力资源的培训、激励和管理等问题。对于国防科技重点实验室而言,一方面要把优秀的、有价值的人才留在实验室内部,能够为知识创新服务;另一方面在激励政策方面做出必要安排,使人才能够积极主动地发挥自己的创造力和创新精神。比如,注重收入分配,通过物质财富,满足个人的成就感;再比如给一流的人才提供一流的工作、生活环境等。

3.1.2　客体影响因素

所谓客体影响因素是指知识创新所必须依赖的外部物质基础,即知识创新过程中除人以外的物质性资源,比如科研经费、实验用房、仪器设备和基础条件平台等物力因素。实践证明,赤手空拳、无依无靠的主体是很难进行改变对象世界的活动的,客体系统已经成为创新主体进行知识创新不可缺少的要素。

1. 科研经费

科研经费是任何一个创新平台开展知识创新和其他各项工作的最根本物质基础。离开必要的科研经费,创新平台根本无法运转,更不用提建设、发展和实现创新学术目标。创新平台的科研经费一般有四个来源:一是从政府部门获得的竞争性研究经费,如各类科学基金和科技计划经费等;二是创新平台所属企业或大学提供的科研配套经费,例如大学创新平台可以拥有"985

工程""211 工程"等建设经费以及人才引进配套经费等；三是从企业获得的横向科研经费，即企事业单位委托研究的科研项目经费、科技成果和专利转让费等；四是国际科技合作经费，包括从外国政府和国际组织获得的科研经费以及与国外学术机构、企业间的合作经费。

在创新科技含量越来越高的今天，一个创新平台成功与否，越来越依赖于是否具有充足的科研经费。这一点对于国防科技重点实验室同样适用。与一般创新平台有所不同的是，由于从事的一般都是基础和前沿研究，创新成果的公共性强，国家级重点实验室科研经费主要来自政府投入。比如国防科技重点实验室，顾名思义，这一创新平台重点从事和国防科技相关的知识与技术创新。军事技术的特殊属性就决定了其资金来源只能主要来自中央财政。在此基础上，实验室自身资金积累、社会资本等投入也可以考虑，但只能是一种补充方式。

2. 信息技术

信息时代开放条件下，信息技术是包括国防科技重点实验室在内各创新主体进行知识创新必须利用的有力工具和资源，它对于知识获取、信息传播和知识运用均有不可忽视的作用。信息技术的应用扩大了知识获取范围、提高了知识收集速度、降低了取得知识的成本、提高了知识加工处理的能力。可以讲，当代条件下，在获取、加工处理、存储、积累、传播和共享等知识创新各个关节点，都离不开信息技术。

为了促进知识创新过程，国防科技重点实验室必须合理地建立知识的技术基础设施，通过信息技术的管理，来促进知识的不断创新。构建促进知识创新效率提升的技术基础设施，国防科技重点实验室可以考虑把以知识为基础的软件，服务于电子邮件、数据或信息显示等用途。数据仓库就是一个重要的信息技术基础设施。采用数据仓库技术会对于培育知识共享文化，进而促进知识创造产生重大影响。数据仓库如果使用得当，会为创新主体的知识创新活动提供良好的基础，国防科技重点实验室作为技术密集型创新主体，尤其要注重对其的使用①。

---

① 建造数据仓库必须考虑以下几个重要因素：一是数据仓库尽量和企业目标一致；二是注意为模块化奠定基础，就是应该先设计一个信息架构，然后循序渐进逐步实施；三是注重关联，应积极将不相关的模块联结起来，形成关联数据；四是重视历史数据与外联数据；五是创建共享的动态数据中心，在整个创新体系，尤其是核心创新主体内部实现信息的广泛共享。

3．固定资产

科学仪器、实验设备、实验用房等固定资产是创新平台开展创新工作的物质基础。在某种程度上讲，科学仪器、实验设备的先进和齐全的程度直接关系到创新平台能否开展前沿领域的科研工作，进而在相当程度上决定着创新平台科学研究、知识创新、人才培养的水平和效率。

除了科学仪器、实验设备、实验用等这些传统的、有形固定资产会影响创新平台知识创新外，在信息化快速发展的今天，网络科技环境、科学数据、文献资源等科技信息资源对于创新平台的知识创新发挥着越来越重要的作用。相对于传统固定资产，我国创新平台，甚至有些国家级重点实验室的信息科技资源匮乏，共享性差，重复购置严重，极大地影响了知识创新的效率。这就要求我们，在实施知识创新工程中，要注重加强信息资源条件建设。

3.1.3　环境影响因素

知识创新是一个复杂的系统过程，它所涉及的方方面面绝不是单个创新平台就能够完全涵盖的，分析创新平台知识创新活动必须考虑其所处的外部环境。对于任何一个组织，环境可以被定义为存在于组织边界之外，并可能对组织的全部或部分产生影响的所有因素。也正是从这一点出发，理查德·达夫特把组织的环境分为行业、原材料、人力资源、财务资源、市场、技术、经济环境、政府、社会文化和国际等[56]。从这一角度出发，可以说影响国防科技重点实验室知识创新的环境也应该是无限的，即包括前面分析的实验室内部因素，也包括创新平台外部的所有因素。但需要说明的是，系统科学所分析的往往仅是环境中系统敏感的和为了生存而必须做出反应的那些部分。按照这一原则，下面从政策、社会和市场三个方面，对影响国防科技重点实验室知识创新的因素进行分析。

1．政策法制因素

一个国家或地区的社会制度和宏观经济政策对各种创新平台和创新组织的知识创新行为有很大的影响效应。这些影响主要是指与创新平台有关的一些法律法规和其他经济制度，如投资政策、税收政策、金融政策等。显然，宽松的投资环境和金融环境，能使创新平台更容易筹措资金。因此，提升知识创新绩效，必须考虑培育良好的政策和法律环境。对于政府来说，尤其应该注重完善有利于创新的相关法律法规,引导和激励各类主体进行知识创新。一般来说,影响知识创新功效的相关法律主要包括知识产权法、专利法和与有关的科技法等。如果这些相关法律得到完善,可以减少创新主体知识创新过程中的偷窃和抄袭行为,保护相关创新主体获得创新成果的专属权,进而激励其知识创新。

2. 社会文化因素

社会文化因素是指创新主体及创新活动生存及活动范围内的所有社会精神条件的总和。在知识创新过程中,一个社会的文化因素常常以独特的价值观、信念和社会行为准则对创新组织内成员的观念和行为方式产生深远的影响,从而影响创新组织的创新效率。同时,社会文化还会影响创新平台的组织结构和管理系统,从而对知识创新产生影响。社会文化对知识创新影响有积极和消极两个方面,包括国防科技重点实验室在内的各创新主体如果想获得良好的创新效果,就应该善于利用社会文化中积极的一面,尽量避免消极因素影响,从而在创新组织内建立起自由、和谐、宽松的创新氛围,促进组织知识创新能力与水平的不断提升。

3. 市场环境因素

市场环境是指经营活动所处的社会经济环境中创新平台不可控制的因素。可以将影响创新平台技术创新的市场环境因素分为市场自身因素和市场外部性因素两大类。具体地,市场自身因素包括市场结构、市场竞争程度等;市场外部性因素主要是指知识溢出。

市场结构能够反映市场上创新平台之间的相互关系,不同的市场结构对创新的影响作用不同。一般认为竞争性的市场结构有利于刺激创新平台进行知识和技术创新的积极性。对于垄断性市场结构对技术创新的影响尚无明确定论,有学者认为垄断创新平台对市场的控制力较强,其他平台很难进入,面临的危机较小,因此进行创新的积极性会削弱,不利于技术创新。也有学者认为,垄断性创新平台拥有雄厚的资金,能够更有效地进行研发活动,有利于技术创新。对于市场竞争程度对企业技术创新的影响,一般认为,市场竞争越激烈,创新主体面临的经营压力越大,从而进行技术创新改进技术、提高质量、降低成本的意识越强,相应的创新投入强度越大。从这一角度出发,实施知识创新工程中,要考虑到国家级实验室的垄断因素,采取措施扶持竞争对手,提高创新效率。

总之，知识创新是一项系统工程，影响其效率高低、能力大小的因素是多方面的。国防科技重点实验室在实施知识创新工程过程中，要综合考虑，因地制宜，有针对性地制定对策，以获取较高的创新效率，不断提高自身知识创新能力。

3.2　国防科技重点实验室知识创新动力机制

知识创新动力机制主要回答和解决为什么进行知识创新、什么推动知识创新、如何推动知识创新等基本问题。为了全面认识、深入把握国防科技重点实验室知识创新动力机制，下面从动力类型和动力模式两个方面进行分析。

3.2.1　动力类型

从推动国家级重点实验室知识创新力量来源的不同，可以把其动力类型分为内在驱动与外部激励两大类。

1．内在驱动

在知识创新过程中，由创新主体、客体、环境等组成的创新系统是一个各创新要素相互作用的动态系统。因此，知识创新的内在动力，其实就是创新过程中内在驱动要素的关联集合。

1）宏观的制度与市场拉动

宏观层面，知识创新的内在动力主要是指制度、市场等要素对创新过程所起的作用。众所周知，知识创新所要实现的是"生产要素的重新组合"，这不仅涉及人与自然的关系，而且必然涉及人与人的关系，这就不可避免地受到旧的"生产关系"的制约，也必然要求建立某种新的"生产关系"与之相匹配。所有这些都要求在制度上做出相应安排，从而为知识创新扫除障碍，提供充分的自由空间。

上面是就制度而言。就市场拉动而言，它既是创新目标指向，也是创新成功实现的场所，因而对创新主体的创新行为有着最直接的约束和刺激，构成了推动创新的一种宏观动力即市场拉力。一般来说，市场拉力主要是通过市场需求与市场机制来实现的。市场需求通常指在一定价格水平下人们在市场上获得具有货币支付能力的物品、信息和服务的要求和欲望。市场需求类型的多元化不仅体现在市场需求的流动性和变异性，而且也为创新实现自己的经济功能和社会功能，即以自己的新产品为满足不断变化的市场需求或社会需要提供了动力。市场机制，是市场供求、竞争、价格等诸要素之间相互联系、相互作用的方式。在市场诸机制中，对创新拉动作用最为明显的是竞争机制。可以说，创新资源的获取、创新产品的实现和创新收益的获得都必须通过市场机制这个中介才能达到。正是这种竞争及其带来的压力使创新主体进行创新实践，并选择合理的创新方向和创新行动方式。

2）中观的评价选择与人力资源

在创新过程中，当预期市场前景看好以后，就要判断自己的综合实力（知识、技术）与待选的知识创新项目相匹配的情况，因此任何创新主体都要有具体的创新目标。这个目标可大可小，如对整个社会，对某个国家、地区，或对某个企业以至某个项目。评价选择，一方面要有一个定量的尺度；另一方面要有完整的评价体系。

在创新的选择评价过程中，选择实际上是创新过程的前期评价，是创新伊始对大量新知识、新想法、新方案设想的发展前景的初步可行性分析，其目的是从大量设想中挑选出具有可行性、有良好经济前景，并可望取得成功的项目。项目的选择评价可以在很大程度上剔除一些不适宜实施的因素或条件，减少对不必要人力、物力的损耗。总体来看，通过选择评估，可以预测到创新过程的经济前景、竞争潜力、对创新能力的总结了解及创新结果的可行性程度分析。

3）微观的文化精神与创新组织

微观层面，知识创新动力对应个体或局部创新的激励和心理驱动，其结果表现为一些新想法、新观点、新假设、新思路的提出。尽管这些微观层次的创新动力在创新过程的初始还处于潜在状态，但却是推动创新过程发展的"原动力"。新想法、新观点不是凭空产生的，它是创造性思维的产物。其中涉及知识的表达、解释、发现等。因此，微观的文化精神与创新组织动力因素主要是指寻找启发和激励创新主体创新精神和创新能力的具体途径。

文化精神可以促使知识创新过程致力于开拓进取，力图创造出新的、不同的价值或把现有的资源组合成更具有新颖性的形态。它一方面要求创新主体知人善任，任人唯贤，注意营造平等的人才竞争环境和相关制度安排，为人们提供平等的机会与秩序，使各类人才脱颖而出并得到合理有效的使用；另一方面还要求注重人才的开发和培养，建构一种良好的人才社会化和资源社会化的机制。

知识创新过程中，微观的文化精神在创新主体头脑中不断内化，从而激励了其行为具有高度的创造性、流畅性和变通性，引导其根据实际情景的要求，以追求创新为目标将微观文化精神的各种具体形式排列组合，调整自己的行动取向，从而引导和规范知识创新过程目标的顺利完成。

此外，知识创新组织能力也是推动创新过程的又一动力要素。知识创新过程作为一种创新合理性不断实现的系统过程，必须通过系统内部有组织的理性管理，才能使创新设想或方案转化成现实的成果。因此，知识创新过程又体现为创新者素质、创新组织内部状态和外部环境约束之间相适应和相协调的作用过程。知识创新组织文化是指为知识创新组织全体成员所接受和共享的行为规范和价值观念的总和。知识创新组织文化作为一种生长在特定组织功能范围之中的价值规范体系，构成了创新组织生存、发展与走向繁荣的一种基本文化条件。一种强大的创新组织文化在创新过程中将发挥导向、激励、凝聚、融合、规范和辐射等方面的社会功能，对提高创新组织能力具有重要作用。

2．外部激励

激励主要是激发、鼓励的意思，是使人的行为服从组织目标的强化过程。激励通过一定的载体传递给被激励对象（创新主体），其实质是根据被激励对象的需要设置某些目标，并通过目标导向使被激励对象出现有利于组织目标的优势动机并按组织所需要的方式行动。弗鲁姆认为：激励就是一个过程，这个过程主宰着人们或较低等的有机体在多种自愿活动的备选形式中所做出的选择[57]。国内有学者认为：所谓激励，就是系统地采用有计划的措施，设置特定的外部环境，对系统成员施以正强化或负强化的信息反馈，以引起其内部的心理和思想变化，使之产生组织者所期望的行为反应，从而正确、高效、持续地达到组织者期望的目标。在创新过程中，创新实践的外在激励可以促进和推动创新主体创新意识的实现，是一种推动主体内在需要的创新过程活动。

1）市场激励方式

市场对知识创新过程的外在激励能自发地培育创新，即市场是一个对创新进行自组织的过程[58]。市场对包括知识创新在内创新系统的激励作用主要表现在两个方面，一是市场通过价格信号引导创新；二是市场可以减少因创新过程的不确定性而产生的消极因素。需要说明的是，市场对知识创新上述激励作用的发挥必须以市场背后的制度建立与完善为前提。由于市场在推动技术创新方面具有自我组织、自我加强的作用，在配置资源方面效率较高，因此，必须通过相关市场制度的完善来形成激励企业技术创新环境。

一方面，要完善推动技术创新成果交易的市场制度。一般而言，通过市场交易获取理想的创新受益，是激发企业创新活动的内在诱因。在形成较完善的市场交易制度方面，一是要建立健全鼓励技术创新成果交易的系列制度，包括建立和完善技术产权交易市场、高新技术产业化成果展示交易市场、完善技术交易中介服务等直接促进技术创新要素的有效组合；二是要建立健全规范技术创新交易秩序的系列制度，以降低创新企业参与市场交易的交易成本。

另一方面，要培育能有效激励企业技术创新的市场竞争制度。优胜劣汰的竞争压力，会促使企业为维持自身的生存和发展而有效利用资源，企业生存发展的外部竞争环境和竞争机制的拽动效应，可以从企业外部形成持久的动力激励，激发企业的技术创新动力。因此，必须在制度建设方面，有效打破垄断，加速市场化建设的进程，完善市场体系，培育技术竞争市场。通过市场体制的建设，创造技术创新的理想的市场结构和竞争模式，以市场的外在力量来推动技术创新，构建企业的核心竞争力。同时，由于不正当行为会侵害创新企业的利益，挤占创新企业的市场空间，严重挫伤企业技术创新的积极性，因此也要通过制度建设，加大对不正当正竞争行为的打击力度，保证竞争行为的规范有序，以增强企业的创新动力。

2）政府激励方式

在肯定市场促进知识创新积极作用的同时，也要看到由于市场激励缺陷的存在，客观要求创新过程中通过政府的激励政策来有效地刺激和驱动创新主体进行创新。分析各国支持知识创新的政策工具，典型的主要有：对研究开发支出的政府补贴和税收优惠，对于创新产品的公共采购政策，动员增加技术创新资本投入的风险资本，鼓励技术创新扩散的中小企业政策以及为技术创新创造良好外部环境的政府管制与反托拉斯政策等。

政府对知识创新的财政激励，主要是针对知识创新主体和其他有关部门的研究开发活动的，基本上可以分为研究开发补贴和税收优惠两大类。由于重大的知识创新条件较严苛，而且即使企业能够成功地进行技术创新，创新收益的外溢性也会使创新企业难以独占创新收益，从而极大地影响了企业进行技术创新的积极性，造成企业技术创新的投资不足。政府如果能通过利息补贴、税收优惠等方式给予企业必要的补偿，就可以有效弥补创新主体因外溢性导致的收入损失，从而确保其知识创新的积极性、主动性。

深入分析，在包括知识创新在类的各种创新活动中，政府主要是提供政策支持系统从宏观上为创新创造制度上的条件。政府激励的目的在于激励创新的欲望，为创新主体创造良好的外部环境。知识创新过程中，政府可制定的激励政策，包括财政政策（如对创新的奖励）、分配政策（如从利润中提取创新基金）、信息政策（如为创新主体及时提供创新信息）、专利政策（如保护创新成果和知识产权）等。

3）混合激励方式

混合激励方式即除政府激励方式、市场激励方式外的其他激励，如教育环境激励、社会文化激励等。总体来看，主要表现为两大类：一是目标激励机制，即知识创新主体在知识创新过程中遇到的因现实与目标间存在差距所构成的创新欲望，刺激创新过程进一步实现；二是外部各种矛盾构成的激励，主要是人的不断增长的需要同生产力发展水平以及社会生产力和生产关系之间的矛盾运动，这种打破生产关系制约和提升生产力发展水平的社会需要也会进一步强化创新过程的开展。

需要注意的是，上述激励方式在促进知识创新过程作用的发挥并不是孤立的，而是相互联系，彼此促进的。因此，在创新过程中，要充分掌握激励方式，认识激励过程，把握激励要素间的联系，实现激励的预期目标，必须对一整个激励过程进行系统分析。一方面，要注意激励活动的动态特性，遵循在动态中把握激励方式的活动规律。认识到激励过程不仅是一个动态发展、周而复始、循环往复的过程，也是一个随机调整、不断优化的过程；应该充分了解激励过程的变化特征，掌控激励过程中的信息并进行随机优化，实行动态管理。另一方面，要保持激励过程中的预期目标、应变措施等都具有一定的调节和调整的空间。充分认识激励方式的动力机制，注意开发动力源，又要根据情况，灵活运用各种动力的组合，实现激励方式的最佳配置，这也是在创新过程中理解和认识外在激励方式的关键所在。

3.2.2　动力模式

按照诸创新要素及内外部环境在知识创新过程中发挥作用不同，国防科技重点实验室知识创新动力机制主要包括以下几种不同类型。

1．技术推动

早期对为什么进行知识创新的解释是基于这样一种观点：研究开发是创新思维的主要来源，可以把这种观点称作知识创新的技术推动模型。依据这种观点，一项新发现引发了一系列事件，最终，发明得到了应用。深入分析可以发现，主张这种观点的学者认为创新或多或少是一种线性过程，这一过程起始于科学研究技术开发，经历工程和制造活动，最后是推向市场的产品或工艺，如图 3-2 所示。在这种观点下，市场只是被动地接受研究开发成果。目前，这种思想在我国还比较流行。

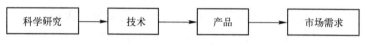

图 3-2　知识创新的技术推动模型

其实，技术推动的知识创新动力模型代表了一种极端的情形。对于计算机这类基础性的创新，技术推动模型具有较好的解释能力。然而，对于大多数创新来说并非如此。国际上对研究开发与创新关系的实证研究表明，研究开发投入越多，所产生的创新并不一定就越多。这对我国是一个警示：如果只是强调科技投入，而对创新过程的组织方式缺乏考虑，就很有可能出现科技成果转化率不高的现象；也可能出现创新成果一开始就先天不足，要么缺乏市场导向，要么距工程化要求太远而没有商业价值，这些现象产生的结果最终会导致科技投入动力减弱。

2．需求拉动

20 世纪 60 年代以来，可能是因为创新实证研究不断增加和出于描述实际创新的需要，也可能是为了防止出现缺少市场潜力的创新，市场需求在创新过程中的作用受到高度重视。这使得需求拉动或市场拉动的创新过程模型得以流行，需求拉动模型如图 3-3 所示。按照这种模型，包括知识创新在内的各种创新活动是由被创新主体感受到的且常常是能够清楚地表述出来的市场需求的变化所引发的。

图 3-3　知识创新的需求拉动模型

在这种模型中，强调创新创造了机会，根据市场需求去寻找可行的技术和工艺，知识创新是市场需求引发的结果而不是技术发展推动的结果。研究也发现，出现在各个领域的重要创新，有 60%～80%是市场需求和生产需要所激发的。需要指出的是，市场需求尽管可能导致大量的创新，但不见得能像重大技术机会（进步）那样产生有较大影响力的创新，即渐进式创新往往来自需求拉动，而根本性创新更可能起源于技术的推动。

3．综合作用

随着实践的发展，对于推动知识创新的因素是技术推动，还是需求拉动人们进行了大量的研究。研究结果表明，如果不能很好地在创新过程早期将营销与创新过程相连接，就难以预料消费者会不会对引入市场的新产品做出正向反应，这常常会严重影响新产品引入市场后的命运。因此，技术与市场的因素应该放在一起考虑，从而逐渐形成了知识创新的综合作用模型，如图 3-4 所示。

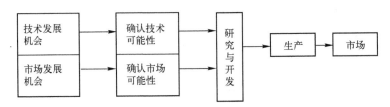

图 3-4　知识创新的综合作用模型

知识创新的综合作用模型虽然简单，但却是一个更具代表性的创新过程模型。根据国际著名创新经济学家罗斯韦尔的观点，这一模型把创新过程分成一系列职能各不相同，但相互作用、相互独立的阶段，这些阶段虽然在过程上不一定连续，但逻辑上相继而起。知识创新的综合作用模型，加强了技术推动和需求拉动模型中需求与技术，或者说市场与技术的连接。在这种情况下，市场需求和研究开发之间的反馈是实质性的环节。实践证明，驱动创新决策的是需求与供给两个因素的结合，能产生更大的创新性，比单纯的需求拉动或者技术推动，更有利于创新构思的产生和创新成功。

4．一体化创新

这是 20 世纪 80 年代后期出现的创新活动。它不是将创新过程看成一个职能到另一个职能的顺序串行过程，而是作为并行过程。即创新过程同时涉及创新构思的产生、开发与研究、设计制造和市场营销的并行的过程，如图3-5所示。知识创新强调研发部门、设计部门、供应商和用户之间的联系、沟通和密切合作，成为一个大的协作体，并行地进行各种创新活动并且相互之间不断沟通。

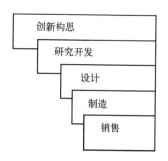

图 3-5 知识创新的一体化模型

5．系统集成创新

这是当前最为流行的知识创新动力模型。这种模型是对一体化创新模型的理想化发展，但又增添了一些其他特征，例如合作创新主体之间更紧密的战略连接。这种模型认为创新过程不仅是职能并行过程，而且是多机构系统集成网络连接的过程，具体如图3-6所示。这一模型强调重点实验室等创新主体与合作企业等潜在用户之间更密切的战略联系，强调更多地借助专家系统进行研究开发，并利用仿真模型替代实物模型。

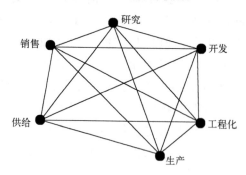

图 3-6 知识创新的系统集成模型

3.3　国防科技重点实验室知识创新过程分析

所谓过程分析，是指从运行过程角度描述和划分知识创新的主要环节和类型，进而从深层次回答和解决国防科技重点实验室如何进行知识创新的问题。应当说，已经有很多学者对知识创新、知识创新过程以及影响知识创新的相关因素进行了大量的研究，这些为研究国家级重点实验室知识创新过程模式奠定了理论基础。但是，国防科技重点实验室的知识创新是一种多因素、多层面、多环节有机统一的过程。在创新过程中，每个层面和环节都可能受到多种因素的制约，存在着诸多非线性相互作用，因而常常表现出创新结果的随机性。因此为了全面把握国防科技重点实验室知识创新过程模式，需要从多角度进行了解。

3.3.1　管理过程

知识创新管理是一种全新的管理理念，涉及人、技术手段和组织三个维度，通过一定的知识管理过程实现知识创新，提高组织竞争力。知识创新是知识管理的核心，知识管理过程就是实现知识创新的过程[59]。综合理论界现有研究成果，考虑到知识在团队内部、外部之间以及在团队内部的流动，一个完整的科研团队的知识管理过程应该包括知识获取—知识转化—知识应用—知识评估。

1. 知识获取

获取知识先要对知识进行识别，知识识别是知识管理的第一步，首先要区分团队的核心领域和核心知识。这里的知识既包括隐性形态知识，也包括显性形态知识。识别后的知识资源在团队内积累下来，团队在知识创造过程中输出的知识资产在团队内部沉淀和储存下来，才能有利于知识的应用和新一轮知识创新。一般而言，显性知识保存在知识库，隐性知识则存在于创新个体的记忆之中。因此，团队领导者对掌握关键技术和重要资源的成员，应予以特别关注。在知识创新实践中，要注重通过薪酬计划、培训计划等激励制度，着力培养他们对团队的忠诚度和归属感，鼓励他们进行知识积累。

2. 知识转化

知识在团队内的传递共享和转化，创造出新知识，这是知识创新管理的核心环节，能够在知识转化的过程中，实现知识创新。知识转化通常有四种形式：隐性知识向隐性知识的转化、隐性知识向显性知识的转化、显性知识向显性知识的转化、显性知识向隐性知识的转化。具体情况在下一节专门论述。

3. 知识应用

显然，知识可以留在实验室内用于继续创造新知识，但这不是创造知识的最终目的，知识应该在实践中得到检验并创造价值。只有在此阶段，知识才能转化成具体的结果。能够转化为生产力的科研才是有意义的。同时，知识应用的过程产生反馈信息，影响知识创造过程的持续改进和完善，也影响科研方向。

4. 知识评估

知识评估本身就是知识创新管理的一个重要组成部分，管理的过程就是评估的过程。逐步建立和完善知识管理的绩效评估体系，形成评估信息库，有利于发现知识获取、开发、利用、共享等环节的问题，促进知识管理活动的持续改进，发挥评估体系的激励作用。有效的评估与激励机制相结合，有助于激发团队和员工的积极性和创造力，提高团队的知识共享程度。

需要说明的是，知识创新管理的上述四个过程是一个非线性的过程，具体说是一个循环往复、螺旋式上升的过程，该过程的每一个步骤都可能产生新的知识，新知识在检验过程中发现的问题，又是产生下一个新知识的源泉。因而，知识创新不是链式的过程，而是一个循环进化、自增益的过程[60]。

3.3.2 转化过程

国防科技重点实验室的知识创新实际上是知识在实验室内部相互转化的过程，在这个过程中需要默会知识与外显知识的相互作用。所谓默会知识，是指存在于个人头脑中、存在于特定环境下、难于正规化、难于沟通的知识。

而外显知识则是指经过编撰的、文档化的，可以用正规的、系统化的语言来传递的知识。国防科技重点实验室知识创新的主要过程是在这两大类知识自身的转化及相互间的转化过程中实现的。国外学者野中郁次郎将知识的这种转化分为四种转化模式（SECI 模型）：潜移默化（或称社会化模式）—Socialization；外部明示（或称外在化模式）—Externalization；汇总组合（或称组合化模式）—Combination；内部升华（或称内在化模式）—Internalization。SECI 分别对应的是隐性知识转化为隐性知识、隐性知识转化为显性知识、显性知识转化为显性知识和显性知识转化为隐性知识，如图 3-7 所示。

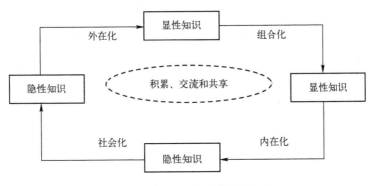

图 3-7　知识创新的过程模型

1．社会化：从隐性到隐性

隐性知识是高度个人化和难以格式化的知识，它植根于个人经验、直觉、洞察力和我们的价值观念中，它是不脱离认知主体的知识。知识创新过程中第一步的转化是从隐性知识到隐性知识之间的转化，我们可以把它定义为社会化。社会化是个体之间分享经验的过程，一个人可以不通过正规化的语言直接从其他人那里获得隐性知识。这个过程主要是通过观察、感悟、对话、模仿和不断实践等，使难以表达的技能、经验和诀窍、心智模式和团队的默契等隐性知识在重点实验室不同层次知识主体内部和之间交流与共享，从而实现从隐性知识到隐性知识的转化。

在重点实验室里，这种知识的转换，可以表现为不同研究人员一起做实验或者搞研究、搞调查进程中，观察、模仿和体验对方在此过程中表现出来的方法、技能和思维方式；也可表现为实验室中成员，特别是研究团队成员之间在互动中共同分享个人经历、教学与科学研究经验、讨论想法等，从而引起共鸣，实现隐性，也可以称默会知识的转移，创造新的知识。例如，学科带头人在确定学科研究新的领域或者发展方向时，根据自己的知识储备、直觉、经验能够感觉得到它的存在或者它将成为推动学科发展的所在，但在仔细研究、探究和认真思维之前，它又囿于现有的知识储备、知识结构和知识基础，学科带头人只能大致地确定它的方向、轮廓，尚不能将之清楚、明晰、精准地表述出来，这即属于一种存在于学科带头人的隐性知识。当研究团队成员在与学科带头人日常、密切的互动过程中，学科带头人关于"问题"的隐性知识，其思维风格、研究兴趣、研究方法也会潜移默化地影响或者塑造团队成员。同样，研究团队成员本身对于研究领域方面的隐性知识，在互动中也会影响到学科带头人。

需要指出的是，保证成员隐性知识得以交流的重要条件，是要求参与共享的成员之间掌握共同的话语系统，对事物相近的理解力，以及具备高质量的经验。只有这样，才能使得他们的隐性知识能够增长；与此同时，也要求良好团队的建设。比如，构建亲密、和谐、共享、相互关心的组织氛围和文化。另外，这时候的知识转化，是不确定的、非系统化的，一般很难为国家级重点实验室所充分利用。

同时，也要看到这种转化方式具有很大的局限性。首先是范围的局限性，这种知识转化只能在少数关系密切的人之间进行，对比较多的团体来说没有意义，不会被更多的人综合利用。其次是这种模式对隐性知识的拥有者十分依赖。因此，许多优秀、有效的经验、技巧和诀窍往往随着某个拥有者的离职、退休而"失传"。再次是由于隐性知识本身缺乏系统性、规范性，在知识的转化与传递过程中很容易出现失真，使得许多有价值的知识被埋没。最后是由于掌握隐性知识的人往往难以对这些知识背后的理论原理进行科学解释，在知识的传递过程中学习者也只是依葫芦画瓢。因此，这种形式的知识转化只能实现知识的传递，而难以实现知识的大幅度创新。

2. 外在化：从隐性知识到显性知识

这是知识创新过程中最重要的环节。外在化是挖掘隐性知识并把其发展为显性知识的过程。所谓显性知识是指能够用严格的数据、公式、语言、文字等符号系统表达，易于储存、交流和共享的知识[61]。从中可以看出，显性知识的共享与学习要比隐性知识容易得多，而且如果能对隐性知识进行系统表述，人们还可以对其进行深入研究，分析其背后的科学原理，并在此基础上发展出更新、更系统、更有价值的理论、方法与手段，实现知识的创新。因此，从隐性知识到显性知识的转化是知识创新过程的关键，必须予以充分重视。挖掘隐性知识并把其发展为显性知识的过程中要运用一系列的方法，诸如隐喻、模拟、类比、假设和模型。用语言描述或书面表达，即概念的描述是这种转化过程中所采取的主要行动。

在国防科技重点实验室，研究人员进行知识创新的过程，就是对未知领域的探索，对高深知识的探究，对于在混沌、杂乱无章的现象或者事件中寻找内在规律，就是要用大量已有的知识，用学术的、规范化的、标准的语言，合乎规范地将隐性知识表述出来，并通过发表论文、出版学术专著等形式将知识编码化，以此比较容易地进行知识的传递、修改、储存和复制，使经外化、整理的知识能够以低成本进行长距离和跨越组织边界的传输。这就是知识的外化过程，使知识从个体的、隐性的知识转换为公共的、外显的知识。

实践中，要实现知识从隐性向显性的转化绝非易事。这是因为，一方面，隐性知识往往隐藏在背后，通常连拥有者都意识不到或不知所以然，更不用说其他人了，所以在实现知识的转化之前想要发现知识的存在就是一件很困难的事；另一方面，即使能够看到隐藏的知识，如何将这些技巧转化为清楚明白、可以利用的知识又显得非常困难。所以在现实中应当十分重视这种方式，并努力实现它。

需要注意的是，国防科技重点实验室在知识创新过程中，不仅要重视对一般的隐性知识加以开发利用，对于处于创新个体大脑深处，尤其是一些知识火花更是需要特别注意的。我们可以把处于创新个体大脑深处，更不易于描述或转化为显性知识的知识，称为深隐性知识。总之，隐性知识显性化是一项非常复杂的系统工程，其中的一个关键环节就是要设计出一套有效的激励机制，让创新个体有将其显性化的足够动力。

3．组合化：从显性知识到显性知识

组合化是把概念转化为系统知识的过程，这一过程包含了不同的显性知识体系。组合的方式包括文件、会议、电话沟通及计算机化的网络沟通。现有的显性知识通过分类、重组被重新构架产生新的知识，在学校里所接受的正规教育和培训就是采取这种知识创新的方式。

典型的显性知识到显性知识的转化过程包括对数据进行汇总、对信息进行分类、对数据进行比较等，这些过程对于团体来说都是必不可少的知识处理和创造手段，通过这些手段的利用，可以从已有的知识中提炼出新的知识，但它没有扩展团体的知识范围。从本质上来讲，与其说它是知识创新，不如说它是对已有知识的再组织[62]。尽管如此，显性到显性知识的

转化对知识创新而言还是非常重要的，其重要意义表现在它可以让人们更好地学习掌握现有知识，加强对这些知识的理解，为知识的吸收和创新奠定良好的基础。

国防科技重点实验室知识创新过程中，能否实现把概念转化为系统知识常常取决于三个环节：第一是从实验室内外捕捉、收集、整合成为新的显性知识，例如研究人员不断收集、吸收本学科或者本领域内散见于各种学术期刊、学术会议、著作、论文之中的新知识，并进行分类、整理、归并，使之构建成一个完整的知识体系或者学科体系；第二是通过课程、教材、教学、文件、文档、讲解、视听等手段直接传播显性知识，使新的显性知识在团队成员中广泛传递；第三是对实验室内的显性知识进行编辑和加工，例如通过编写教材、编写技术手册、汇编资料等形式，这里还包括外显知识的再次利用和组合，通过分类、增加和结合来重新组合既有的外显知识，并且将既有的知识加以分类，可以导致新的知识组合，也会使其变得更为有用。通过这三个环节，使已经外化了的概念通过编码、排序、分类等，重新划分知识单元转变成一个知识系统。

4．内在化：从显性知识到隐性知识

内在化是使重点实验室的显性知识通过创新个体的学习而内部化为研究人员个人的经验、技巧的过程。内在化过程主要是通过阅读、聆听、练习和干中学等方式，将各种相关的显性知识进一步升华，内化为新的、更高级的不同层次知识主体的隐性知识，从而实现显性知识到隐性知识的转化。显性知识经过内化后将变成十分宝贵的知识资产，国家级重点实验室在创新过程中，应及时将显性知识内化上升为各种隐性知识，以避免其价值的流失与折损。

国防科技重点实验室必须关注研究人员个体层面的隐性知识的积累和丰富，注重知识的内在化，因为个人的隐性知识是实验室组织知识创新的基础。在知识创新实践中，实验室中的研究人员将获得的通过联合化形成的新的外显知识吸收为自己的知识，在反复实践、边干边学过程中，内化了的外显知识又与个体本身的隐性知识相结合，并不断拓展、延伸和重构个体原本的隐性知识，使个体隐性知识更加丰富，从而能够在更高层面上得以结晶明晰。当其在更高层面上，隐性知识和外显知识相互作用再次进行社会化、外在化、组合化和内在化的知识螺旋时，知识的层次变得更高，知识的总量也会变得更多。这四种转化过程可以归纳如表3-2所示。

表 3-2　知识创新的过程及方法

转 化 模 式	转 化 过 程	方　　法
社会化	隐性知识—隐性知识	讨论、观察、感悟、对话、模仿、实践
外在化	隐性知识—显性知识	隐喻、类比、图表、概念、模型、推理
组合化	显性知识—显性知识	编码、分类、整序、综合、一致性验证
内在化	显性知识—隐性知识	阅读、聆听、练习、干中学

从以上隐性知识与显性知识间的相互作用及转化过程可以看出，个人的隐性知识是组织内部知识创新的基础，包括国防科技重点实验室在内的组织的职能就是为创造性的个人提供支持、提供条件、提供适合富有创造性的员工生存的环境，使得基于个人的隐性知识流动起来。起源于个人的隐性知识通过四种知识转化模式在团队内部得以增强，呈现出一个螺旋上升的过程。总之，知识起始于个体，通过人与人之间、团队之间、部门之间的交互作用不断增多，使得个人知识通过扩散在团队范围内拓展，并使之具体化，进而成为团队知识网络体系的一部分。因此，在知识创新过程中，国家级重点实验室一定要注重激发个体创新激情，并注重采取措施促进不同类型与层次知识的转换、提升。

3.3.3　场过程

知识创新过程中，无论是知识积累、新思想的萌生，还是论著和口述材料的形成，都受其所处场所的影响。野中郁次郎将知识创造的这种场所命名为"巴"，我国学者余利明将其命名为"知识场"，这里将其称作"场"。对于知识创新过程模式的描述，除了前面介绍过的基于转化视角外，还有基于场的分析，也就是分析知识创新过程中的不同环境。这种模式强调建立和加强知识创新的环境知识场，即发起性场、对话性场、系统性场和演练性场[63]。

1. 发起性场

发起性场是指个人分享感觉、情感、经验、审美和精神模式的场所，模糊知识的分享发生在这种场中，知识创新过程由此开始。发起性场是一种精神和心智模式的交流，个人的想象力在此得到了充分的释放，为将来的知识创新打下了坚实的基础。同其他知识创新空间相比，发起性场是在自由轻松的交流过程中互相了解相互信赖，从而孕育出种种想法和思路的场所，是实实在在存在的能够面对面地进行交流的一种物理意义上的场地。

2．对话性场

对话性场是通过交流隐性知识，将个人的隐性知识转换成大家所能接受的显性知识的场所，是个人的精神和技能转换成公共术语和概念的地方。在这里，物化的隐性知识和部分自我超越的知识通过显性化在个人之间进行精神和心智模式的对话和反思，知识创新的丰富阶段往往发生在这种场中。在这个场里，人们各自的想法和思路经过充分讨论，然后用文字、语言、符号等形式表达出来。

对话性场和发起性场可以是同一个场，只是在知识创造过程中的作用和传递的知识形式不同。对话性场是将隐性知识显性化的场所，在创出场中孕育出来的各种想法和构思，即隐性知识的萌芽，通过对话性场的良好氛围孕育而出成为显性知识，从而使个人的隐性知识转化为一个部门的显性知识，把个人专有知识转化为部门的公共知识。对话性场能够增加组织的知识存量，促进新知识的生产。

3．系统性场

系统性场是显性知识得以传播的场所。具体来讲，系统性场是指通过明晰知识不同成分的组合来创造新的系统性知识的场所。在系统性场内，通过学习和共享对话性场中产生的新知识、新概念，并借助计算机技术、网络技术和人工智能等现代化技术，把各部门的知识相互连接，转化为组织内部的知识，如组织内部知识网。在发起性场、对话性场和系统性场的作用下，个人的构思和观点、想法等隐性知识转化为组织的显性知识，从而实现了知识的创造和知识共享。

系统性场是传播、组织和整合知识的场所，它把一个个知识孤岛联系在一起，使得组织内部的知识资源得到充分的利用和共享。在这里，新产生的外显知识与已有的显性知识相互结合，形成更加系统化的新的显性知识，系统化场的作用是团体对团体的。

4．演练性场

演练性场也称实践性场，是通过学习外部的显性知识，并借助自己原有的知识产生新的个人隐性知识的过程。这一过程主要是通过实际的操作和行动来实现的，通过干中学不断将知识加以完善，知识创新的实践修正阶段发生在此场中。在实践性场主要完成检验和吸收所创造的知识，并把它变成个人、部门和组织的隐性知识。应该说，在实践性场中各类知识都能得到膨胀，实践性场提供了学习和反复练习的场所。

我们可以把知识转化过程中知识创造的流程、方式与所需的场总结如图 3-8 所示。可以看出，作为知识创新的平台，知识场是知识创新的基础，不管其表现形式如何，是物理的、虚拟的，还是物质上的、精神上的，它都为个人知识和组织知识之间的互相作用提供了一个空间、一个平台。

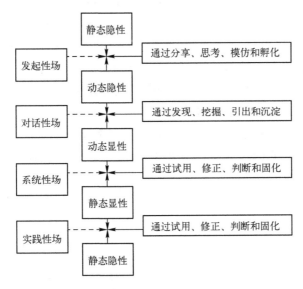

图 3-8　知识创造的流程、方式与所需的场

3.4　国防科技重点实验室知识创新体系结构

知识创新是指通过科学研究获得的基础科学和技术科学知识的过程，知识创新的目的是追求新发现、探索新规律、创立新学说、创造新方法及积累新知识[64]。网络信息化条件下，国防科技重点实验室知识创新处于一个开放的系统之中，需要运用体系思维来分析和把握。从体系角度入手，分析研究国防科技重点实验室知识创新构成、特点及其运行，对于深层次把握国家级重点实验室知识创新规律与特点，进而有针对性提升知识创新效率与水平，有着重要意义。

3.4.1　国防科技重点实验室知识创新体系要素构成

国防科技重点实验室知识创新体系是指在开放环境下，国防科技重点实验室作为知识创新核心主体在知识创新（组织学习）中，与外围机构（科研机构）、政府部门、中介机构所形成的有互动协作关系的网络架构。据此定义，结合 Hakansson 提出的网络体系三个基本要素即主体、资源与行为[65]，加之考虑到任何网络体系皆处于一定环境之中，离不开环境的支撑，因此，国防科技重点实验室知识创新体系，从要素构成角度应包括以下四个部分：①主体系统（Agents）：以重点实验室、外围团队（科研机构）、政府部门、中介机构等组成；②资源系统（Resources）：包括主体资源和网络特殊资源；③行为系统（Activities）：主体在开放体系中进行知识获取、知识创造、知识转移及知识应用的各类活动；④支持系统（Sustain）：指体系依赖的政策、市场、科技、文化等外部环境。具体如图 3-9 所示。可以看出，基于重点实验室的知识创新体系是一个复杂的系统，是国防科技重点实验室利用体系内外资源，通过各种正式与非正式的合作方式促进知识资源在体系中流动，最终实现团队创新目标的一种组织安排。

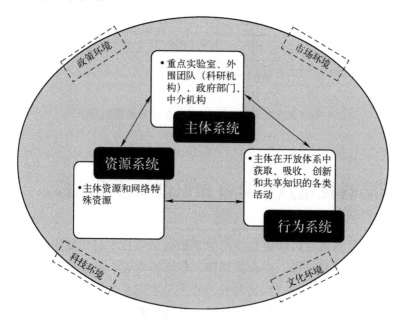

图 3-9　国防科技重点实验室知识创新要素构成

1. 主体系统

主体系统，又可以称为主体要素，是指知识创新中"人"的因素，主要包括重点实验室外围团队、中介机构和重点实验室自身。具体如图 3-10 所示。当然，主体要素中关键角色是扮演核心团队的国防科技重点实验室，可以称其为核心主体要素。就国防科技重点实验室而言，核心主体要素指的就是实验室内部从事研发和创新的科研人员、管理人员。在知识创新实践中，他们往往以创新团队的形式出现。创新性是研究开发活动的灵魂，没有知识的创新，研究开发工作就没有新的成果。创新团队在创新体系中的重要目标是实现知识创新，以使团队更富有生命力，不断向前发展。

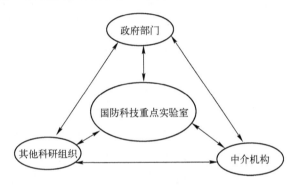

图 3-10　国防科技重点实验室主体系统构成

开放条件下知识创新的外围团队是指与核心团队定位相仿，具有研发实力的伙伴成员，主要是各类科研院所。在国防科技知识创新实践中，核心团队和外围团队，是相互竞争又彼此合作的博弈关系。而正是这种合作与竞争，实现了彼此之间优势互补，既弥补了创新资源的有限，又能分散风险，对于提高彼此知识创新能力和效率，实现多方共赢有着重要意义。

在科技快速发展的今天，政府在知识创新和科技进步中具有越来越重要的作用，尤其是对于国防和军事领域知识创新和技术进步而言，更是如此。知识创新所必要的资金投入、人力投入和完善的基础设施等，都离不开政府投入与扶持。

中介机构主要是指面向社会开展技术扩散、成果转化、技术评估、创新决策与管理咨询等专业化服务的机构[66]。科技中介机构是知识创新中不可缺少的重要组成部分，作用主要体现在促进知识转化，就是通过科技中介的转化、孵化等专业服务，促使隐性知识变成显性知识，进而创造出更多的经济效益和社会效益。除此之外，它也可以加强创新主体之间的沟通，提供传递和交流各种信息，公证、监督规范创新过程，等等，从而提升创新效率。

2. 资源要素

开放条件下知识创新体系中的知识创新活动都需要一定的资源支撑。基于网络组织能力理论的分析，国防科技重点实验室知识创新资源是创新体系内各种资源要素的集成，包括主体资源和特殊资源两个方面。

创新主体资源，即国防科技重点实验室自身资源要素集合，可以划分为知识资源和辅助资源两类。以显性知识和隐性知识共同构成的知识资源是国防科技重点实验室重要的战略资源，其中隐性知识资源尤为重要。因为隐性知识是知识创新的源头，知识创新实际上是一个不断发现问题和解决问题的过程。在未知领域内，问题的发现和解决，只有依靠人的智慧、灵感、直觉等隐性知识才能完成，这就要求包括国防科技重点实验室在内的各创新主体要充分重视隐性知识的创造，要不断促进显性知识和隐性知识的相互转化。辅助资源是指各种有利于知识流动的非直接知识资源，如实物资源、资金资源等。可以看出，尽管辅助资源并不直接参与知识流动过程，但它们的存在对形成顺畅的知识流动渠道具有重要作用，是知识流动的推动与支撑资源。

特殊资源是创新体系中人与人之间、主体与主体之间长期互动的结果，是主体内外社会关系相互嵌入的最终体现，其中最重要的资源为社会资本。创新体系主体间通过相互信任、相互依赖形成的紧密合作关系使创新体系具有较高的社会资本，这些社会资本对知识流动有直接的促进作用。而信任与合作增强了创新体系内各主体传播与扩散知识资源的动机，也提高了知识获取与应用的意愿，从而实现了知识流动规模的扩大和流动速度的提升。

总之，各种资源与知识流动密不可分，良好的知识流动必须有充足的资源保障，同时知识流动也会对体系资源产生反馈。因此，在知识创新体系构建过程中，要重视体系资源的形成、维护与升级。

3. 行为要素

国防科技重点实验室知识创新体系的构建意义在于促进知识流动以提高创新绩效，这一目标的实现依赖于主体、网络及网络外部环境间的交互活动。虽然这些活动形式内容不一，甚至不同学者叫法都不一致，但都可以归纳到知识获取、知识创造、知识转移及知识应用这一完整的知识流动过程中[67]。站在国防科技重点实验室知识创新体系的角度，知识获取是指创新网络体系对网络体系外部知识的吸收，知识创造是创新体系通过主体间活动内生性地扩大网络知识存量的过程，知识转移是知识在体系主体间不断转移、传播、实现知识共享的过程，而知识应用则是知识转化为资本或实物资产的过程。

4．环境要素

国防科技重点实验室知识创新的行为受文化环境、政策环境、科技环境、市场环境等诸多因素的影响。确保知识创新绩效提升，既要注重团队内部各种能力的互动，也要重视实验室与外部环境相互交流。深入分析，可以发现环境影响实验室的创新行为，也为实验室的知识创新活动提供所需的资源。因此，提升国防科技重点实验室知识创新能力与效率，就必须考虑环境因素的影响，研究其影响机制，从而充分发挥环境对知识创新的支撑和保障作用。

国防科技重点实验室知识创新体系由多个子系统组成，重点实验室知识创新的绩效最终是由这些子系统内部各要素或组分的协同作用决定的。各要素内部以及它们之间相互协调配合，共同围绕目标齐心协力地运作，就能够保证系统良性运行。反之，如果一个系统内部相互抑制、离散、冲突或摩擦，就会造成整个管理系统内耗增加，系统内各要素难以发挥其应有的功能，致使整个系统陷于一种混乱无序的状态。因此，提升知识创新效果，国防科技重点实验室要注重协同管理，实现多个子系统的统一协调管理，确保多个要素共同发挥作用，高效完成创新任务。

3.4.2　国防科技重点实验室知识创新体系的特点

前面分析可以得出这样一条结论，那就是国防科技重点实验室平台的知识创新系统在结构上具有明显的复杂性。关于复杂性系统的特征，已经有成熟的研究理论。在这些理论的基础上，也就是根据复杂性系统的一般特征，可以具体深入探讨国防科技重点实验室知识创新系统的特征。

1．开放性

系统动力学认为，客观世界的系统都是开放系统圈。科研知识创新系统可以被认为是一个开放的复杂系统，国防科技重点实验室知识创新系统由多个子系统组成，每个子系统又嵌套着多个次级要素，其内部呈现非线性特征，因此知识创新系统具有复杂性。国防科技重点实验室不断地同外界保持联系，并不断与外界保持物质、能量和信息的交换。系统从环境得到输入，并向环境输出，而且系统状态直接受外界反馈影响，知识创新系统吸收外界最新的知识，知识经过输入—输出过程产生了知识增值。

2．整体性和相关性

知识创新系统功能不是各个组成要素功能的简单叠加，而是呈现出各个组成要素没有的新功能。可以概述为"系统整体不等于其部分之和，而是大于部分之和"，也就是 1+1＞2。由于这种整体功能不是各个子系统所独有，因此对于各个子系统来说，整体功能的产生不仅是一种数量上的增加，更表现为一种质变，系统整体的质不同于各个要素的质，系统整体之所以能产生新质，是因为系统整体的各个组成部分之间，相互联系和相互作用，形成一种协同作用，只有通过协同作用系统的整体功能才能显现。

知识创新系统内的子系统不仅有促进和补充作用，也有抑制作用。二者相互耦合，各个要素是相互作用又相互联系的，整体性确定系统的组成要素，相关性说明这些要素的关系。系统中任一要素与该系统中的其他要素是相互关联又是相互制约的，如果某一要素发生了变化，则对应的与之相关联的要素也要相应地改变和调整，从而保持系统整体的最佳状态。

3．自组织性

作为一种特殊的科研团队，国防科技重点实验室知识创新系统具备自组织性，这一点从前面论述的知识创新过程可以明显感受到。知识创新过程是团队知识从无序向有序的知识增量形成过程，是知识从低级到高级的跃升过程。创新系统要想从无序的不稳定状态向有序的稳定状态转变，实现自我完善和发展，自组织是达到这一目的的根本途径。同时创新主体本身也具有自组织特性，根据团队内部、外部反馈子系统作用以及长期学习经历，它们形成自我学习的能力，不断补充和更新自身知识，形成自身知识从无序到有序的演变。所以，知识创新系统特性已经具备了自组织实现的条件。团队中的知识从一种序状态走向另一种新的序状态，形成支配整个知识创新系统的序参量，使知识创新组成要素实现自组织。

4．突变性

科研团队知识创新系统总是处于不稳定状态，正是这种不稳定状态导致科研团队中知识的流动、团队中创新主体想法的激活以及创新点的产生。因此，知识创新是从艰苦思索到茅塞顿开的量变和质变交融的动态过程，是一种顿悟的体现。同时知识创新系统也是科学知识从无序状态向有序状态的演化，当知识积蓄到某一临界点时，则发生突变。这是由于知识创新系统中知识在个人及科研团队之间不断运动，创新主体及主体间的想法及创新思维不断地相互作用和转换，使系统从一种稳定状态进入不稳定状态，随着参数的再次变化，又使不稳定状态进入另一种稳定状态，系统状态就在这一瞬间发生了突变。因此，科研团队知识创新系统具有突变特性。这种非预期的突变也是很难预测的，并具有很高的不确定性。所以，要对知识创新系统的动态和突发性顿悟进行完全控制是很难实现的。

3.4.3　国防科技重点实验室知识创新体系的运行机制

国防科技重点实验室知识创新系统的运行机制是指国防科技重点实验室内部以及同其他主体合作创新过程中的模式选择，以及保证知识创新系统有效运行的内外部影响因素。在前面分析的基础上，可以构建出国防科技重点实验室知识创新系统运行机制模型，具体如图 3-11 所示。在此基础上，从内部机制和外部机制两个方面来研究国家级重点实验室知识创新系统的运行机制。

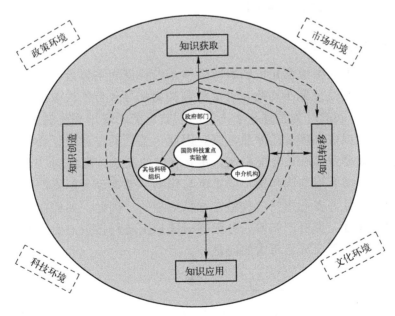

图 3-11　国防科技重点实验室知识创新系统运行机制模型

1. 合作信任机制

信任作为一种减少社会摩擦、增强和谐的机制，不仅在经济和社会发展中发挥着重要作用，而且是知识创新网络体系良好运行的基础。在现实中，创新体系内的各创新主体都会不可避免、不同程度地存在知识产权保护、核心资源维持等方面的顾虑，从而有可能在体系中内生自我防卫思想和行为。因此，在知识创新过程中，国防科技重点实验室要在构建文化信任的基础上，建立有效的合作信任机制，形成共同的制度化的行为规范和惯例，进而使彼此之间容易建立密切的合作关系，降低合作的风险和成本[①]。

2. 沟通协调机制

国防科技重点实验室知识创新网络体系的一个重要特点是组成个体的异质性，在协同创新过程中避免产生矛盾和冲突。合作初期，收益不确定性大，为降低风险，还比较容易达成合作。随着合作深入，各方需要付出较大的投入，合作创新的收益也逐渐展现，这时，整个创新网络体系建立主体之间良好的沟通机制，变得十分必要。考虑到知识创新网络体系主体组成复杂性和基础领域创新的自身特点，沟通协调体制要尽量减少管理层次，加强各方沟通，实施扁平化的互动式知识管理。

3. 利益分配机制

国防科技重点实验室知识创新网络体系内各创新主体合作中有很高的失败率，这其中利益分配不均衡、利益机制失调是导致合作失败最重要的一个因素。毕竟，不同的行为主体基于不同的利益可能表现出不同的愿望和行动，由此可能会造成许许多多的矛盾冲突。因此，要提高主体进行合作和再合作的积极性，就要完善利益分配机制，建立有效的利益分配机制[68]。在利益分配方面，要考虑有形与无形资产的贡献与影响。考虑到无形资产的利益分配很难控制，而且许多无形资产价值是难以估量的，因此，如何在知识创新网络体系中处理好无形资产归属、分配等问题是国防科技重点实验室在设计利益分配机制时，需要重点考虑的问题。

---

① 国外学者 Zucker（1986）就如何建立相互信任机制提出了过程型、特征型和规范型三种形式。过程型机制指的是信任是建立在长期持续、可靠的相互关系之上，随着时间的推移会进一步强化的相互间的信任和依赖；特征型机制指由背景特征和知识距离接近的网络主体之间的信任；规范型机制指的是通过在网络上建立一套阻止相互欺骗和防止机会主义行为的机制。

4. 知识流动机制

国防科技重点实验室知识创新网络体系构建，出发点与归宿最终都是为了创新成果的涌现，而网络体系一切活动也应该围绕知识展开，通过知识流动来连接。正如学者李正风指出的，"各种创新行为总可以抽象地理解为增进或利用已有知识存量的活动，因此，不同创新行为以及不同创新主体之间的互动总是伴随着知识的流动和扩散。随着社会的不断知识化，知识流动逐渐成为创新主体相互作用的基本方式。"[69]知识流动是指知识通过一定媒介和路径在知识主体间运动的过程，在知识流动的过程中实现了知识的共享和创造，知识的共享和流动是知识创新网络体系创新成功的关键。知识创新体系中的知识流动就是知识源（包括成员个体、组织以及网络）的知识通过一定的途径和通路运动到目标节点或网络层面的过程，在流动过程中包含了知识的搜索、传递、吸收、转化、利用、增值、创新等过程，实现了知识共享和知识创造[70]。从形态上讲，国防科技重点实验室知识创新体系中的知识流动包括知识的溢出与扩散、转移与传递、知识的共享、进一步的知识整合和创造等；从范围上讲，包括与整个体系知识网络间的知识流动，也包括重点实验室内部知识网络的知识流动，内部与外部知识网络共同推动知识的共享与利用，促进知识的增值与创新，增加整个知识网络体系中的知识流量与存量。

本章小结

从影响因素、动力、过程、系统等层面和角度，对基于国防科技重点实验室平台的知识创新一般原理，进行了全面深入梳理与研究。在影响因素方面，指出不同创新平台知识创新能力与效率受各自拥有资源、组织方式、所处环境等的不同而有明显区别，基于国防科技重点实验室知识创新特点，着重从主体、客体、环体（环境）三个方面概括分析影响包括国防科技重点实验室在内的国家级创新平台知识创新效率的主要因素；在创新动力方面，从动力类型和动力模式两个方面入手，回答和解决了重点实验室为什么进行知识创新、什么推动知识创新、如何推动知识创新等基本问题；在创新过程方面，指出国防科技重点实验室知识创新是一种多因素、多层面、多环节有机统一的过程，重点从管理、转化和场所三个角度对其进行过程分析，全面深入揭示了国防科技重点实验室知识创新过程模式，深层次回答和解决国防科技重点实验室如何进行知识创新的问题；在系统层面，指出国防科技重点实验室知识创新处于一个开放的系统之中，需要运用体系思维来分析和把握，然后从构成、特点和运行机制三个层面具体分析了国防科技重点实验室知识创新体系，揭示了开放条件下国防科技重点实验室知识创新的特点与规律。

第 4 章

国防科技重点实验室知识创新人才培养及其管理

· · · · · · · ·

2014 年"两院院士大会"上，习近平同志明确指出："知识就是力量，人才就是未来。我国要在科技创新方面走在世界前列，必须在创新实践中发现人才、在创新活动中培育人才、在创新事业中凝聚人才，必须大力培养造就规模宏大、结构合理、素质优良的创新型科技人才。"[71]包括国防科技重点实验室在内的各类创新平台不仅拥有一流的实验平台，还汇聚了一批具有不同学科背景的科研人员，这些不仅有利于知识创新成果的不断涌现，同时对于创新人才，尤其是高层次创新人才的培养也十分有利。

4.1 高层次创新人才的一般界定

对于高层次创新人才的概念、特点、类型，国内外专家学者从不同的角度给出了界定，但是没有统一的表述或一致的看法，因而也就没有标准的分类、范畴。基于知识创新视角，可以通过以下几个方面，来全面认识和把握高层次创新人才。

4.1.1 概念

国外对创新人才的理解比我国要宽泛一些，他们注重从心理学角度研究创造性思维、创造性人格的特点，大都在强调人的个性全面发展的同时突出创新意识、创新能力的培养。美国《创新杂志》从工业创新的角度，认为"创新型人才是指能够孕育出新观念，并能将其付诸实施，取得新成果的人。"美国学者对"高层次科技人才"进行了界定，多数学者认为，高层次科技人才是指在大学任助理教授以上，在研究所或大公司的研发部门中任科学家职衔以上的人员。

相对于国外研究，目前我国还没有公开文献直接对"高层次创新人才"进行界定。可以通过对"创新型人才""高层次"这两个基础词汇内涵的把握来认识什么是"高层次创新人才"。显然，认识"创新型人才"有赖于对"人才"这一概念的理解。2010 年 6 月颁布的《国家中长期人才发展规划纲要（2010—2020 年）》明确指出："人才是指具有一定的专业知识或专门技能，进行创造性劳动并对社会做出贡献的人，是人力资源中能力和素质较高的劳动者。"[72]在此基础之上，理论界从不同角度对创新型人才进行界定，指出创新型人才是指：①在各类人才之中，既具备一定专业素质同时又具备创新素质和创新能力的人；②具有全面创造性的人才，是内在的创造性得到充分揭示和开发，形成创新素质，并能产生外在创造性成果的人才；③具有创新精神的人才，是那些具有创新人格、创新思维、创新学习素质和社会能力，以自己的创造性思维和创造性劳动为社会做出正向价值贡献的人才；④与常规人才相对应的一种人才类型，是具有创新意识、创新精神、创新能力并能够取得创新成果的人才[73]。

从以上国内外对创新人才的研究来看，虽然表述各异，但对于创新型人才应具备特定的创新素质这一点在认识上已基本达成一致。也就是说判断一个人是否属于创新人才，核心标准是看其能否创新，能否视创新为己任，善于学习和研究，勇于实践，取得杰出的创新成果。据此，可以说创新型人才就是指，具有良好的创新意识与能力，直接参与创新活动，并为科技发展和社会进步做出重要贡献的人才。在分析创新型人才概念的基础上，再来分析"高层次"。

所谓"高层次"，就是人才金字塔的高端部分，是人才中的出类拔萃者，这类群体的显著特点：一是知识层次高。"高层次"人才一般具有较高的知识层次，在高校接受过系统的教育，一般拥有本科及以上学历。二是业务能力强。具有良好的专业素养，能够敏锐地捕捉所从事行业或者领域的最新动态，在国内外相关领域具有一定影响，一般取得了副高及以上技术职称。三是社会贡献大。在本行业或本领域有一定的作为或建树，为社会发展做出的贡献高于普通人的贡献。只有能力，没有较为突出的实际贡献，不能算是"高层次"人才。四是具有一定的管理协调能力。适应时代需求的"高层次"人才，应当具有一定组织或协调能力，能够带领团队，围绕核心目标共同工作。

综上所述，所谓高层次创新人才，是指在一定的时间和空间范围内，已经得到同行专家肯定评价和确认，对某领域某方面发展做出卓越贡献并处于领先地位，正在发挥引领和带头作用的高级科技人才群体。

4.1.2　特点及类型

可以通过特质与特征两个方面，界定高层次知识创新人才的特点。特质是指个人所表现出来的、稳定的一系列心理品质，包括动机、自我认知、态度、价值观、知识和技能等。有学者认为，创新型科技人才除了具备一般人才的特点外，还具有另外三大特质：一是有较强的科技创新能力，这是创新型科技人才区别于一般人才的根本点；二是有较强的学习能力，能从科技创新活动本身的要求出发，快速掌握所需的知识；三是具有强烈的成就欲望，创新成果的社会经济效应越大，就越能激发科技人员的成就欲望，其科技创新动力也越强[74]。根据我们对几个国防科技重点实验室 32 名创新人才的问卷调查，经过频次处理，发现创新意识与创新能力、科技综合能力、深厚的专业知识、洞察力与观察力、坚强的意志、丰富的想象力、强烈的好奇心、富有创造力、独立性强、科学实践能力强等特质出现频次最高。在这些特质基础上，结合专家访谈、文献研究，揭示知识创新领域的高层次创新人才一般具有以下特征。

1. 创新的思维品格

人的创造力主要表现为能够打破常规的思维习惯和方式，独辟蹊径，即"敢于走别人没有走过的路"的能力。富有创造力的前提是具有创新的思维品格，这对于成为高层次创新人才是非常重要的。如果缺乏创新思维和创造力，就很难在科研上取得较高成就，而没有较为突出的成就也就不可能成为高层次创新人才。因此，要成为一个高层次创新人才，就必须锻炼并提高自己的创新思维能力，让创新成为生活或工作中的一种习惯，通过不断的实践来形成一种适于创新的稳定的心理特征。

2．专博结合的知识体系

高层次创新人才的知识结构既有"博"的广度，又有"专"的深度。广博的知识结构可以使他们了解相邻学科及必要的横向学科知识，增加知识积累，提高文化素养，以更为宽广的眼界进行创新实践。而精深的专业知识不仅包括基本的专业基础知识，同时必须站在学科发展前沿，掌握所从事学科专业的最新科学成就和发展趋势，这是从事创新研究的必要条件。调研发现，作为国家级重点实验室的从业人员，由于研究的基础性，高层次创新人才普遍具有深厚而扎实的基础知识和稳定的研究方向，谙熟本专业的最新科学成就和发展趋势，并且了解相邻学科及必要的横向学科知识。这应该是在知识和科技竞争日趋激烈的今天，做出创新贡献的基本条件。

3．正确的研究方法和较强的学习能力

科学史表明，科学与方法同生共长，任何科研成果的取得，都是运用正确的研究方法的结果。所谓正确的研究方法，就是科学工作者在从事某项科学发现、技术开发或实验研究时所采用的适合研究工作规律和特点的方法。科研人员只有采用正确的研究方法，才能沿着创新的道路实现科学研究上的突破。与此同时，在知识经济快速发展的今天，任何一个人要跟上知识更新的步伐，都必须具备较强的学习能力，而学习能力则是从学习中获得知识、经验从而转化成一种能量。对于从事知识创新活动的人员来说，掌握正确的研究方法和具备较强的学习能力是通向成功的必要途径。调研结果显示，高层次创新人才，在"正确的研究方法和较强学习能力"方面，普遍还具有敏锐的观察力，能够从本源上发现重大问题，准确把握科技发展趋势，及时发现他人没有发现的东西。尤其是作为装备科技高层次创新人物，其中的优秀者总能高瞻远瞩，引导并促进本领域内的科技人员实现自主创新。

4．良好的团队合作意识和能力

史密斯在《团队智慧》中指出："团队是拥有不同技巧人员的组合，他们致力于共同的目的、共同的工作目标和共同的相互负责的处事方法。"基于国家级实验室平台的知识创新，本质上讲属于团队创新，必须强调团

队合作。团队合作就是一种为达到既定目标所显现出来的自愿合作和协同努力的精神，它可以调动团队成员的所有资源和才智。团队合作意识是一种主动性的意识，将自己融入整个团体对问题进行思考。良好的团队合作意识和能力是科研人员取得突破的一个重要法宝。在科学研究日趋复杂的今天，创新已经不再是一个人能够单独面对的，而是需要团队的共同努力和分工协作。科技人才如果不具有良好的协调沟通能力，不善于与他人密切协作，就很难在学术上有更大的作为，也必然会阻碍自己成为真正的高层次创新人才。

多年来，我国"高层次"人才多以权威的行政系统定义的标准加以认定，所依据的是各种带有行政性标志的高级职业称谓或学衔，如两院院士，自然科学领域中的副研究员、研究员，高等院校的副教授、教授，医疗卫生领域的主任医师、副主任医师，工程技术领域的高级工程师，科学实验领域的高级实验师等。需要说明的是，上述认定标准上下差距过大，如两院院士与副教授。因此职称称谓并不是认定"高层次"人才的充分必要条件，甚至在某些条件下还具有局限性。根据前面对高层次创新人才概念和特征的分析，高层次创新人才至少包括以下几个方面的人才：一是中国科学院院士和中国工程院院士；二是获得国家自然科学奖、国家发明奖、国家科技进步二等奖以上奖励项目的主要研究者，长江学者和获省科技进步一等奖项目的第一、第二完成人；三是国家科技部、教育部认定的重点实验室、重点学科、工程技术研究中心的学术带头人；四是承担国家"863""973"、科技攻关计划项目或自然科学基金重大项目的主持人；五是在高科技企业中拥有自主知识产权并在高科技产业化方面取得重大成就的科技创业者；六是在国际公认的权威期刊上发表有价值论文的第一作者[75]。考虑到知识创新的特殊性，国家有知名度的高级专家（指长江学者，国家级重点学科、重点实验室、工程技术研究中心学术与技术带头人，国家"百千万人才工程"入选人员）；国家重点学科负责人、学术和技术带头人、具有较深学术造诣和技术功底的博士生导师等，也可以看作高层次创新人才。

同样需要指出的是，高层次创新人才根据其所从事创新活动领域的不同可以划分为不同类别。这里研究的是高层次创新型知识人才。凡是具备较高的科研素质，能够突破原有的理论、观点、方法和技术而取得独创性成果，并通过其创造性的科研成就促进科学和技术进步，为社会发展和人类进步做出贡献的人才，都属于我们这里研究的知识创新领域的高层次创新人才。

4.1.3 成长的影响因素

了解高层次人才概念，分析其内涵与特点，目的是在此基础上把握高层次人才成长规律，特别是知识创新领域高层次人才的成长规律，从而能够培养和造就更多、更优秀的高层次知识创新人才，最终为重点实验室知识创新能力与效率的提升打下坚实的智力支撑。从理论上讲，"内外因综合作用成才"是人才成长的一个基本规律。结合实践，发现高层次人才成长良好与否，取决于自身和其所处环境。这里从内外部因素的分析入手，剖析和把握创新平台高层次人才成长的一般规律。

1．内部成长要素

人才内部成长要素，是决定科技人才成长的根本。高层次创新人才自身有以下三个关键要素，即良好素质条件、优势持续积累和黄金年龄。

1）良好素质条件

这是高层次人才成长必备的第一内在要素，主要是指个人的意识、品格、智力和能力等综合素养。尽管高层次创新人才的工作、年龄、经历等各不相同，但他们的成长历程中的共同点是必须具备四个关键的个人素质，即创新的思维品格、执着的探索精神、正确的研究方法和较强的学习能力和良好的团队合作意识和能力。这四个关键的个人素质是成才的基础和前提，如果缺乏这些基本条件，无论给予他们多么优越的外部环境，也很难发展成为高层次创新人才。因此，必须充分重视对人才基本素质的培养。

2）优势持续积累

"优势持续积累"是高层次人才成长内因的第二要素，主要是指科技人才通过不同的方式来不断叠加、沉淀、强化自身的研究优势，逐步成长为高层次创新人才，这是科技人才在成长过程中良好素质条件的具体表现，是不可或缺的环节。

在同样的自身条件和现实条件下，高层次创新人才的成长速度与自身优势积累的程度呈正相关关系：优势积累的程度越高，人才的成长速度越快。有关调研发现，科技人才优势持续积累主要有四种途径。一是通过知识传承获得优势积累，科技人才在学习或工作时，如果他们能够在一些水平较高的老师或学术带头人的带领下开展科研活动，将会快速获得相关科研方面的知识和经验积累。二是通过团队协作获得优势积累，古人云："三人行必有我师，择其善者而从之"。在一个优秀的科研团队中，科技人才通过充分的思想交流与碰撞，使知识储存量加速增长，科研水平得到快速提高，这也说明了科技人才要有良好的团队合作意识和能力的重要性。三是在高水平科研人员区域集聚中获取优势积累，在区域范围内如果有一大批研究领域相近的专家学者，科技人才由于空间位置的便利条件，有更多的机会与这些专家学者交流或合作，获取最新的思想和信息。这种区域集聚式的优势积累在北京、上海、广州、深圳等一线城市有着得天独厚的条件。四是通过科研时间效率积累获取优势，科技人才要取得较好的成绩，一般需要在相关研究领域进行 5～10 年的积累。这是科学研究的必然节奏，为今后的重大创新打下良好的基础。

3）黄金年龄

这是人才成长内因的第三个要素。人的成长是一个自然的过程，要经过童年、青年和老年各个阶段，这一过程不受外部环境的影响，科技人才要想获得成功，成为高层次创新型人才，就要自己把握好关键年龄段。人才学研究表明，人才的年龄同取得的成就之间存在必然的联系，即成长主体在学习和创造的最佳年龄段内做好努力，其取得成果的概率最大。从有关调研来看，高层次创新人才的成长也呈现年龄集中特点，这一集中的年龄段可称为"黄金年龄"。科技人才在黄金年龄时期，创新思维活跃，容易取得重大成果。据哈尔滨工业大学博士薛风平建立的"诺贝尔奖获奖者取得成果年龄分布模型"，诺贝尔获奖者取得成果的平均年龄为 40.16 岁，获奖者中 35 岁左右取得成果的最多。物理学、化学、生理学或医学获奖者取得成果的平均年龄分别为 37.73 岁、41.15 岁、42.2 岁。因此，科技人才在发展过程中，要特别关注自己的黄金年龄段，在这一时期，自身要主动努力，同时争得外界的相应支持，才能达到目标。政府在资助科技人才时，应充分利用黄金年龄这一不可更改的内因，把握好给予人才资助的最佳时点，对科技人才的成长起到"雪中送炭"的作用。

2. 外部成长要素

在高层次人才成长的过程中，环境影响不言而喻，可以说，个人的生活和工作环境决定了其成长轨迹。外部环境因素是人才成长的重要保障，概括来说，影响高层次人才成长的外部因素主要有以下几个方面。

1）坚强的团队支撑

这既是指通过团队的力量来实现个人的发展，也是团队对个人发展重要性的主要体现，更是环境因素对个人成长最近距离的影响。科研团队是一个成员优势互补的科研群体，围绕团队研究方向和研究目标，有利于实现团队成员知识结构、能力、思维方式、研究经验、年龄、性格特征等方面的优势互补，是高层次创新人才成长的关键。不同类型、层次的科技人才在科研团队中发挥自己的特长，学习其他成员的优点，不断丰富自己的知识，从而提高自己的科研素质和能力。

近年来，通过组建团队进行科技创新，已成为国内外相当普遍的科研活动形式，并得到了各级科研管理部门的大力支持。国际上，几乎所有的重大科研成果创新和突破都是通过团队的力量来完成的。英国的卡文迪许实验室，作为剑桥大学物理科学院的一个系，据不完全统计，1904 年至 1989 年的 85 年一共产生了 29 位诺贝尔奖得主，占剑桥大学诺奖总数的三分之一，成为世界科学史上少有的人才辈出的研究团队。团队作为科技人才工作单位中的小单元，是科技人才工作的最小环境，它对科技人才成长的影响，也是最为直接的，应当引起政府及其他管理部门的高度重视。结构合理的团队是高层次创新人才成长的阶梯。适合自己的专业岗位是高层次创新人才成长的基本条件，而结构合理、运行科学的研究团队是人才发展和成长的有效途径和进步阶梯。

2）宽松的科研氛围

宽松的科研环境是指能够激发创造性思维、崇尚科学、在学术上自由争论的科研环境。科技人才的工作是向人类尚未认知的知识领域发起的进攻，具有明显的探索性和创造性。科技活动的过程主要表现为科技人才脑力劳动的过程，与体力劳动比较，它需要独特的环境和条件——自由思考的时间和空间。科技人才应有充足的时间自由支配，特别是处于创造性阶段的科技人才。有关调研结果说明，宽松的科研环境是高层次创新人才成长的沃土，是否具有良好的学术环境已经成为高层次创新人才能否创新和健康成长的重要因素。具体来讲，包括但不局限于以下几个方面。

第一，尊重人才的开明领导。明智和有远见的领导都重视人才，把为团队成员创造条件、充分发挥各类人才的优势作为自己的重要职责。他们善于激励团队成员发挥聪明才智，能够为重大发明的实现和重要技术的突破提供必要的环境条件，这是创新人才脱颖而出的前提条件。

第二，弹性自主的科研空间。弹性自主的科研空间是科研人员创新的重要保障。只有科研人员能够自主支配自己的时间，拥有科研所需的软硬条件，并且没有生活负担，才能全身心地投入科研工作中去，才能充分拓展和发挥自己的思维空间和创造力。调查中，一些高层次创新人才表示，工资并不是最重要的，关键是要有能充分施展才能的平台。

第三，宽容失败的科研氛围。创新具有高风险，相对于传统科研项目，失败的概率很大。良好的科研氛围就意味着要鼓励创新、宽容失败。反观我们的现状，一旦科研失败，科研人员就有可能失去进一步发展的机会，这也是目前学术造假事件较多的原因之一。创新需要对真理的执着追求和长期探索，创造宽松的科研氛围，克服目前学术界存在的某些急功近利思想和浮躁风气已经迫在眉睫。

3）良好的科研条件

科研条件是科技人才进行科技创新活动的基础条件之一，主要包括科研工作所需的办公场所和实验室、试验与测试条件（科研仪器设备、科技文献及科技基础数据、生物种质资源及标本等）、经费保障等。高层次创新人才所进行的高水平的科技创新活动一般相对复杂，对过程、环境及其他条件要求比较高，不是在简单的科研环境和条件下能够完成的，它需要必备的试验条件和充裕的科研经费。美国、日本及其他一些西方发达国家之所以在科技领域成绩不菲，一个重要的原因是他们都具有世界一流的科研条件和工具。良好的科研条件是科技人才发挥才能、进行创造性活动的基本保证，是创新行为的重要外部条件，是科技人才成长的"拐杖"。一般而言，良好的科研条件主要体现在以下几个方面。

第一，良好的工作基础条件。科研工作有其特殊性，需要进行反复的试验，或者查阅大量的资料，或者进行实地考察，这些实验室、测试剂、数据库等基础条件，是顺利进行科研工作的重要保障。调查中，绝大多数人认为科研活动的基础条件特别是实验室条件等，是影响创新型科技人才成长的重要因素。

第二，持续稳定的经费支持。科研创新活动不是短期行为，需要长期的积累，因此，持续和稳定的经费支持，对促进高层次创新人才的发展和创新，具有非常重要的作用。有关调查结果显示，76%的人认为人均年研究经费投入 10～15 万元较为适宜，36%的人认为人均年研究经费投入大于 20 万元较为适宜，且这种支持需要连续投入五年以上。

总之，具备良好的从事科研活动的条件是高层次创新人才成长的必要前提和基础。在促进高层次人才建设的工作中，要不断改善科研硬件设施，为科研人员的创新工作做好基本保障。

4）国际化的经历背景

当代科学技术的重大突破几乎都是全球范围内科技人员思想碰撞和学术交流的结果，全球范围的知识共享和思想碰撞已经成为高层次创新人才进行创新活动必不可少的环节和因素。因此，科研人员只有加强国内外的学术交流，跟踪国际科技发展前沿，融入国际发展的大环境中，才有可能在科研创新上有所建树，才能逐步成长为高层次创新型人才。据教育部统计，中国科学院院士中有 80% 以上是留学回国人员。由此可见，广泛的国内外学术交流是高层次创新人才成长非常重要的因素，尤其是国际间的学术交流与合作，这已经成为高层次创新型人才加快成长不可或缺的因素了。

中科院科技人才成长规律研究课题组调研指出，77% 的高层次科技人才具有长期留学经历，有的赴国外攻读博士学位，有的赴国外做博士后或访问学者[76]。有关调研结果也表明，90% 的高层次创新人才都有国际化背景。在经济全球化发展的新形势下，只有在国际交流和竞争的大环境中，科技人员才能更快地成长。一方面，现代科学技术的发展越来越向综合性、高精尖方向发展，需要不同领域、不同国家、不同学科的科研人员共同完成。另一方面，世界最新、最前沿的科学技术研究分布在不同的发达国家或地区，需要以不同的方式接触这些前沿科学技术的研究，才能认识、掌握最新的研究方向和进程，才能做好自身的科技创新工作。总之，国际化已经成为高层次创新人才成长的必由之路。为此，各级政府和有关部门在制定人才政策时，应充分考虑跨国交流对科技人才成长的重要作用。

除以上几个方面的因素之外，高层次创新人才的成长还必须具有稳定和有保障的生活环境，包括工资待遇、住房条件和子女入学安置等，以解决高层次创新人才的后顾之忧。这就要求有强有力的政策支持，尤其是政府层面的有力支持。政府强有力的政策支持是高层次创新型人才成长的坚强后盾和重要保障。

以上分别分析了有利于知识创新的高层次人才成长的内部和外部影响因素，需要说明的是这两者在人才成长过程中，往往是共同作用的。为此，包括国防科技重点实验室在内的各创新平台在高层次创新人才队伍建设工作中，要坚持内因和外因相结合的观点，既要重视人才自身条件建设，为他们提供培训和学习的机会，也要重视调整政策和管理机制，为高层次创新人才成长创造有利的外在环境。

4.2　高层次创新人才在知识创新中的地位作用

人才和团队是知识创新主体与载体。增强知识创新效率，提高知识创新能力，创新平台必须加强人力资源的培训和激励，加大高层次创新人才培养力度。

4.2.1　知识创造的源泉

一般来说，知识创造与知识创新是相同的，两者都是新知识的产生，都具有知识的"新颖性"。但严格来讲，知识创造与知识创新是有区别的。例如，知识创造注重的是新知识的产生，而知识创新注重的是新知识的实际应用，经过知识创造产生的新知识具有了实际应用价值，才是真正的知识创新。正如日本学者野中和竹内承认的，知识创造能激发创新，新知识在组织内的创造过程是创新活动的基石[77]。也就是说，对于创新平台来讲，提高知识创新能力，增强知识创新效率，基于知识创造是知识创新的基础与源泉，必须高度重视知识创造。

具体来讲，知识创造是由团队内部的单个成员，尤其是具备较高创新才能成员个人知识以及在此基础上形成的不同层次上的知识有机结合而组成的"知识集合体"。其基本逻辑是，个人层次上的知识创造是团体知识创造的基础和源泉，为更高层次的知识创造提供了能量和动力；同时，更高层次的知识创造为员工个人知识创造提供了有利的环境和氛围，为较低层次的知识创造活动提供了交流平台、共享场所等，构成了组织知识创造活动的主要内容。可以看出，没有个人知识创造，就不会有集体的知识创造，进而也不可能有集体或者团队的知识创新。

需要说明的是，个人知识创造在现代条件下不是独立的，而是在与外界不断交流中完成的。而要交流，要吸收和理解外部的知识，个人必须掌握这些信息沟通所用的语言。只有在一定知识能力的基础上，个人才能掌握这些信息沟通所需的语言，进而促进其对新知识的吸收和理解。因此，创新平台知识创新要有能够创造知识的个人，并且要注重不断加强培训，提升其交流和创新能力。

4.2.2　知识整合的主力

知识整合是指对知识进行重新整理，比如，对知识做一定的归类排序使其有条理有秩序。在知识创新过程中，之所以要强调知识整合，这是因为知识的无序性会造成知识融合的困难,而条理性秩序化的知识便利于知识融合,进而促进知识创新。在信息化的今天,显然并不是创新平台所获的所有知识都会有利于平台战略目标的实现,因此对知识进行必要整合就成为必要。

创新的认识活动贯穿于知识创新的全过程之中,因为创新主体不能事先拥有完善的知识与完全的信息,许多知识与信息的缺乏是在过程中才显示出来的。在知识创新的各个阶段与环节,会不断出现新的问题与矛盾,不断产生新的知识的需要,因此,创新主体就要具备不断进行自身知识整合的能力,以适应实践的需要[78]。这种知识整合包括:①不同学科知识的整合。多学科知识整合为符合创新要求的特定的知识,整合为在创新驱动下所生成的新的知识。②不同形式知识的整合。经各种途径获取的显性知识只有和技术创新人才原有的特定的隐性知识结合在一起,才能产生出创新所需要的知识与技能。③不同创新主体知识的整合。创新已不再是个人行为,而是团体的行为。技术创新人才把自己的知识包括隐性知识贡献给团体,团体让这些个人知识充分发挥,合理配置,形成互补,整合为创新的系统知识。④运用不同的工具与方法在知识整合的基础上建立创新的模型。在创新主体的想象、设计、控制能力范围内,创新主体一般都要事先在头脑中建造创新对象的观念模型。模型是创新主体综合各种尺度,运用自身的各种能力,采用不同的方法,在思维中或在现实中构建而成的。创新模型是创新主体能力的结晶,它创造性地把不同的要素与资源在观念中整合为新的事物,把现成的事物融进了新的要素使之改造成新的事物,产生了新的功能与效用。

可以看出,个体知识整合能力越强,则其知识创造的能力,进而知识创新的能力就越强。高层次创新人才相对于团队一般成员而言,显然具有更高的知识整合和知识创造能力。正因为这样,提高知识创新能力,增强知识创新效率,创新平台必须重视培养高层次创新人才,并充分发挥他们在知识创新中的关键作用。

4.2.3 知识传播的关键

高层次创新人才之所以是国家级重点实验室等创新平台知识创新的关键因素之一,是因为从知识创新的范围和过程来看,无论是旧知识整合、新知识创造,还是知识传播和应用,都需要具有创新意识、创新能力的人,也就是高层次创新人才来完成。知识创新是一个艰苦的、复杂的过程。每一种具有竞争实力的新产品的问世，每一项新工艺的形成，都是需要进行创造性的思维和实践的。知识创新需要有创新机制和科研经费来保障，但最需要的是要有创新能力的人才予以智力支持。一个缺乏创新人才的团队是无法进行知识创新活动的。

知识创造对于显性知识来讲，一方面，要将其编码化、数据化，以便整理备用，另一方面，要将其隐性化，实现知识的应用，即用知识指导实践。知识创造对于隐性知识来讲，则主要是将其显性化，使其易于传播共享。由此便产生了知识创新的两大难题。

第一是隐性知识显性化。知识显性化的目的在于实现知识的交流共享。而隐性知识往往固化于人脑之中，因此，显性化的完成主要取决于个人意愿。知识的创新具有高成本性、高风险性以及收益和分配的不确定性，使得创新成功后，知识的拥有者为了回收投资，自然会对所拥有的知识有意"垄断"，这就会使知识无法通过大范围共享来充分发挥其效用。

第二是显性知识隐性化。知识隐性化的目的在于现实知识的应用。使知识真正转化为生产力，这也是知识创新的最终目的。任何显性知识都只有在进入人脑，成为个体自身所拥有的隐性知识后，才能真正指导人们的实践行动。然而作为个体的人存在诸多差异性，如接受知识的能力以及接受意愿的差异，再加上所处环境的不同，接触信息的不同，使得知识隐性化成了知识创新的另一难题。

不难看出，以上两大难题只有解决好"人"这一关键因素，也就是具备高层次创新人才，难题才能得以迎刃而解，知识也才能得以交流共享和应用。另外，在知识创新方面，人既是知识创新的主体，又是知识的载体。团队的知识创新是在参与者的原有知识的基础上，由某种动议或创意引导，通过群体成员大量的个人思维活动，伴随着成员之间的知识交流，相互反复激发、评价、修正，逐渐形成新的知识，达到新的知识状态[79]。只有激发人的潜能与积极性，最大限度地实现隐性知识的显性化，才能实现知识的创造、共享、交流及应用。同时要克服各种困难，主动地学习，真正把团队内外显性知识变成自身所拥有的隐性知识，成为具有知识广博、结构合理、独立思考、善于发现等综合品质的技术创新人才，才能实现团队知识创新，确保团队在激烈的竞争中立于不败之地。

总之，新的历史条件下，培养和造就一大批高层次创新人才，并充分发挥他们的宝贵作用，是贯彻人才兴国战略，实现创新驱动发展的迫切要求，包括国家级重点实验室在内的各创新平台在提高知识创新能力与水平的过程中，必须重视培养高层次创新人才，充分发挥他们在知识创新中的领军作用。

4.3　高层次知识创新人才培养

基于高层次创新人才在促进知识创新效率提升中的关键作用，以国防科技重点实验室为代表的各类创新平台要高度重视人才培养工作，从而为知识创新能力与水平的提升打下坚实的人才支撑。基于高层次创新人才成长规律，结合国防科技重点实验室实际，以下几个方面是需要着力加强的环节。

4.3.1　顶层设计

在知识和技术密集、专业性强的各国家级重点实验室，高层次创新人才必须通过有目的、有意识、有计划地重点培养。就是在实践中精选培养对象，逐人制订培养计划，采取"培养目标具体到人，培养措施落实到人"[80]的方式，有针对性地培养中青年科技专家和技术骨干。比如国家层面实施的依托海外高层次人才引进计划、百人计划、长江学者奖励计划、新世纪百千万人才工程以及国家杰出青年科学基金等工作，就是有针对性地培养高层次创新人才。就国防科技重点实验室而言，增强高层次创新人才培养的针对性，重点关注以下三个方面。

一是科学论证培养目标。从国内外高层次创新人才成长和分布的普遍情况看，高层次创新人才主要分布在本领域的从事总体论证研究、决策研究和发展研究的研究单位和决策智囊机构；从事基础研究、应用基础研究，具有明显学科专业优势的单位；以及长期承担重大工程任务和型号项目，从事创新技术攻关的单位[81]。上述单位中，产生过院士、知名专家的，就更容易培养出新的高层次人才。因此，要结合单位建设发展的目标，按照专业结构需求、学历结构状况和人员梯次搭配情况，有针对性地制订创新人才培养计划，避免人才培养的随意性和盲目性，保证理论基础研究人才、应用基础研究人才和应用研究人才的比例协调；要对创新平台科研学术的性质、承担科研试验任务的类别，以及科技人才工作岗位的科技含量等，进行深入分析研究，使培养目标与需求可能做到高度一致。

二是注重夯实复合素养。具备很强的科研创新和攻关能力是高层次创新人才必备的核心能力，而包括哲学素养、专业素养等在内的复合素养则是其创新能力和攻关能力提升的基础。因此，在高层次创新人才培养过程中要注重复合素养的培养与提升。要注重夯实哲学素养。哲学思维作为创新的重要素质，已成为中外科学家的共识。高层次创新人才培养过程中，要重视哲学素养的培养，特别是马克思主义哲学素养的培养。正如钱学森所指出："马克思主义哲学是人类知识的最高概括，要发展现代科学技术，必须用马克思主义作指导。"同时，还应该学习古人的一些朴素的哲学思想，也要借鉴西方的多种哲学思想来启迪思维；要注重夯实专业素养。高层次创新人才的创新行为往往是在某一具体领域展开，不可能或者说很难涉及各领域。因此，培养过程中就应该突出专业素养的培养。比如军事领域高层次创新人才就应该是既精通技术又了解军事、具有军队特色的复合型科技创新人才。这类人才培养，除了注重培养创新人才共同素养之外，还应该注重军事素养培养，使其能够正确把握未来作战需求，特别是作战需求和技术需求结合的方式，进而为相应的创新行为打下前提基础。

三是细化分解培养措施。就是对看准的培养对象，制定好长远培养规划，进行有计划、有目标、有步骤、有层次的持续培养。既要让他们相对稳定一段时期在科研学术一线进行潜心研究，又要安排到世界科技前沿学习先进的理论和思想；既要在重大科研工程任务中培养创新攻关能力，又要放到关键岗位上培养组织协调能力、提高政治素质和战略素质。

4.3.2　培养渠道

知识经济日新月异。着眼提升知识创新效率，国家级重点实验室在实践中应该立足任务培养、构建团队培养、依托社会培养，不断拓展高层次创新人才培养渠道。

1. 选择性引进

引进是知识创新人才培养的重要方式。着眼提升知识创新效率，国防科技重点实验室在人才引进过程中，要有针对性地引进人才，要注重按照知识结构差异化的原则有选择性引进。根据 Nonaka 的创新理论，隐性知识的共享是创新的起点，不同个体（组织）间知识结构和认识模式的交集则是知识共享的平台，而知识结构的差异和互补性是创新的前提。因而，企业应该注重引进人员的价值观和组织文化及发展目标之间的匹配程度、知识结构的差异性和互补性、员工人格中的开放性，以及他们的自信程度和创新意识，而不是简单地把学历、经验及性别等显性指标作为首要的标准。除此之外，在引进人才时，应该适当招聘那些有团队合作精神、乐于求知和好为人师性格特征的员工[82]，毕竟有团队合作意识的人更容易沟通、合作以及分享信息和知识，而比较自信的人往往不怕别人超越，乐于分享个人经验，更有团队精神。

2．任务中培养

实践证明，紧贴任务实践培养，是增强人才培养针对性、有效性，使人才素质能力与部队需求相一致的有效途径。调研过程中获得的数据也证明，包括创新人才在内的各类高层次人才往往都是在重大任务、重大课题中成长起来的。因此，重点实验室在知识创新过程中，要有针对性地利用课题和任务，加大重点对象培养力度。

一是在重要岗位上磨炼。国防科技重点实验室要为高层次创新人才培养对象提供合适的重要岗位，包括各种专业领导任职岗位及总部各类专家组或专家委员会等，为在使用中锻炼、实践中成长创造条件。诸如载人航天工程、嫦娥工程、"995"二期工程等重大创新工程的研制试验项目，都是高层次创新人才培养难得的锻炼机会。因此，相关国防科技重点实验室要按照梯次配备的原则，在由高层次创新人才担任第一、二号技术负责人的基础上，积极安排创新骨干参与。在实施过程中，必须打破论资排辈的观念，注重选拔培养优秀年轻苗子，加强对后备创新人才的培养使用，把他们推到更重要的岗位，有针对性地培养一批有发展潜质、有创新理念的优秀人才。

二是在重大课题研究中磨炼。根据军队未来作战需求，鼓励高层次创新人才培养对象开展重大现实问题、重大型号论证、核心关键技术攻关等科研课题研究，特别要鼓励他们开展跨学科、跨领域、跨部门科技合作和课题申报。调研中发现，一些国防科技重点实验室能够充分利用重点科研课题等实践平台，给创新人才培养对象大胆地压担子、交任务，让那些素质好、能攻关、有潜质的重点培养对象担任主要角色。一些单位的政治部门主动介入项目课题的申报，确保项目研制与人才培养紧密结合起来。对于高技术预研项目、重大基础研究项目、重要应用基础研究和试验技术研究课题，由中青年创新人才担纲主持，高层次、高水平创新人才通过担任高级顾问或指导老师、负责技术咨询或质量监督等多种形式，助力创新人才成长。另外，可以考虑设立军队高层次创新人才科研基金，资助创新人才和团队开展军用关键技术、关键技术基础等研究，提高我军科研创新能力，为武器装备可持续发展奠定技术基础。

三是在一线工作中磨炼。据中国工程院对 800 名院士的调查，绝大多数都是长期直接从事具体的科研学术工作，有的现在还直接从事课题研究。调研中发现，原总装备部 27 名"两院"院士，在技术一线工作的时间平均为 26.6 年。正是一线科研工作的长期积累，打下了他们通向科学殿堂的坚实基础。因此，在高层次创新人才培养过程中，国防科技重点实验室要采取有力措施，鼓励和引导中青年科技专家稳定在科研一线潜心研究，担纲主持前沿领域和重大战略方向的创新课题，打牢坚实的科研和学术基础。

3. 团队中培养

"人才梯队是学科优势整合再造的突破点之一。"[83]优秀的学科团队是高层次创新人才成长发展的重要基础。现代科学技术的飞速发展，学科专业的交叉融合，过去那样仅靠一两个人就能实现重大科技突破的时代已经一去不复返了。实践一再证明，重大科学发现、重要技术发明、科技事业发展，越来越依靠人才群体的集智攻关。同时，培育高水平人才群体，对学科专业建设更具有继承性，对提高科研能力更具有稳定性，对推进科技创新更具有持续性，对弘扬科学精神更具有传承性，是培养造就装备科技高层次创新人才的重要基础和肥沃土地。

一是要树立构建团队的意识。没有团队，就不能搭建大平台、取得大成果，就很难造就高层次创新型人才，更不可能造就创新型领军人才。包括国防科技重点实验室在内的各级组织应树立构建团队的意识，结合本单位重点发展方向，构建包括跨学科、跨专业、跨单位等在内的各类团队，助力高层次创新人才培养。包括国防科技重点实验室和高层次创新人才培养对象在内的组织和个人，必须有强烈的团队意识，重视团队的创新文化建设，善于按照创新文化的方法，打造科研创新团队，不断增强团队的凝聚力、创新力和竞争力。

二是要为团队发展提供条件。一个优秀的团队，必须具备一流的科研装备、一流的人才队伍、充足的经费支持。对于各级组建的重点团队，必须在科研装备建设、人才专业结构配套、争取大项目等方面给予支持，使团队具备科研创新的条件。尤其要不断创造条件促进团队的阶段性科研成果工程化、产品化，使其在服务经济社会和国防军队现代化建设中发挥效益。

三是要采取超常措施管理团队。各级组织要提高对团队建设的重视力度，加强指导、检查和督促的力度，切实把团队建设工作纳入各级党委工作的议事日程。每一个创新团队成长的环境都不一样，有各自的优势也有各自的瓶颈或困难。只有在各级党组织的大力支持下，才可能有"个性化"的培育措施，才可能形成不同团队的"不可替代"的特色，最终形成各自学科队伍的核心优势。由于跨学科、跨专业、跨单位组建团队，可能会涉及多个单位管理和利益上的矛盾，因此组建团队需要有开阔的视野。要认真总结团队管理的经验和教训，不断探索团队管理模式。尤其是在科研项目、科研经费、科研人员、课题分配的管理等重大问题上，要制定相应的政策规定，给予团队更多的自主权，保证团队高效运行。

4．社会化培养

包括国防科技重点实验室在内的各创新平台，是国家创新系统和国家创新型人才培养的重要组成部分，要自觉地把自身的人才队伍建设纳入国家人才建设的体系中来思考和谋划，主动反映，积极争取，努力建立跨单位、跨部门、跨专业的大合作培养机制，依托国家资源，畅通交流渠道，在更广范围、更高层次、更深程度上实行开放式培养，开辟"融合""开放"的培养高层次创新人才的"绿色通道"。

一是重点名牌高校送学。以"985""211""双一流"等为代表的国家重点高校，都具有悠久的办学历史、鲜明的学科特色、浓厚的学术氛围和良好的人文环境，是知识创新、传播和应用的重要基地，也是培育高素质人才的摇篮。要加大从国家重点高校招收国防生、研究生的力度，把好高层次创新人才成长的入口关。要进一步拓宽培养渠道，有计划地选送那些长期在一线从事科研工作的技术骨干到重点名牌院校学习访问，利用院校的理论学术优势，帮助他们对丰富的实践进行理性思考和学术总结，增强对新理论、新知识、新概念的学习了解，提升理论学术层次。

二是重点军工集团挂职培养。军工集团公司承担着大量高新技术武器装备研制生产和重大国防科技研究任务，原创性、前沿性研究课题多，高新技术含量高，是培养国防科技和武器装备领域高层次创新人才的重要资源。各国防科技重点实验室要进一步密切与各军工集团公司在高层次人才培养上的合作，加大选派培养对象到军工集团公司挂职培养的力度，特别是到重点型号项目关键技术岗位、核心管理岗位挂职，使他们增强对我国武器装备科研生产能力的了解，提高创新攻关能力。

三是加大国际交流力度。当前，西方科技水平总体领先于我国，通过学习借鉴，在引进消化其先进技术过程中培养锻炼人才，是提升高层次创新人才培养效率的重要途径。各国防科技重点实验室要通过扩大军事科技开放合作，大量选派优秀人才到国外对口科研机构或重要学术会议进行专题考察、访问讲学和科研合作，使培养对象能够站在最前沿开展科技创新，不断提高培养对象参与国际科技竞争的能力。要加大出国留学培养的力度，积极选送重点培养对象到美国、西欧、俄罗斯、日本等发达国家和地区的名牌大学、著名研究机构留学深造。特别是对一些西方严密控制、事关我国重大安全战略领域的重点培养对象，要争取国家支持，大胆送出去学习。

四是聘请名师指导。师出名门，名师出高徒。要采取聘请院士、知名专家担任重点培养对象的指导老师，安排重点培养对象到他们身边学习进修，邀请他们来参加学术会议和组织科研成果评审等多种形式，创造向"名家"学习、与"大师"对话的机会，让重点培养对象与著名专家学者建立联系，得到指导，秉承师源，迈向新高。

五是推荐到高层次学术岗位任职。创新平台要大力支持重点培养对象应聘中科院"百人计划"、教育部"长江学者"特聘教授等高层次学术岗位工作；大力资助创新型人才参加国际性学术技术交流，安排他们牵头组织国际或区域性学术交流活动；吸收他们参加国防科技发展战略和武器装备发展规划等的研究制定等，提高国防科技领域创新型人才在我国科技界和国际学术界的知名度、影响力。

4.3.3　条件保障

高层次知识创新人才的成长，离不开包括实验室自身建设在内的各种条件作为保障和支持。正如有的学者指出的，高绩效的科技创新团队培养优秀的创新人才，而优秀的团队建设又主要依托于重点实验室[84]。据此，加强包括国家级重点实验室在内的创新平台自身建设对形成科技创新团队，进而培养高层次创新人才尤为重要。为此，管理者在积极组织、策划重点实验室申报、建设的同时，应把实验室的建设和管理与创新型人才培养视为同等重要；对实验室建设应投入更多的经费，购置先进的仪器设备，加强实验室的设备管理，以提高设备利用率，为创新性成果和创新型人才的涌现提供支撑。

4.4　高层次知识创新人才管理

包括高层次创新人才在内的创新主体是知识创新的第一影响要素，提升知识创新能力与水平，国防科技重点实验室要在注重人才培养的基础上，创新管理理念，加强人才管理，不断挖掘高层次人才的创新潜能。

4.4.1　团队化管理

经济学家彼得·德鲁克认为，知识工作者有两种科学的选择：一是科学工作者要以团队形式进行工作；二是知识工作者必须加入一个组织，在大多数情况下，知识工作者必须成为一个组织的成员。这意味着，知识创新不是单个人的行为，而是整个团队的行为，最终是为组织知识创新服务的。这就要求国防科技重点实验室在知识创新中，注重通过构建创新团队来实现对高层次创新人才的管理。创新团队的构建及其管理，理论界有专门文献对其进行研究。就国防科技重点实验室知识创新实际而言，有以下几点需要注意。

一是合理把握团队规模。在知识创新领域，并没有理想团队规模的相关研究，但根据资源的稀缺性，一般原则是在能够确保研究顺利进展的前提下，尽量使用较少的人员。另外，有研究表明，规模较小的团队运作会更好一些，团队规模的扩大，影响成员之间知识、技能、经验的分享以及潜力的发挥[85]。二是注重多样性。这里的多样性包括两个方面的含义，一方面是创新人员个性的多样性，也就是研究人员选择时，要注重不同个性特征的搭配，避免因个性冲突导致团队低效运作；另一方面是人员搭配的多样性，就是除了选择高层次创新人才，还需要合理搭配一些操作性人员、辅导性人员。三是合理分配角色。知识创新团队内部存在九种潜在的团队角色，如图 4-1 所示。[86]

成功的知识创新，要求所有这些角色都由相应的团队成员扮演。这就要求国防科技重点实验室要根据实验室人员的技能和偏好来合理分配角色，基本方法是在了解每个人优势（也就是每个人可以为团队带来什么）和偏好的基础上，恰当分配工作任务以符合创新主体的偏好风格。在角色分配中，需要注意的一点是，要保证所有角色都有人担当，但不要局限于每一个创新主体只能分配一个角色。

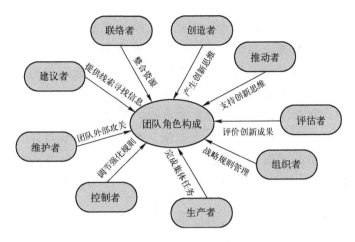

图 4-1　知识创新团队中角色分类

4.4.2　制度化管理

就是要注重通过制度的设立、机制的完善来加强对高层次创新人才的管理，进而提升知识创新绩效。相对于政策和规定，制度更有根本性、全局性、稳定性、长期性。作为一项复杂的系统工程，高层次创新人才培养必须以科学有效的制度机制作保障。结合前期调研情况，新形势下依托国防科技重点实验室在内的各创新平台展培养高层次创新人才，急需在以下几个方面进一步调整完善相关制度和机制[87]。

1. 完善评价机制

科学合理的评价体系对提高科技人员的创新意识和创新能力具有重要的引导作用。当前国内科研机构大多以论文或专利数量作为科技人才评价的主要指标，这在一定程度上能够保证评价的客观性，但也有很多负面影响。首先，这会导致科研人员片面追求论文数量，寻找同一级别中影响因子低的期刊发表文章而降低整体的研究水平。其次，随着科研经费数量在科技人才评价中的权重逐渐增大，科研人员把大量时间和精力花费在跑课题、要经费、写总结等事务中而无暇深入研究，进而影响了整体创新水平。因此，各类科研机构需建立完善的、符合科技人才成长规律的、有利于激励自主创新的人才评价和奖励制度[88]。具体来讲，有以下几点需要注意与把握。

一是改革业绩评价机制。要逐步改变实践中长期存在的把科技进步奖获奖数目和等级与晋职、晋级、晋衔、立功的刚性联系的做法，建立完善以创新业绩为核心，由品德、知识、能力等要素构成的人才考核评价体系，这样可以从源头治理目前对进步奖的过度追逐，既有利于抵制急功近利的不良风气，还有利于培养对象更安心地从事科技创新工作。

二是科学、客观地评价科技成果的水平。科技进步奖评奖要注重科技人员的工作是否具有原创性，强调自主创新，突出自主创新项目的获奖比例。另外，要逐步由单纯看成果获奖向注重军事效益和经济效益转变，由强调阶段性成果向注重整体贡献和最终发挥的作用转变，牢固树立军事科技创新的价值在于提高战斗力的观念。

三是不同类别科技人才应该采取不同的评价方法。科技骨干不愿意长期从事一线科研学术工作，愿意从事科研管理工作的"重长轻家"现象，已成为当前制约装备科技领域高层次创新人才培养的重要因素。改变这种状况，应建立分类评价的体系。对"长"的工作实绩评价，应以所在单位或部门科研学术成果的发展进步为主，个人的科研学术成就为辅；同时，要采取一系列措施，尽可能减少领导干部利用职权垄断科研机会、垄断科研成果、垄断人才发展舞台的"三垄断"弊病。比如，一些单位规定领导干部在同一时间内，作为第一负责人承担的项目课题不能超过2项，参加的项目课题最多不超过4项，就较好地避免了前述问题。

总之，公正科学的评价机制是高层次创新人才成长的助推器，在很大程度上决定着高层次创新人才成长和发展的速度。培养和造就高层次创新人才，提升知识创新能力与水平，国防科技重点实验室要主导建立公正科学的人才评价机制，进而营造出既和谐又有所竞争的、良好的知识创新氛围。

2. 完善激励机制

建立完善创新人才激励机制的目的是调动创新人才的创新热情和主动性，增强他们的创造力、工作效率和组织归属感。各类创新平台要完善工资报酬体系，提高薪酬与创新人才工作业绩的相关度；要建立稳定可行的选拔晋升机制，给创新人才提供发展机会，重视创新人才的成长价值；要夯实科研基础建设，让创新人才有条件从事具有重大创新意义的研究课题，真正使创新人才的个人发展融合到科研机构的整体发展之中。在此基础之上，着眼提升知识创新效率，加快培养高层次创新人才，包括国防科技重点实验室在内的各创新平台在完善激励机制的过程中，还需要注意以下两点。

一是要处理好物质激励与精神激励的关系，两者并重。也就是说激励机制要从物质和精神两方面着手。物质性的激励要量化、可操作，要根据实验室的特点在岗位津贴、工作量考核以及晋升职称等方面对高层次创新人才培养对象实施优惠政策。除了物质激励外，还必须注意精神激励，要注意加大宣传力度，全力营造鼓励创新的氛围，培育高层次创新人才较强的学术声誉和社会影响，使培养对象产生自豪感和成就感。当然，在实施中，要尽量做到物质激励和精神激励之间适当的平衡。

二是要特殊人才重点保障。在资源有限的情况下，要对高层次创新人才实施重点保障、优先保障，消除其后顾之忧，全身心地投入创新活动。在实施中，就是要认真落实"四个尊重"，努力实现一流人才一流待遇。要保障创新人才的话语权，切实做到专业问题专家决策；要逐步把知识、技术等要素引入分配，使人才的知识价值、劳动价值和创造价值等得到充分体现；要改革军队科技奖励制度，由奖励项目逐步向奖励个人转变，对做出了突出贡献的创新人才给予重奖；要提高高层次创新人才的生活待遇，如住房、用车等，对"家"应比对"长"更优厚；对于高层次创新人才的生活问题，如子女教育，家属就业等，要特事特办等，使特殊人才有特殊的成就感、自豪感，从而形成正确的导向激励。

3. 建立完善学风道德的导向机制

目前，科研学术界普遍存在"浮躁"现象，这在很大程度上影响了高层次人才在科研学术上的创新突破，也影响了高层次创新人才的培养。因此，在提升知识创新效率，培养高层次创新人才过程中，要注重树立良好的学风导向。

一是建立学风道德领导负责约束机制。明确规定，领导干部在科研学术工作中，个人如果有编造、做假、剽窃和挂名等行为，一经查实，一律免职；由领导审核把关的项目与成果，如果有学术不端行为的，其必须承担相应领导责任。

二是建立健全科技人员分类评价办法。对不同类型的科技人员，分别制定不同的评价标准和评价方式，重成果不唯成果、重论文不唯论文，使不同性质、不同类别的科研学术工作能得到科学合理的评价和认可。要积极与社会评价接轨，大力推进科技人才评价的专业化、行业化、社会化。

三是改进项目成果的评审办法。问卷调查中，科研人员认为成果报奖中的经费、精力投入较高的占 58.8%，认为普通科技干部主持的项目与领导主持的项目不能公平竞争的占 40.5%，认为没有领导挂名难以评上高等级奖的占 33.9%。因此，必须进一步提高科研成果评审的公开透明程度，吸收纪检部门的同志参加，纪检部门应主动介入，严厉打击科研成果评审中违法违纪行为。

4.4.3 柔性化管理

Blyton 和 Morris(1992)认为人力资源柔性管理是组织为达到组织目标灵活调整员工数量、人员构成、工作时间等人力资源要素的一种柔性管理模式[89]。与注重"通过制度的设立，机制的完善"来管理的刚性管理不同，柔性管理主要是通过塑造组织内共同的价值观和文化、精神氛围，依靠激励、感召、启发、诱导等方法进行的管理。与主要依靠制度约束、纪律监督，直至惩处、强迫等手段进行的刚性管理不同，柔性管理是在研究人的心理和行为规律的基础上，采用非强制性方式，在员工心目中产生一种潜在说服力，从而把组织意志变为个人的自觉行动。可以看出，柔性管理的最大特点主要在于不是依靠制度与权力影响力，而是依赖员工的心理过程，依赖每个员工内心深处激发的主动性、内在潜力和创造精神，因此具有明显的内在驱动性。国内外大量研究表明，柔性管理是一种有利于知识创新效率提升的管理方式，国防科技重点实验室在高层次人才管理中，应该注重吸收和借鉴这种管理思想。

1. 创造柔性的工作环境

国内有研究表明，知识型员工先天就有抵制官僚层级控制的趋向，在创新实践中，他们更偏好于选择具有分散化、灵活性和自主性特征的工作组织方式。[4]国内创新实践也证明，僵化的工作模式不易激发创新人员的开放思维，进而会阻碍组织创新能力的提升。这就启示我们，培养创新人才，促进创新成果涌现，各类创新平台必须注重创造柔性的工作环境与工作模式。相比其他重点实验室而言，国防科技重点实验室，尤其是军队所属的重点实验室管理往往刚性有余，柔性不足，严重影响了创新人员的创新积极性。因此，国防科技重点实验室更应注重创造可行的柔性工作环境。比如，实行弹性工作制，方便研究人员根据自身的研究进展在合理限度内灵活变通工作时间和地点，合理协调时间等。

2．设计柔性的薪酬体系

当前，大多数重点实验室实行的是工资加津贴的工资模式。这种工资模式，普遍存在项目繁杂、结构不合理、差距较大、导向不明晰、激励作用不够等问题。为促进创新人才成长和创新成果涌现，要求国防科技重点实验室设计构建能够反映创新人员创新成果、鼓励人员创新的薪酬体系。比如，改变以职位为基础的薪酬体系，依据创新人员的专业水平与创新技能划分工资档次，依据创新人员创新贡献决定津贴多寡。新设计的薪酬体系既要满足重点实验室创新目标，也要满足员工的个人需求，能够形成创新人员和实验室的利益共同体，从而能够通过每一个研究人员的个人创新努力，带动整个实验室创新能力的提升。再比如，要保证薪酬体系的可调整，也就是国防科技重点实验室在薪酬管理中要加强与研究人员的沟通交流，及时了解他们的实际需求，结合实验室要实现的创新目标，不断修正和完善薪酬方案。

3．搭建全面沟通平台

在当代，创新成果的取得，更多的是靠创新人才间团结协作、共同攻关取得，个人单打独斗很难实现持续性重大创新。这时，沟通渠道畅通与否，就成为影响和决定创新效率的重要因素。国防科技重点实验室创新人才成长过程中的沟通，不仅仅包括创新过程中的知识共享沟通，也包括日常管理中的沟通。就知识共享方面的沟通而言，就是要在创新过程中加强交流沟通，促进彼此创新能力与水平的提升。就管理上的沟通而言，就要丰富沟通的形式，比如，促进研究人员之间的沟通，部门之间的沟通，研究人员与团队首席之间的沟通，实验室主要领导与研究人员之间的沟通等。实践证明，通过沟通，可以消除误会，打破隔阂和界限，增进理解，使整个实验室的团结和协作氛围大大增强，凝聚力大大提高。

需要强调的是，在具体操作中，柔性管理应与规范化管理相辅相成。也就是说柔性管理应建立在完善的制度化管理基础之上，有一整套严格完整的制度规范体系，包括健全的规章制度，完善的工作绩效评价系统等，从而使每一个创新人员都能切实明确什么是应鼓励的，什么是被禁止的，赏罚分明。只有这样，柔性管理才能真正发挥其促进作用，避免可能出现的管理随意化和无序化。

本章小结

概括了高层次创新人才概念、特点和类型等一般性理论，重点论述了高层次创新人才在知识创新中的地位与作用，指出高层次创新人才是知识创造源泉、知识整合主力和知识传播关键，增强知识创新效率，提高知识创新能力，国防科技重点实验室等创新平台必须加强人力资源的培训和激励，加大高层次创新人才培养力度。着眼提高高层次知识创新人才培养效率，分析了影响高层次知识创新人才成长内外因素，指出国防科技重点实验室在高层次创新人才培养中，要坚持内因和外因相结合的观点，既要重视创新人才自身条件建设，为他们提供培训和学习的机会，也要重视调整政策和管理机制，为创新人才成长创造有利的外在环境。着眼提高知识创新的能力与水平，重点分析论述了国防科技重点实验室高层次创新人才的培养与管理。在高层次创新人才培养对策上，指出国防科技重点实验室在高层次创新人才培养过程中，要注重实施科技人才培养工程，精选培养对象，逐人制订培养计划，重点培养；要注重依托任务，有针对性地利用课题和项目，加大重点对象培养力度；要注重构建团队，群体培养，强调在军民融合深度发展的大背景下，武器装备领域高层次创新人才的培养还要注重依托社会，走投入较少、效益较高、寓军于民培养人才之路；在加强高层次人才管理方面，提出团队化、规范化、柔性化的管理理念，并结合国防科技重点实验室知识创新实际提出了具体思路和对策。着眼提升知识创新效率，指出必须加强对高层次创新人才的管理，并从团队化、制度化和柔性化管理三个层面，概括了管理的具体思路与举措。

第 5 章

国防科技重点实验室知识创新的学科建设

· · · · · · · ·

学科既是国防科技重点实验室知识创新成果的集中体现，也是提升国防科技重点实验室知识创新能力与效率的基础与关键。在实施知识创新工程的过程中，包括国防科技重点实验室在内的国家级重点实验室必须重视学科方向与领域的选择，切实采取措施培育特色优势学科。

5.1 学科建设的科学内涵

学科建设是包括国家级重点实验室在内的研究型创新平台的一项综合性、系统性、长远性的基础建设。要想建一流实验室，取得世界级创新成果，必须在全面把握学科科学内涵的基础上建好一流的学科。

5.1.1 学科与学科建设

当前对"学科"一词的解释，理论界还存在不同看法。但学科应具有两重含义：第一主要是指知识体系或学术分类，含义较广；第二是指为培养人才而设立的教学科目[90]。由此可见，学科有广义与狭义之分。狭义的学科被当作学校的教学科目，在这个意义上，学科的概念被当作"课程"使用。广义的学科是指"学术的分类"，是一定科学领域或一门科学的分支。这是学科的本体概念。正如德国波库大学黑克森教授认为，学科是指对同类问题所进行的专门科学研究，从而实现新旧知识的更替。

在高等学校，学科与专业的关系是非常密切的，也是容易混用的两个概念。一般而言，学科与专业的区别在于学科就知识体系而言，而专业指社会职业的领域。因此，在实践中存在一个专业可能要求多种学科的综合，而一个学科可在不同专业领域中应用。从专业和学科起源看，学科分化在前，专业形成在后，并且随着科学技术和生产的迅猛发展，新兴学科及学科群的涌现，专业形成往往就落后于学科发展。基于上述分析，将学科概念的内涵归纳如下。

（1）学科的基本内涵是相对独立的知识体系，是一定科学领域的分支，是具有相同或类似知识的集合体。它反映自然界和人类社会关于自然、社会和思维的客观规律。

（2）学科有自身的逻辑发展规律。当一门学科从科学体系中分离出来构成自己的学科王国之后，它的存在和发展便具有了自己特有的逻辑发展规律。它可以不为其他学科的存在、发展或消亡所影响，在很大程度上表现出自身所特有的独立性。当然，这种独立性是相对的。

（3）学科研究的对象具有稳定性。一门学科总是以特定的知识和事物作为自己的研究对象，这是学科存在的前提条件。而且这个研究对象是相对稳定的，即使有所变化也不会有太大的变化。

（4）学科也是一种专门化组织。学科的概念是在不断发展和演化的。随着人们对它的深入研究，它的新内涵就被发掘出来。"学科明显是一种连接化学家与化学家、心理学家与心理学家、历史学家与历史学家的专门化组织，它按学科，即通过知识领域实现专门化。"[91]从伯顿·克拉克的描述可以看出，学科也是划分和组合学术活动的基本方式，它把同一知识领域内的专家学者会集在一起进行知识的探索和发现。也就是说，学科通过自己特有的方式，即通过知识领域实现了专门化。在这个意义上，学科也是一种专门化组织。

（5）学科的分类是相对的。学科作为一定领域的相对独立的知识体系，其分类标准不是一成不变的。它会因不同人的不同目的被分割成很不一样的学科体系。不同国家可以根据社会经济发展的需要和特定的目的分类出一系列学科来，并构成具有本国特色的学科体系。随着科学的发展、社会的变革和经济发展的需要，又可以重新修订学科分类目录，增加和合并某些学科。以我国为例，改革开放以来，适应经济社会发展对人才需求的变化，我国先后施行过四份学科专业目录。第一份是 1983 年 3 月国务院学位委员会第四次会议决定公布、试行的《高等学校和科研机构授予博士和硕士学位的学科专业目录（试行草案）》；第二份是 1990 年 10 月国务院学位委员会第九次会议正式批准的《授予博士、硕士学位和培养研究生的学科、专业目录》（简称《专业目录》），中国高校一级学科由原来的 72 个增加到 88 个，二级学科（学科、专业）由原来的 654 种减少到 381 种；第三份是 1997 年国务院学位委员会、国家教育委员会联合发布的《授予博士、硕士学位和培养研究生的学科、专业目录》（1997 年颁布），高校本科教育学科专业包括哲学、经济学、法学、教育学、文学、历史学、理学、工学、农学、医学、军事学、管理学 12 大学科门类，72 个一级学科，249 个专业。目前，我国实行的是第四份。这份目录是 2011 年 2 月国务院学位委员会第二十八次会议审议批准的《学位授予和人才培养学科目录》（2011 年）。在这份目录中，原属文学门类的艺术学科从文学所属的中国语言文学（0501）、外国语言文学（0502）、新闻传播学（0503）、艺术学（0504）四个并列一级学科中独立出来，成为新的第 13 个学科门类，即艺术学门类。艺术学门类下设五个一级学科，艺术学理论（1301）、音乐与舞蹈学（1302）、戏剧与影视学（1303）、美术学（1304）和设计学（1305，可授艺术学、工学学位）。当前，我国学科目录中的一级学科已经由 89 个增加到 111 个[①]，具体如表 5-1 所示。

表 5-1 　各学科门类下一级学科总数

门类	哲学	经济学	法学	教育学	文学	历史学	理学	工学	农学	医学	军事学	管理学	艺术学	合计
一级学科数量	1	2	6	3	3	3	14	39	9	11	10	5	5	111

---

① 根据《学位授予和人才培养学科目录》（2011 年），我国一级学科数目应该是 110 个。2016 年 3 月，适应网络经济快速发展和加强网络安全的迫切需要，国务院学位委员会下发《国务院学位委员会关于同意增列网络空间安全一级学科博士学位授权点的通知》，共有 27 所高校获批新增列网络空间安全一级学科博士学位授权点，2 所军校获批对应调整网络空间安全一级学科博士学位授权点，共计有 29 所高校获得我国首批网络空间安全一级学科博士学位授权点。至此，我国一级学科数目达到 111 个。

总之，学科是实现高等院校和研究机构人才培养、科学研究和社会服务的基础。学科不是单纯的"知识门类"或"教学科目"，而是一个组织系统，一个内部有分工，并利用一定条件发展知识和创造知识的组织系统。

在高等学校，学科还常常用于学科建设。所谓学科建设，是指根据学科发展的内在规律和社会的需要，并结合学校的实际对学科发展进行规范和重组，使学校的学科结构和布局更加合理的过程[92]。从学科建设与发展角度出发，学科的内涵还可以包括：①正确的学科发展方向、杰出的学术带头人和结构合理的学术梯队，这是学科发展的首要条件；②科研成果和培养人才的数量与质量，这是学科发展的见证和标志；③研究、教学经费和设施设备(如图书资料、实验室等)，这是学科发展的物质基础；④争取学位授权学科，招收和培养研究生，这两条是学科建设与发展的重要途径。总之，对于学科的内涵，应该从理论与实践等多个层面出发予以理解和把握。

5.1.2　重点实验室学科建设的主要内容

学科建设是一项复杂的系统工程，内涵丰富，外延宽广。一般而言，学科建设主要包括学科定位（学科方向、发展层次）、学科队伍（学科带头人、学科梯队）、科学研究、人才培养、学科基地（实验室、重点学科、设备等）、学科管理等六个要素[93]。学科建设是体现办学单位和研究机构在国内外发展水平的重要标志，也是国内外排名的主要依据。因此，办学单位和研究机构，要把学科建设当作本单位各项工作的龙头来抓。相对于办学单位，科研是重点实验室的优势，在加强学科建设时，包括国防科技重点实验室在内的创新平台应该在发挥这一优势的基础上，做好以下工作。

1. 学科队伍建设

一个学科的发展固然需要经费和物质的不断投入，但关键是人才的支撑。一支梯次搭配合理、整体性较强的队伍，是一个学科保持可持续发展的关键因素。从某种程度上讲，学科队伍是学科建设的核心内容，具体需要重点关注两个方面：学科梯队、学科带头人。

学科梯队结构的内容是多方面的，可以形成其结构的属性有年龄、职称、知识、学缘、层次等。年龄结构的梯次配置要求梯队成员在年龄结构上要有一定的纵深，保持正常的新陈代谢和持续发展的后劲。知识结构的梯次配置要求梯队成员的知识面必须覆盖学科所包含的领域，不能出现缺项或断层现象。学缘结构的梯次配置要求梯队成员的师承关系不能过于单一，必须有一定比例的师出他门的成员，以利于思维交叉，防止学术上的近亲繁殖和退化。层次结构的梯次配置要求梯队成员之间在地位、作用上有明确分工，带头人—骨干成员—一般成员，形成人员层次的"金字塔"结构。年龄结构、知识结构、学缘结构、层次结构是衡量一个学科梯队结构是否良好的重要因素。因此，创新平台在学科人员梯队建设中，要综合考虑其结构的各个要素，使其能够良性、协调地发展。

一个杰出的学科带头人，不仅能带活一个学科，而且会对整个学科的发展产生重大影响。因此，学科能否保持正确的发展方向，能否不断地开拓创新，关键在于学科带头人。学科带头人既要有本学科坚实的理论基础、较宽的相关学科知识、很强的学术科研能力，而且要有开阔的视野、创新的思维和领导协调能力，善于把握学科前沿，领导本学科建设始终走在该领域发展的前列，带动学科人才队伍整体水平的提高，促进学科的建设与发展。所以，在重点学科梯队建设中，要下功夫抓好学科带头人的选拔和培养工作，造就一批在全军有高知名度、高素质的重点学科带头人。

2. 学科理论体系建设

理论体系是一门学科的基础，完善的学科理论体系是学科成熟的标志。学科理论体系要反映其对解决当前和今后知识和科技发展方面重大问题的意义和作用，体现学科的地位与发展前沿；反映学科的创新度和成熟度，体现学科发展的生命力；反映学科培养人才的能力与水平，体现与部队建设和作战需求之间的适应性。因此，一定要形成完善、科学的学科理论体系。

学科理论体系建设的重点是学科方向建设，就是凝聚和提炼学科方向。学科体系结构包括学科门类、一级学科、二级学科、学科方向。一级学科由若干二级学科组成，二级学科由若干个学科方向组成。一个学科有多个方向，学科建设中首要的任务是根据创新平台实际和区域社会经济发展的要求选择、调整学科方向[94]。学科方向建设中应把握以下几点。

一是在学科的主体部分，要坚持不断地凝练学科方向，按照一般的要求，每个学科至少设立2～3个研究方向，否则学科难以发展。二是要树立有特色的学科方向，选择能在国内外产生重大影响的或独一无二的研究方向，并以此为重点加强建设。重点建设的学科，其方向应具有区域特色，体现自身优势。三是最重要的，是不断寻找新的生长点。学科建设变化很快，新的生长点能使学科建设充满生机，而生长点具有时代性、灵活性、不确定性，需努力创新和追踪。要注意学科的交叉、融合和渗透。

目前，一些国防科技重点实验室的学科，建立时间较长，理论体系相对完善，但随着形势的发展，这些学科理论体系也面临着充实与更新。就军事知识创新和国防科技发展来讲，近些年来，新军事变革进程的加剧，对军事理论、武器装备特别是军事人才等提出了特殊的要求。根据这些特殊要求，以国防科技重点实验室为代表的创新平台，必须着眼军队整体和长远建设需求，加强学科建设，尤其是要有重点地加强军事斗争准备急需的学科建设。通过学科建设，强化对军事斗争准备需要的军事理论研究、武器装备研制和军事人才培养，为军事斗争准备提供强有力的理论和智力支持。

3. 学科基础设施建设

基础设施是学科建设的重要依托，是学科建设的物质保证。学科的基础设施建设主要是指实验设备、图书馆和信息网络，它们构成了重点学科建设的物质技术平台，是支持学科建设的"三大支柱"。因此，创新平台要建设与主研方向相关的影响较大、功能完善、特点突出的实验设施，为完成重大科研课题、吸引和培养高素质人才提供良好的实践环境；要建设适应学科需要的信息量大、特色鲜明、服务手段多样的数字化图书馆，充分发挥其在学科建设中的功能；要建立能够支持学科建设的资源丰富、信息畅通、安全可靠的信息网络，为学科建设的发展提供良好的信息环境。

良好的设备条件是承担高水平科研任务、取得创造成果和重大突破成果的前提条件，也是吸引和稳定人才的关键[95]。因此，在学科基础设施建设中，包括国防科技重点实验室在内的各创新平台应该把设备条件建设作为重点突出出来。要充分论证、详细调研、做好规划，做好设备条件建设的顶层设计；在争取上级对学科建设的政策支持和经费投入的基础上，各创新平台应大力投入、集中建设在某学科科研项目上相近或者是能共享的一级学科中心开放实验室，避免多学科方向低水平的重复性建设；同时，对实验室管理人员要严格要求，积极组织使用教师和研究生参加各种培训和交流，降低仪器损坏率，使仪器设备能充分共享并长期保持良好的工作状态。努力建设高水平的整体装备研究基地，使学科承担各种研究任务的能力显著提高，为取得创新性成果提供必要的科研条件。

5.1.3　国防特色重点实验室学科建设目标定位

学科建设的目标和定位与一个单位的整体建设和规划应当是一致的，每个单位都应实事求是，结合本单位的实际情况来确定学科建设目标和定位。具体来讲学科建设目标定位：一要跟踪国内外先进水平，尽量站在学科的最前沿，二要结合军队建设的需要。国防特色创新平台要面向高技术条件下的局部战争对军事理论、军事技术以及人才素质提出的要求，结合实验室自身的人才、学科研究方向现有水平等实际情况，寻找突破口。在此基础之上，要及时把握本学科国内外研究现状和发展趋势，准确评价自身学科水平和地位，找出差距和自己最有利的发展空间，确定自己最有实力的研究方向。同时也要突出自己的特色，发挥自身的优势。

一般来讲，就军事学科建设而言，以国防科技重点实验室为代表的国防特色创新平台学科建设，应结合军队学科建设的特殊性与一般学科的共性角度出发统一考虑，应该从军队现代化建设和军事斗争准备需要出发，根据部队人才建设和武器装备发展的特殊要求，充分考虑军事知识创新的特点和国防科技与武器装备建设的实际需要，突出当前急需的主战武器装备和对未来作战有较大影响的学科，调整学科力量配置和建设力度，建立多渠道、全方位、立体式、开放型的、具有军事特色的学科。

国防特色创新平台学科建设的目标可分为短期目标和长远目标。短期目标应该立足实验室实际，面向军队建设、面向人才培养、面向创新平台的持续发展，确定学科与重点研究方向，确保有计划、分阶段地向目标迈进。长远目标应该瞄准世界军事斗争的新动向，站在学科的前沿，建设世界一流的军事创新平台。我国的军队建设与西方发达国家相比还有较大的差距，军队的学科建设工作历史也不长。但基于我们竞争对手的特点，国防特色创新平台学科建设的长远目标应该是建设世界一流军事创新平台，打造"中国芯"，提高中国军队的威望。

5.2　学科建设在国防科技重点实验室知识创新中的地位与作用

客观地讲，长期以来，实验室的学科建设问题一直未得到应有的重视。

许多学者片面地认为，学科建设只是院校的事情，在以研究为主的实验室，没有开展此项工作的必要。事实上，包括国防科技重点实验室在内的创新平台加强学科与研究方向建设，是符合知识创新和实验室建设规律的重要举措。

5.2.1　提高知识创新能力的必由之路

学科是指对同类问题所进行的专门科学研究，从而实现新旧知识的更替[96]。这个新旧更替，也就是学科方向和领域在知识创新中作用发挥是一个从弱到强的过程。这个过程一般是先争取高水平的科研项目，然后是研发高水平的成果，再将成果转化为高水平的奖励（包括向军队战斗力的转化），成果和奖励造就了高水平的人才，最后又由成果、奖励和人才共同建成一个学科基地，这样就完成了一个学科建设的循环。学科形成后，培养和吸引同学科方向的高层次人才，申请高层次科研项目，取得更大创新成果，从而实现学科方向的拓展与培育。显然这是一种螺旋上升式的循环，这种循环既是学科建设的良性发展，也是知识创新能力与水平的不断提升。可以看出，这个良性循环是以重大科研项目和学科建设为载体，以高水平的科研创新成果为里程碑，知识创新能力水平的提升是一个建设循环的终点，又是下一个建设循环的起点。

结合实践分析，也可以发现学科建设在提升创新平台知识创新能力水平中的地位与作用。一般而言，在人力、科研经费、实验设备有限的条件下，要实现再出成果，多出成果，任何创新平台的研究都必须集中于某一具体领域，而不可能四处出击。从这一角度讲，加强学科建设是包括国防科技重点实验室在内的任何创新平台提高知识创新能力与水平的前提与基础。国防科技重点实验室只有以高水平的学科建设为基础和支撑，确保知识创新拥有明确方向，长期用力，持续攻关，才能有效发挥研究的功能，提高知识创新的质量和效益。例如，南京大学微结构国家重点实验室在介电超晶格研究方向的知识创新。早在重点实验室成立前的 20 世纪六七十年代，在两位院士领导下选择开展了介电体的微结构相关研究。1984 年国家重点实验室建立后，由于认识到介电体微结构材料中许多重要的物理规律还有待揭示，并且考虑到它对光电子产业发展的巨大潜力，实验室决心不赶时髦、不追热门，"咬定青山不放松"，坚持对介电超晶格进行系统的理论和实验研究，并接连攻克了一个个科学难关，取得一系列工作进展，初步建立了介电超晶格的理论体系，在实验上揭示了应用前景。进入 20 世纪 90 年代，随着光电子产业的发展，介电超晶格在光电子器件中的重要应用价值逐渐为人所重视，长期进行的冷门课题终于变成了热门领域。实验室又取得了多项重要的研究突破，一批创新性成果在《Science》等国际学术期刊上发表，在国内外引起重要反响。正是多年的厚积薄发使得实验室在激烈的国际竞争中始终保持着在本领域的国际前沿地位，持续地取得了多项重要的研究突破。在激烈的国际竞争中，该实验室占据了该领域的国际前沿地位。

由于众多原因，国防科技重点实验室中以军事学为学科方向的还不多。而国防科技重点实验室，大多组建时间较短，在相关学科方向积累不多，基础还比较薄弱，提高国防科技与武器装备相关创新主体的创新能力与水平，必须充分认识学科建设的作用地位，努力提高学科建设水平。

5.2.2　改善人才培养质量的重要基础

培养人才是国防科技重点实验室的一项重要职能。之所以强调包括国防科技重点实验室在内的创新平台要加强学科建设，是因为学科建设事关知识创新主体，也就是说加强学科建设可以改善创新平台人才培养质量，进而可以为进一步知识创新奠定坚实的主体基础。具体来讲，加强学科建设有助于造就一支高水平的研究队伍，这支队伍既是科研的骨干力量，又是高素质人才培养的师资保证。除此之外，学科先进的科研成果为人才培养内容的更新提供了条件。同时，也要看到与学科建设配套的重点实验室先进的硬件设施与实验条件为人才培养提供实践基地。因此，无论是师资队伍与教学内容，还是教学条件，加强学科建设都是改善创新平台人才培养质量，提升知识创新主体能力素质的重要基础。

深入分析，不难发现人才培养是一项复杂的系统工程，人才培养质量的高低，除学生自身素质外，很大程度上取决于培养单位所在学科的基础、学术水平以及能否站在本学科前沿解决重大问题；取决于老师的学术视野、学术研究水平和创新能力；取决于培养单位良好的学术氛围和育人环境。许多著名实验室在培养人才方面一条重点经验就是：坚持科研与教学相统一，利用好研究生这支处在最佳创新时期且流动性很强的队伍，不但可能为团队的科研创新带来惊人的效果，也能培养出新一代杰出的科学家。例如 W.L.布拉格，就是在卡文迪什实验室读研究生时提出了晶体结构点阵常数和著名的布拉格定律，在 25 岁时就获得了诺贝尔物理学奖，到今天仍然是最年轻的诺贝尔物理学奖获得者。南京大学固体微结构实验室获得 2006 年国家自然科学一等奖的五位获奖人中，陆亚林和陆延青两位也都是在攻读博士学位期间完成的研究。

近年来，部队武器装备发展迅猛，一大批国产和引进的新型"杀手锏"武器装备成为我军的骨干力量。为了使这批装备尽快形成战斗力，需要一大批高层次应用型人才。信息战，网络战，制空、制海权的争夺，对国防科技重点实验室在人才培养方面功能发挥提出了新的更高的要求。创新平台，尤其是与国防科技和武器装备发展相关的重点实验室，必须高度重视学科建设，坚持在高起点上起步，向高水平方向发展，只有这样才能确保培养人才的质量。

5.2.3　增强整体竞争力的核心所在

学科建设，特别是特色优势学科建设水平是衡量包括国防科技重点实验室在内任何创新平台整体竞争力的重要标志。一个具有较强竞争力的创新平台主要体现在以下几个方面：有一支实力较强的研究队伍，一批有影响的科研成果，一个完善配套的教学科研设施，一个运行高效的管理体制。而这一切都是建立在学科建设特别是特色优势学科建设基础之上。因此，可以说持续抓好学科建设是增强创新平台整体竞争力的核心和关键所在。

英国的卡文迪什实验室是剑桥大学物理系的一部分，历来重视加强学科建设，确保自己的研究方向处于学术前沿。一百多年来，卡文迪什实验室的研究方向虽然涉及现代物理学的众多方面，但实验室在每一时期、每一阶段，都有着一个明确的主攻研究方向。从成立至今，卡文迪什实验室在主攻研究方向上曾先后做出过五次重要的转变。每一次研究方向的改变和调整，都是卡文迪许实验室根据世界科学发展的动向，结合实验室本身的基础与条件，与时俱进地做出的。主攻研究方向的转变和调整，不仅有效地根据世界科学发展的进程和需要开拓了新的、适合的、前景广阔的研究领域，而且更有助于焕发科研团队活跃的生命力。卡文迪什实验室历史上共获得过多个诺贝尔奖，大多是由于选取了新研究方向后接二连三做出的。比如，原子物理研究使汤姆森时期产生了 8 个诺贝尔奖得主，核物理研究又使卢瑟福培养出 7 个诺贝尔奖获得者，分子生物学的研究则为实验室再增 5 位诺贝尔奖得主，转向半导体和超导体研究后，又产生了 4 位诺贝尔奖获得者。正是重视学科建设，重视并能够及时调整研究方向，卡文迪什实验室才能在 19 世纪末到 20 世纪 70 年代之前一直在世界科学前沿领跑，并始终主导了世界科学的发展。在国际上保持了强大的竞争力。

当前，我国有数量众多的实验室，即便是国防科技重点实验室，都处在激烈的竞争态势中。要想使自己的创新平台在强手如林的竞争中赢得先机，就必须加强学科建设，重视凝练研究方向。只有这样才能办出特色、提升水平，为保持领先地位提供战略支撑。

总之，国家重点实验室是以知识为材料、学科为单元的研究组织。学科是国家重点实验室这类研究型创新平台（相对于企业生产型创新平台而言）存在的本质特征。提高整体建设水平，提升知识创新质量与效率，国防科技重点实验室必须重视和加强学科建设。

5.3　国防科技重点实验室学科建设现状

着眼提高履行新使命装备保障能力需求，部队党委高度重视以学科为基础的科技创新团队建设，明确方向目标，创新工作思路，突出建设重点，完善制度机制，学科建设成绩显著，形成了基础研究深厚、人才实力雄厚、学术氛围浓厚的优势特色学科群，涌现出了一批军内外卓有影响的高水平创新团体。

5.3.1　基本情况

截至 2011 年新一轮学科目录调整前，工学和理学是这些年来原总装部队的传统与优势学科。尤其是工科，无论是一、二级学科数量，还是学科方向分布的广度、深度，都占绝对优势。相对于院校而言，部队国防科技重点实验室学科优势更是侧重于工科，这显然与这些实验室国防科技创新与武器装备发展的定位密切相关。经过多年积累与培育，这些实验室在巩固原有优势的基础上，拓展培育出了像定向能、深空轨道探测控制、超燃发动机、电子对抗等新兴学科领域或方向。

总之，经过长期努力，包括国家级重点实验室在内的学科建设，巩固了导弹航天等原有传统优势领域，拓展了军事特色学科，培育出了航天医学工程这一独有学科，为以航天发射为中心的各项任务的圆满完成提供了坚强的智力支持，为实现武器装备建设的跨越式发展奠定了坚实的知识基础。

5.3.2　主要经验

部队学科建设取得的成就，尤其是几所国家级重点实验室的优势和特色学科建设成果，是国家长期投入、几代科研人员长期奋斗的结果，这期间有许多宝贵经验值得吸收借鉴、总结提高。通过对电磁防护国防科技重点实验室、装备再制造技术国防科技重点实验室，以及北京系统工程研究所、北京特种工程设计研究院等两家单位所属国防科技重点实验室调研，得到以下几点启示与经验。

1. 要正确处理传统学科建设与培育新学科的关系

包括国防科技与武器装备发展在内的军事学科领域的任何重大发现及突破，都与某一学科的发展和创新密切相关，没有这些学科的进步和相关学科的综合，就不可能产生巨大的推动作用。国防科技重点实验室在学科建设过程中，必须以发展的目光注视学科的未来趋势。目前的学科，是根据当前军队建设和新时期军事斗争准备的需要而确定的。而随着科学技术的进步和发展，世界新军事革命的日益深入，以及现代学科的不断融合发展，某些现在看来微不足道的领域，经过一段时间的发展很可能成长为对军队建设产生重要影响的主流、骨干学科。因此，在以主要精力进行传统优势学科建设的同时，也要关注那些现已存在的有发展潜力的新兴学科，还要以极大的热情去催生新的学科。某部重点实验室的核科学与技术这一传统学科在国内外都拥有优势。长期以来该室以此学科为基础，深入钻研，不断拓展，开辟出了众多新兴研究领域，有力地推动了以"杀手锏"为代表的一系列尖端武器装备的发展。

2. 要正确处理学科自身结构与学科群结构的关系

学科的自身结构主要是指构成学科的各子系统及子系统之间的相互关系，其基本的要素就是学术队伍、研究方向、学术成果、人才培养和学科硬件建设等。在这个结构中，各子系统相互作用、相互制约，不能单一地建设与发展其中的某一个方面，而应相互呼应，齐头并进。学科群结构则主要是指学科与学科之间的相互关系，这种关系常常表现为网状关系。从表面来看，传统学科建设与新兴学科培育在人力、财力方面都有矛盾甚至有冲突，不容易组织与协调两者的同步发展。深层次分析可以发现，学科群结构的特点在宏观上与生物界的生物圈极为相似，一个学科可以为另一个学科提供动力和营养，这种营养联系称作学科链接。若干个学科可以通过学科链接构成一条学科链，首尾相连的学科链又可称为学科环。军事特色学科发展的实践充分表明，传统学科建设与相关新兴学科培育之间是可以正反馈作用的学科链或者是学科环。在正反馈的作用下，传统学科的建设与发展就可以大大地加快，学科链或者学科环上的其他相关学科也都可以得到快速的发展。现代条件下，学科间相互交叉与融合的程度越来越深，提高知识创新效率与水平，国防科技重点实验室在学科建设中不能仅仅局限于既有学科自身，而应该同样重视学科环建设，在优化既有学科结构的基础上，优化学科群结构。

3．要正确处理学科建设中的硬件与软件的关系

硬件与软件建设是学科建设中的两个基本内容和基本矛盾关系。硬件是指设施、设备，软件是指学科理论体系、人才队伍、运行机制、规章制度，以及支持网络和计算机的系统、软件。硬件是学科建设的物质基础，是人才培养、科学研究不可或缺的前提条件。没有一流的硬件就不可能建成一流的学科，但是，没有软件的支撑，硬件也不可能充分发挥其作用。相对于硬件建设，软件建设具有效果的滞后性和非显性，因而在某些创新平台学科建设中一度存在硬件硬、软件软的现象，严重阻碍了学科建设的持续发展。经过长期探索，部队所属重点实验室在学科建设过程中，以对军队建设高度负责的精神，克服急功近利的观念，充分重视"软件"建设在重点学科建设中的重要地位和作用，正确处理硬件建设和软件建设的关系，摒弃了短期行为，甘于在理论研究、人才培养、系统开发等长线项目上投大本钱、下细功夫，形成"软""硬"并举、同步发展、相辅相成的良好格局。

4．要正确处理学科带头人与学术梯队的关系

学科带头人是学科建设成败的关键，学科带头人只有具有学术水平高、学风严谨、作风正派、懂管理、善创新，才能把握好学科建设的方向，也才能多出科研成果。清华大学老校长梅贻琦先生曾说："所谓大学者，非谓有大楼之谓也，有大师之谓也。"这话对实验室同样适用。大师，对于实验室等创新平台来讲，是实力的象征、是地位的象征、是声望的象征。学术

梯队主要由一名学科带头人、多名学科方向带头人（常称为学术带头人）、若干学术骨干和重点培养对象共同组成。部队几所国家级重点实验室学科建设和知识创新成功经验表明，建设稳定的学科必须重视学科带头人培养。像原装备学院洪延吉教授，作为激光推进学科方向的学术带头人，正是在她多年带领下，这一学科方向才实现了从无到有，从普通实验室到国家重点实验室的华丽转变。与此同时，也要重视建设一支合理的学术梯队，防止个别学术人员的变动影响整个学科建设。调研发现，作为国防科技重点实验室，学术梯队建设主要应解决好三个方面的问题：一是要有合理的学历、年龄、学缘和职称结构；二是要加强对学科带头人和学术带头人的培养，使他们具有坚实的学科理论基础、较宽的相关学科知识、很强的科学研究能力和开阔的学科视野，能够把握和抓住重点学科的前沿，带领本学科始终走在前列；三是要处理好学科带头人和学科负责人之间的关系，两者同为一人的情况下应配备助手，两者不同为一人的情况下要特别注重团结问题。

5.3.3　存在不足

为了了解和把握部队所属重点实验室知识创新情况，我们以问卷方式，围绕学科建设、人才培养、条件建设等几个大方向设置问题，对进入原装备学院进修的相关单位的学员进行了调查。调查结果肯定了近些年部队重点实验室学科建设成绩，与此同时也反映出了下一步需要改进的方面。

（1）某些实验室学科建设的创新性不够强，没有完全及时反映军事斗争和国防科技发展的现实需要。

部队重点实验室虽然有相当一批学科已达到国内先进水平，若干学科已接近国际先进水平，但真正跻身于国际一流或先进行列的微乎其微，能反映国防科技重点实验室创新水平的研究成果还很少。尤其需要重视的是，结合现实军事斗争准备进行研究的还不够，追踪现代军事科学技术发展水平还不强，对现代军事科学技术发展和武器装备发展提出的新需求反应和关注还不及时。在实践中的表现就是学科建设和发展主要还局限在传统学科，所谓的新学科或学科方向的突破也主要是原有学科或学科方向的延伸，或是针对国防科技与武器装备发展过程中新问题的新应用，而不是根本性的突破从而产生新学科。学科培育和领域拓展与军事斗争的需要联系也不够紧密，没有突出学科建设发展的"问题导向"，很难实现学科培育和领域拓展与军事需要和武器装备建设发展的"同频共振"。

（2）某些实验室学科发展战略不清晰，布局不合理，学科平台建设缺乏力度。

一些实验室总体战略不清晰，在制定学科发展战略时，不能全面考虑自身状况、国内外同学科的发展趋势，尤其是国防建设和军事斗争需要，导致学科建设中，还存在着"老、同、活、散"的问题。所谓"老"，是指研究方向陈旧，与本学科领域国际国内研究现状和趋势脱节，缺乏新意和前沿性。"同"是指不同单位学科研究方向的内容互相类同，缺乏各自的特色与优势。"活"是指有的研究方向带有较大的随意性、变化快、缺乏相对稳定性，难以形成这一研究方向的优势。"散"是指有些确立的研究方向没有很好地形成学科点全体人员一致的主攻目标，致使研究力量分散。同时，由于战略的不清晰，学科建设没能形成大平台，学术队伍、实验设施、科研用房、学科组织及教育教学等没有形成可以大规模、集团化作战的形态，国家投入的纵向经费的使用表面上以大学科为主，实际上在学科内部平均分配，分散使用，没能通过经费投入机制促进凝聚组合。

（3）某些实验室学科建设管理体制不合理，学科建设效率低下，资源浪费。

学科是人类在认识活动中针对认识对象，将知识划分出来的各个集合。它的发展变化。既意味着人们对物质存在形式认识的深入和知识的增加，也意味着知识的分化、整合和重组。因此，重点学科建设有其固有的内在联系和发展规律。然而，在某些实验室学科和研究方向的建设中，依然存在忽视这种内在规律的现象。表现为学科建设的实施权由上级领导和主管部门行使，没有下放给学科负责人。在实践运行中，这种僵化的体制导致了一系列弊端的产生，比如反应比较迟钝，不能根据市场需求及时改变或调整学科结构；信息传递速度较慢，不利于新兴以及交叉学科的产生及发展；不利于培养高素质的人才，加强跨学科教育；导致浪费，阻碍学术上的交流，相互之间资源不能共享，同时阻碍了知识的发展速度。

5.4　依托重点实验室不断提高军事特色学科建设水平

学科培育和领域拓展是重点实验室一项基础性、战略性工作，事关实验室知识创新、人才培养和长远发展。为此，包括国防科技重点实验室在内的各创新平台，必须认清形势，总结经验，面对学科建设中存在的一些问题，积极制定应对措施，加强学科建设，提高知识创新能力，为国防科技和武器装备发展提供源源不断的智力支持。

5.4.1　思想观念

思想是行动的先导。实践一再证明，作为一项系统工程，学科建设过程中必须及时更新观念，确保学科建设始终能有先进科学理念的指导，能有正确的发展方向。这是学科培育和领域拓展顺利进行的前提与基础。

1．树立重点建设的理念

所谓重点建设，要从两个方面理解。一是指在实验室整体工作中，要突出学科建设的中心和重点地位。就是说创新平台要充分认识学科培育和领域拓展在实验室建设中的重要地位和作用，要集中精力、物力、财力和人力，对学科培育和领域拓展给予重点关注、重点投入，使学科建设成为实验室建设的基础工程。二是指在学科体系内，当实验室存在两个以上学科或研究方向时，必须突出重点学科和重点研究领域。任何实验室的创新资源都是有限的，这注定创新平台学科培育和领域拓展工作不可能全面铺开。这就要求采取非均衡的思想，在继承原有学科特色和优势的基础上，坚持科学性与最大可行性相结合，有重点地去抓好当前急需重点建设和发展的问题，建立新的学科布局、实现科研资源的优化配置。

2．树立统筹建设的理念

所谓统筹建设，是指创新平台在学科培育和领域拓展过程中，必须科学规划，统筹安排，协调发展。学科培育和领域拓展是一项系统工程，涉及人、财、物等各种要素和知识创新的方方面面。既有学科建设与实验室其他建设的关系，又有学科内部的各种关系，还包括学科培育和领域拓展的步骤与方法等。对这些关系与问题的协调，直接影响学科培育和领域拓展这项系统工程的运行结果。为此，实验室必须树立系统建设的观念，加强对学科培育和领域拓展的管理，加强规划指导，科学协调，合理安排，使每一个方面都能协调发展。

3. 树立持久建设的理念

所谓持久建设，是指实验室对学科培育和领域拓展要做长远谋划，要把学科建设作为事关实验室发展的一项长期的基本建设来看待，既有长远目标，又有阶段目标，还要有具体目标，使学科培育和领域拓展有序有效地发展。学科培育和领域拓展具有基础性和长远性，它不是靠临时突击可以实现的。学科内容的积累与创新、学科方向研究队伍的建设、学科方向特色的积淀与反映、学科软件的优化与整合，无一不是长期不懈的坚持与努力的结果。因此，包括国防科技重点实验室在内的各创新平台在实施学科培育和领域拓展过程中，必须克服短期行为，树立持久建设的观念，真正做一些"前人栽树，后人乘凉"的工作，稳妥高效地进行学科培育和领域拓展。

5.4.2　研究方向

创新是民族进步的灵魂，是一个国家兴旺发达的不竭源泉，也是学科培育和领域拓展工作持久动力所在。创新是优势、特色学科建设的灵魂，优势、特色学科的创新主要包括学科发展方向创新、学科组织创新、管理运行机制的创新、学科制度创新、学科建设内容创新和学科内容创新。其中，学科制度创新是学科创新的保证，它包括观念的创新、人才培养制度创新、学科设置与划分制度创新、学科研究规范创新以及学科奖惩制度创新等。学科建设内容创新就是将创新的思想引入各项具体建设内容上去，包括学科研究方向创新、学术队伍建设创新、人才培养模式创新和学科建设管理创新。学科内容创新则是指某一学科自身的理论、技术等方面的创新。国防科技重点实验室在加强学科建设过程中，要重点关注学科建设内容创新[97]。这其中尤其是要在继续关注基础、重点学科及相关研究方向的基础上，以创新为动力，探索培育特色优势学科，推动学科培育和领域拓展工作持续高水平发展。

1. 注重加强基础学科建设

任何科学技术的发展都离不开基础学科。基础学科的研究与发展是一项长期的工作，虽然与工程技术学科相比，它没有那种立竿见影的效果，但基础学科发展的好坏，直接关系到技术应用学科是否有充分的发展潜力问题。基础学科建设从表面上看是一种吃力不讨好的工作，但它的发展却是应用学科的基石。因此，提高知识创新能力与水平，国防科技重点实验室要重视加强基础学科和相关方向的研究。

2．注重特色优势学科拓展

特色突出、优势明显的学科可称为特色优势学科，它是高校学科水平的集中体现，也是提升学科核心竞争力的关键。优势学科是指在国内总体上处于领先地位，某些方面可能具有国际前沿水平的学科，可分为国际、国内及校内等不同级别，是在相应范围内排名第一、第二位的学科[98]。人无我有、人有我优、人优我新的学科都是特色学科。优势学科肯定在某方面具有特色；而特色学科可能是优势学科，也可能是非优势学科中的"亮点"，是在某些方向或某些项目上占有优势，是建设优势学科的"生长点"，应努力加以培育、发展，使整个学科发展为优势学科。培育特色优势学科，重点实验室要把科研方向的选择作为学科培育和领域拓展的切入点，来组织与建立学科梯队。

一是注重科研方向选择中的创造性、先进性和可行性。科研方向选择中的创造性、先进性与可行性直接决定各学科的特色。所谓创造性，是指在选择科研方向时要科学预测。把握相应领域的发展趋势与发展方向，使研究方向与部队发展中的重大问题相符合，研究成果对部队战斗力建设具有直接的价值；所谓先进性，是指在选择科研方向时要站在相应学科领域的发展前沿，把握科学技术在相应学科领域运用的前景，使研究方向具有一定的超前性；所谓可行性，是指在选择科研方向时要充分考虑自身的科研实力，要一步一个台阶地去发展，使研究的过程尽可能地优化有效。

二是注重科研方向把握中的坚定性、灵活性和前瞻性。科研方向把握中的坚定性、灵活性和前瞻性，是使科研方向稳定而形成学科特色的前提。所谓坚定性，是指在选择科研方向后，要坚定地沿着既定的目标前进，在组织研究过程中注意把握研究的方向性，从而提高科研的效率和形成稳定的研究方向；所谓灵活性，是指在组织科研活动中要根据军事斗争的发展实际，适时灵活地调整研究方向，始终把握军事斗争发展变化的脉搏，从而使科研的关注点始终保持在热点与重点上；所谓前瞻性，是指对科研方向的把握要站在更高层次上去思考问题，对于相应领域的发展趋势有着敏锐的反应能力，从而保持正确的科研方向。

三是注重科研成果的梳理与积累。只有不断地进行总结与反思，才能知道自己的得失成败，才能明确自己的强点与弱点，才能在把握与保持研究方向过程中有的放矢，也才能把已经肯定的成果积累成为学科的稳定研究方向。因此，在科研过程中要不断总结反思，经常梳理研究成果，对研究形势进行分析，从而为科学的研究方向打牢基础。

3．注重新兴学科培育

事物总是在发展变化过程中，具有生命力的学科也是如此。随着人们对客观世界认识的深化与提高，当代学科的交叉、渗透、融合，促使新兴学科、交叉学科、边缘学科、综合学科大量涌现。作为军队所属的国防科技重点实验室，学科培育和领域拓展必须适应学科这种发展趋势，必须适应军队现代化建设需要，必须融入国家和军队发展的整体，提倡多学科交叉渗透、嫁接、催化、组装，发展新兴、边缘学科。为此，国防科技重点实验室要时刻关注新生事物的出现、新兴学科的发展，充分研究其在军事中的作用，采取新的科学技术理论和手段解决军队建设和发展中的诸多问题，有效地提高部队的战斗力。要努力营造适合新兴交叉学科生长的环境，把握学科生长点，适时加以扶植，有力推动学科的发展。要注重联合，通过组建一批新兴、边缘、交叉学科和适应新军事革命发展要求的学科群，促进边缘学科、新兴学科的生长。比如，空军某部根据信息化战争需要，从空军军事斗争准备的实际出发，充分发挥多学科的综合优势，建立起电子侦察、监视与预警技术，综合电子战，信息战等与空军未来作战密切相关的学科领域，并超前研究，重点扶持，在空军范围内率先成立了信息战研究室。

5.4.3　队伍结构

学科队伍是学科核心竞争力的载体，是学科建设的核心[99]。因此，建设一支不仅具有一定数量，而且在年龄、职称、学历结构上合理，具有强烈的创新思想和创新精神，乐于奉献、学风优良、团结合作、结构合理、人员精干的学术梯队，是学科培育和领域拓展的基础，也是学科培育和领域拓展的关键。为此，国防科技重点实验室做好学科培育和领域拓展，必须注重构建科学合理的学术梯队。针对目前普遍存在的学科带头人年龄老化，后继无人；或者带头人各方面还不够成熟，较难担此重任；或者学科梯队结构不尽合理，急需改善等问题，包括国防科技重点实验室在内的创新平台在学科学术队伍建设上应采取以下措施。

1．加大学科带头人培养力度

学科的发展在很大程度上依赖学科带头人的作用。因为学科带头人是学科的代表人物，其一切学术活动体现了所在学科的学术思想、学术水平。高水平的学科带头人才能准确把握学术研究方向，培养出高质量人才。因此，学术队伍建设工作主要是培养和选拔学科带头人。学科带头人的培养是一项系统、长期的工程，最为关键的要实现制度化。要建立健全有效的培养机制、育人机制和激励机制；要建立完善的运作系统，比如政策系统、操作系统和追踪系统等。还有，就是要做好对学科带头人培养工作的评价，通过评价反馈，不断提升培养质量。结合国防科技重点实验室普遍存在的高层次人才不足，人才流动性不足的现实，当前要不断加大高层次拔尖人才培养、引进力度，增强学科队伍的活力。当前，要充分利用和抓住发达国家与发展中国家人才双向流动的重大机遇，积极引进国际顶尖人才，带领学科尽快切入前沿。相对来说，军队科研院所，尤其是部队所属的一些重点实验室的生活条件和工作条件比较差，待遇也比较低。因此，更要注重通过政策上吸引、思想上团结、生活上关心、学科上凝聚等特殊关注来留住人才。

2. 加大青年骨干的培养力度

在强调引进拔尖人才的同时，还应在培养人才，尤其是青年骨干凝聚与培养上下功夫。既要注重思想培养，更要注意科研创新能力的培养；既要注意放手使用，又要注意定期考评；既要注意营造良好的实验室内部环境，又要注意外部配套服务；既要注意重点培养，又要重视普遍提高。为了提高青年骨干培养的针对性，要分类别、分层次设立学科岗位，推进队伍的层次化、梯队化建设；要通过探索建立"学科特区"、人才"蓄水池"等，吸引会聚国内外一流大学优秀博士，加大青年拔尖人才培育力度，逐步实现学科队伍的国际化。

3. 加大能教会带研究人员的比重

目前，大多数国防科技重点实验室学科队伍建设关注的重点是人员的科研能力，而对研究人员的教学能力，也就是传帮带能力关注不多或不够，导致大多数研究人员只会埋头科研，培养人才、传播知识的应有功能不会发挥，或发挥不够，这就使实验室的学科队伍建设处于一种自然发展与自然建设状态，也使得创新平台知识创新的效率大大降低。进行人才培养与知识创新是重点实验室基本功能之一，国防科技重点实验室要把增加能教会带研究人员的比重作为学科队伍建设的一项内容突出出来，在加强学科队伍建设时，既考虑研究队伍研究创新能力的提高，又关注教学能力与传播知识水平的提高。

4．注重管理和服务人才培养

培育优势特色学科，提高知识创新效率，有赖于高层次创新人才，也依赖于科研、教务、人事、师资等管理和服务部门的支撑[100]。比如，学术管理人才往往具有相当的学术水平，同时又具有学术的组织管理才能，会组织学科队伍、凝聚学科队伍，并且具备学科上的眼光去把握学科发展方向，同时还具备把这些想法变成现实的能力。而服务型人才往往有一定的理论功底和学科背景，同时又有很强的动手能力，是具有某种专长的技术型专家，能够管理项目，为学科专家服务。因此，包括国防科技重点实验室在内的创新平台在加强学术队伍建设中，要注重学术管理和服务等人才的培养和使用。在实践中，要加强管理服务队伍的自身建设，要从政治素养、职业道德、知识结构、管理能力、群体配合诸方面提出要求，在管理系统中，把各种要素合理组合起来，挖掘不同素质人员自身优势和主动精神，最大限度地发挥他们在学科建设中的支撑作用。

5．加速打造晓于实战的学科队伍

为了充分体现军队创新平台的特殊性，要紧贴实战锤炼学科队伍。健全研究人员培训、考评和交流机制，加大部队代职任职力度，推进"导师部队行"和"青年骨干部队行"，组织人员参加全军重大军事行动；紧贴实战要求从部队引进人才，择优选调教官补充军事研究队伍，探索构建一支现役研究员、部队教官、文职人员和特聘人员相结合的学科队伍。

5.4.4　条件建设

这里的加强条件建设，可以理解为加强学科发展的平台建设。所谓学科平台有两方面含义，一方面是指硬件平台，包括完备先进的教学、研究设施、优雅的研究工作环境、配套的后勤管理和校园环境；另一方面是指软件平台，包括科学的发展思路、先进的领导观念、完善的管理体制、灵活的激励机制、浓厚的学术氛围、活跃的国内外学术交流活动等方面[101]。可以看出，学科平台是学科建设与发展的物质支撑与环境依托。着眼知识创新效率提升，包括国防科技重点实验室在内的各创新平台，在条件建设方面，重点关注以下几个方面。

1. 硬件建设

硬件方面首当其冲的无疑是实验室的实验条件。实验室仪器设备的质量和水平是实验水平的标志之一，同时也是能否吸引和留住一流人才的重要条件。当前，我国各实验室之所以不能吸引国外一流人才，留住自己培养的一流人才，一个重要的原因就是包括实验条件在内的科研条件太差。因此，国防科技重点实验室要把引进先进设备，改进设备质量当作关乎学科建设、人才培养、知识创新效率的一项重要工作来抓。其次，要关注和加强图书与信息建设。21 世纪是信息的世纪，国防科技重点实验室要通过图书馆、网络基础条件等的建设，使学科建设、知识创新等活动能够及时、高效地获得海量的、前沿的、快捷的信息。这是学科建设、知识创新必不可少的条件。

2. 软件条件

软件条件方面核心是要使学科建设与发展拥有和谐宽松的氛围，进而提升学科建设发展的效率。具体而言，要有明确、领先的学科建设目标，各学科间要能交叉渗透，在实验室内形成一种不同学科方向之间相互渗透的学术气氛；要创造和谐、民主、团结、有凝聚力的环境。这其中要重点处理好学科带头人和成员之间的关系、各成员间的关系、导师与学生的关系，做到既要尊重每个人的学术见解，同时也使相互之间形成一种互补关系，相互尊重，从而建立一个民主宽松的学术环境，这样既充分发挥每个成员的作用，也充分发挥群体力量，实现人尽其才，共同为学科发展、知识创新贡献力量。

5.4.5 组织管理

学科培育和领域拓展涉及各种关系和各种要素，具有明显的系统性、复杂性和长期性，要保证这项基础性工作顺利进行，实现学科建设目标，必须健全组织机构，强化管理规范，向管理要效益，以管理促建设。

1. 理顺管理体制

科学规范的管理体制是实现学科培育和领域拓展的组织保证。为此，必须建立层次分明、职责明晰的管理体制。军委训练管理部应成立全军学科建设专家指导委员会，对全军学科培育和领域拓展工作进行宏观指导，负责规划拟制、政策制定、协调控制、检查验收等。在此基础之上，各大单位训练部门也应成立学科建设领导小组，负责本单位学科建设工作，具体职责是制定本单位学科建设的规划和管理制度，组织检查评估，解决学科建设中出现的问题。

各重点实验室要设立以学科带头人或室主任为组长的学科建设小组。其基本职能为协调实验室上级机关，如干部部门、训练部门、科研部门及同级，如试验技术部、各系、教研室，使学科培育和领域拓展中的人才队伍建设、课题研究、基础设施建设、学科研究方向建设、学科内容体系建设等各个方面有条不紊地实施，形成合力；对学科建设进行整体规划，宏观指导，跟踪督促，检查评估，使学科建设的各项建设目标明确，步骤规范，过程优化，实施高效；及时掌握全国、全军科研院所学科建设的有关信息，准确掌握本单位学科培育和领域拓展进展情况，及时向学科建设负责人提出建议，为上级实施宏观指导提供决策依据。集中概括就是落实上级有关的管理规定，及时反映和提出学科培育和领域拓展中出现的问题和合理化建议，保证实验室学科培育和领域拓展工作有序开展。

2. 完善管理方式

要注重制度化管理。就是要制定完善配套的学科建设制度和法规，确保学科培育和领域拓展工作的连续性和稳定性。目前，关于实验室学科建设相关的规章制度还不完善配套。因此，要把制定规章制度作为学科培育和领域拓展的一项重要工作来抓，形成完整的规章制度体系，促进以行政管理为主向依法管理为主的转变，确保学科培育和领域拓展工作有章可循、有法可依，保证学科培育和领域拓展工作不会因人事变更和人为因素而受到干扰和影响。

要注重实施目标管理。实验室对学科培育和领域拓展要有硬指标，使参加建设的单位和个人明确责任、目标，增强紧迫感和责任感。要根据所处学科的发展趋势，对实验室学科发展进行宏观规划，在纵向上确立学科培育和领域拓展的长远目标、中期目标和年度目标，在横向上确立学科培育和领域拓展的人才建设目标、学科研究方向建设目标、学科硬件与软件建设目标、学科内容体系建设目标等，从而形成学科培育和领域拓展的宏伟蓝图，以此来规范各责任主体的具体任务和建设标准。对于目标的确立，要科学合理，切合实验室的实际，要是经过努力能够实现的奋斗目标，避免在确立目标过程中的好高骛远等不良现象。目标确立后，要将所确立的建设目标细化为各单位的具体任务，建立责任制，使全体参加学科培育和领域拓展的单位和个人目标明确，责任清楚。

3．强化检查评估

为保证学科培育和领域拓展始终沿着正确的轨道发展，重点实验室要对学科培育和领域拓展的情况进行不间断的检查评估，及时反馈学科建设信息，以便上级和管理机构对学科培育和领域拓展实施动态管理，对各相关单位的学科培育和领域拓展发挥督促作用。对学科培育和领域拓展这项工作的检查与评估，首先要制定评估标准。要依据国家学科评估的标准，结合军队院校的具体情况，制定科学规范的评估标准。其次要成立检查评估组织。检查评估组织应由相应学科知名专家组成。要有计划地组织他们学习评估理论，熟悉评估标准，掌握评估方法，端正评估作风，保证评估工作的公平、公正，真正发挥检查和评估对学科培育和领域拓展的促进作用。再次要科学确定评估频率。评估的周期长短要适当，评估的方式要灵活，可采取年度进度评价、项目验收评价为主、随机评价为辅的方式。另外，要使评价涉及学科培育和领域拓展的方方面面，涵盖学科培育和领域拓展的全过程与全方位。

要注重发展检查评估的军事导向。军队科研院所学科建设的评估有其特殊性，应树立正确的导向，突出战斗力标准，强化军事特色和对战斗力的贡献。"以我为主"来构建水平与贡献相统一的学科评价指标体系。比如，在重视规模的同时更加注重质量，适当加大平均质量类指标权重；在注重水平的同时更加重视贡献，加大战斗力贡献指标权重；在加大开发办学力度的同时更加注重为部队服务，把"是否姓军为战、是否围绕打赢、是否以提高战斗力为中心"作为评估的重要指标，增加成果转化和解决部队问题等指标权重，进一步突出学科建设的军事特色。

4．完善奖励机制

对在学科培育和领域拓展中取得重大突破的人员实施重奖，鼓励大家围绕学科研究方向大力创新，勤于研究，调动全体研究人员的科研积极性。表彰在学科培育和领域拓展中涌现出的典型，创造一种争先创优的良好氛围。对按期完成建设任务、经评估质量最优且经费使用科学合理的单位进行表彰，营造一种勤俭建设的良好风气，增强建设中的效益观念。完善奖励机制的重点是制定公平公开的奖励标准及实施细则，严格按奖励标准与实施细则落实各项奖励，充分发挥群众的监督作用。

国防科技重点实验室是以知识的传播、创造、应用为中心，以高水平的科研成果和培养高层次专门人才为目标，对社会、经济和科技的发展起重大作用的创新平台。学科是一定科学领域或一门科学的分支，是相对独立的知识体系，它随着人类认识的深化，不断丰富、发展和变化。学科具有鲜明的认识、改造自然和社会的功能，具有发展科学的功能。建设国防科技重点实验室，提升知识创新能力与水平，必须重视学科，尤其是特色优势学科建设。

本章小结

在分析学科内涵和学科建设主要内容的基础上，结合功能使命，重点分析了国防重点重点实验室学科建设的目标定位，指出以国防科技重点实验室为代表的国防特色创新平台学科建设，应结合军队学科建设的特殊性与一般学科的共性统一考虑，应该从军队现代化建设和军事斗争准备需要出发，根据部队人才建设和武器装备发展的特殊要求，充分考虑军事知识创新的特点和国防科技与武器装备建设的实际需要，突出当前急需的主战武器装备和对未来作战有较大影响的学科，调整学科力量配置和建设力度，建立多渠道、全方位、立体式、开放型的、具有军事特色的学科；结合其他重点实验室知识创新和学科建设实际，论述了学科建设在知识创新中的地位与作用，国防科技重点实验室必须注重加强实验室的学科建设；在总结经验的基础上，指出国防科技重点实验室加强学科建设，必须正确处理传统学科建设与培育新学科、学科自身结构与学科群结构、学科建设中的硬件与软件、学科带头人与学术梯队等四个方面的关系；结合重点实验室学科建设中存在的问题，着眼解决问题，提升知识创新能力与水平，从转变思想观念、创新研究方向、优化队伍结构、加强条件建设、完善组织管理等五个方面，深入详细论述了国防科技重点实验室加强学科建设的方法与途径。

第 6 章

国防科技重点实验室知识创新
文化培育

● ● ● ● ● ● ● ●

创新文化是推动知识创新和国家级重点实验室创新发展的动力源泉，是实施创新驱动发展战略的重要举措。培育创新文化，能够内塑精神、外树形象，进一步提升包括国防科技重点实验室在内的各创新平台的软实力和核心竞争力，为实验室的建设与发展、知识创新效率的提升积蓄力量。在实施知识创新工程的过程中，必须重视创新文化的建设与培育，切实采取措施促进执着追求、锲而不舍、容忍失败、沟通合作创新氛围的形成与发展。

6.1 实验室知识创新文化的内涵、特征及其构成

国内外学者从不同角度对创新文化进行了探讨。有学者把创新文化归结为一种环境氛围，有学者把创新文化归结为一种行为方式，有学者把创新文化归结为一种价值观、行为模式、符号等方面的复合体[102]。这就启示我们对于什么是知识创新文化的回答，绝不仅仅是一个概念界定所能完成的，需要从多个角度出发全面认识和把握。

6.1.1　实验室知识创新文化的内涵

认识知识创新文化，显然以认识创新文化为前提，而后者又取决于对创新和文化的理解。

1. 文化

对于创新，前面有过专门论述，这里不再赘述。那么什么是文化呢？ 文化（Culture）一词起源于拉丁文的动词"Colere"，意思是耕作土地，即对土地的保护、耕耘及植物的栽培，后来逐步引申和扩大为对人的培养、教养，或表示人类应有的修养等。到今天，人们提到的文化，有广义、狭义和中义之分。广义文化包括人类精神活动的方式及其成果和实践活动的方式及其成果。也就是说，地球上本没有文化，自从有了人类及其精神活动和实践活动，文化便相伴产生。所以，文化即是人化，可见其内容之博大精深。狭义的文化仅指社会意识形态，包括道德、宗教、哲学、文学艺术等。中义的文化则把人们活动创造的物质成果排除，具体指社会制度、生产方式、风俗习惯、人际关系、价值观念、道德标准、行为模式、科技知识、文学艺术、哲学、思想、信仰等。可以看出，通常意义上使用的都是中义层面的文化。

2. 创新文化

由于文化概念本身的复杂和抽象性，我国学术界对于创新文化还没有十分一致的理解。水常青和许庆瑞先生在比较研究了若干国内外学者的创新文化定义后，给创新文化下的定义是："创新文化就是指能够激发和促进企业内创新思想、创新行为和创新活动产生，有利于创新实施的一种组织内在精神和外在表现相统一的综合体，主要包括有利于创新的价值观念、行为准则和制度等。"可以看出，这是从企业角度出发给出的界定，揭示了创新文化激励和培育创新的功能与作用。学者金吾伦教授认为：创新文化是指与创新实践有关的文化形态。它主要涉及两方面的内容：一是文化对创新的作用；二是如何营造有利于创新的文化氛围[103]。这里所涉及的创新文化是指有利于创新的价值观、理念、态度及风尚。学者王汉林指出：创新文化是指在技术创新领域，通过营造自主创新的文化、环境和氛围，激发创新主体进行技术创新，其实质是科学精神与人文精神的融合。

综上所述，创新文化是以"创新"为内核的文化体系，是崇尚、激励、保障创新、宽容失败的价值观、理念、制度、环境和氛围，是在创新活动中产生的与整体价值准则相关的群体的创新精神及其表现形式的总和。创新文化从体现出的内容来看，可以分为观念文化、制度文化、行为文化。创新文化的实施主体包括国家创新、组织创新、企业创新和个人创新。

3．知识创新文化

显然，知识创新文化是指与知识创新有关的文化形态。基于前面的分析，可以这样界定知识创新文化。知识创新文化是在特定的文化背景下，在知识创新实践中形成的有利于知识创新的思维方法、价值观念和行为规范等一系列文化要素的总和。从知识创新形成发展的过程看，知识创新文化是在知识创新活动过程中产生的，与知识创新有关的一切因素，包括观念文化、制度文化和物质文化。综合理论界研究成果，一般认为，创新文化有如下内涵。

一是鼓励冒险。创新文化是组织内一种奖励创新和鼓励冒险的文化[104]。不难理解，作为创新中的一种，知识创新文化中崇尚冒险是一个重要特质。在这种文化中，不仅个体具有明显的探索和冒险的倾向性，而且这种文化也鼓励、支持其他成员探索和冒险。

二是宽容自由。"自由是科学进步的前提，宽容是自由的保证"。[105]宽容是指允许别人自由行动或判断；耐心而毫无偏见地容忍与自己的观点或公认的观点不一致的意见；对别人个性的宽容，对创新失败的宽容等。宽容是一种事前或事后预设的对失败的免责和容忍，并不是无原则地逃避责任。自由民主的氛围可以激发科研人员的创造性思维，促进新思想、新观念的出现。

三是允许质疑。创新从本质上讲，必须是超出了原有理论、知识、策略的思想。因此，创新的原点便是质疑，只有对一件事物产生质疑，方能开始进行相关的创新。如果没有质疑的因素，便无法发生创新的行为。这就启示我们，国防科技重点实验室培育有利于知识创新的文化氛围，就必须注重构建敢于挑战、勇于质疑、奋发向上的环境。

需要说明的是科学创新文化的内涵是随着人类在社会实践中对其意义认识的不同而发展变化的，科学创新文化应该是以科学创新为核心而构成人的思想和行为得以进行的内在和外在的特质和条件。无论是个人心理性质的，还是属于集团的超个人的性质，无论是物质的还是精神的，所有这些能使科学创新得以实现的条件和环境，以及活动和活动延续中而形成的相对稳定的结构形式，都是科学创新文化的表现形式。

4．国防科技重点实验室知识创新文化

在前面一系列概念论述的基础上，可以给出国防科技重点实验室知识创新文化的定义。它是指国防科技重点实验室的所有人员共同进行实验室的相关活动，在活动中建立相应的结构文化，旨在实现统一的理想、信念，并且拥有相同的行为规范。可以看出，国防科技重点实验室的知识创新文化是实验室文化中的一种，是存在于实验室中一种激励实验室创新的文化氛围，是实验室中有利于开展创新活动的价值观及其表现形式的总和[106]。国防科技重点实验室的知识创新文化是一个由精神层、制度层、行为层、物质层等构成的多层次系统，各个层面是和谐统一、相互渗透的，这其中精神层也就是观念的创新文化是知识创新文化的核心，对国防科技重点实验室的创新文化起着决定作用。

6.1.2　实验室知识创新文化的特征

通过上述对知识创新文化的理解分析，结合学术界的研究成果，包括国防科技重点实验室在内的所有创新平台所开展的知识创新，从文化层面讲，都具有以下特征。

1．先进性

这是知识创新文化最显著的特征。这种先进性，既是由知识创新文化的特质决定的，也是由知识创新文化的内容决定的。创新是改变、更新或者制造新的事物。这里首要的是一个"新"字[107]。顾名思义，领先，前所未有是创新特质。作为创新中最基础、最领先的知识创新，相对于技术创新、制度创新，其文化先进性的特征更为典型与突出。

当然，知识创新文化的先进性还是由其应有的功能决定的。正如前面所述，创新既是知识创新与生俱来的使命，也是知识创新的生命所在。在知识创新的过程中，敢于打破常规和标新立异，才能有新的发明或创造；没有批判继承，没有推陈出新，就没有发展。为此，创新文化培育就是要培育和鼓励不断探索、持续超越的精神与意识，就是要树立能够不断提出原创性知识与思想的最高价值取向。

2．求真性

知识创新文化要以实事求是为基础，理论联系实践，脚踏实地，践行务

实的精神，不断追求真理。这应该是科学创新文化最本质的特征。包括知识创新在内的所有科学研究都是追求真理的实践过程，其出发点与落脚点是探究自然现象背后的客观规律。创新文化表面上是一种求新文化，但求新的本质是求真，知识创新精神的核心也是求真，求真是创新知识得以产生并赖以生存和发展的基础，创新的过程就是不懈地追求真理的过程，创新的价值就在于逐步发现、逼近真理，求真又是科技工作者的神圣使命和职责。

3．复合性

实验室创新文化是由包括各个实验室知识创新的价值观、文化氛围、激励制度等在内的多种文化要素复合在一起构成的，在很多时候往往不是一个方面、一个领域的现象，也不是孤立的。这是从其构成上分析。从其形成发展来分析，也是能够体现出复合性。实验室创新文化，不仅包括各个实验室在长期研究过程中自身积累的特有的文化要素，也包括在发展过程中，从其所处环境中，包括依托单位、友邻单位，甚至整个社会中，吸收借鉴有利于自己知识创新的因素。

4．功利性

知识创新实践活动，尽管不像技术创新那样拥有很强的目的性与功利性，但作为人类一种有意识的活动，其同样具有功利性。从根本上讲，包括国防科技重点实验室在内的各个创新平台积极从事知识创新文化的培育，是为了提高自身知识创新能力，以获取更多的知识创新成果，进而增强自己在基础研究领域知识创造和人才培养的能力，提升与同行的竞争力，以获取更多的项目，更大的发展。

6.1.3　实验室知识创新文化的构成

知识创新文化是知识创新实践中所创造出来的各种认知、观念、价值的总和。不难发现知识创新文化是一个复杂的系统，根据理论界对文化的通常划分方法，把知识创新文化分为物质文化、制度文化和精神文化三个层面，来进一步深入认识和把握。

1．物质文化

理论界提到物质文化，更多是以大学或者企业为研究对象，专门针对重点实验室的还不多。借用理论界关于大学物质文化的界定，可以这样界定重点实验室物质文化[108]。所谓重点实验室知识创新物质文化，是指实验室创新文化在物质层面上的体现，是群体价值观的物质载体，是制度文化和精神文化的外在表现形式。它不仅包括实验室建筑、网络图书、仪器设备及公共空间，而且应该包括学科结构、专业体系、研究人员队伍等。也就是说凡是能承载并反映实验室的物质存在的都是大学物质文化。显然，这是广义上的实验室物质文化。

本书中研究的是狭义上的实验室知识创新物质文化，也称器物文化，由实验室的环境、实验室的标识、实验设备、工艺操作等物质性内容组成，呈物质形态的文化。可以看出，它是实验室创新文化的物质载体，也是将实验室的精神文化、制度文化展现给实验室外部人员的最直接层面。从培育角度讲，实验室知识创新物质文化的建设更加贴近实际、贴近创新的文化价值观，要构建形象和优美的实验室外部环境、独特的建筑风格和宽松的办公环境，营造宽松、和谐、自由、明快、开放的创新氛围，建立良好的人际交往关系。当创新主体感受到这些具有浓郁创新文化气息的时候，就能够激起员工产生自我勉励、奋进和创新的热情，全神贯注地进行创新，发挥自己的聪明才智，使自己更好地融入团队进行创新。

2. 制度文化

实验室中的制度文化就是实验室以体制、机制、政策、规章等确定的制度环境，它对实验室成员的思维、言行方式及生活行为习惯具有引领、约束和定型的作用。可以看出制度文化是在有形的制度中渗透的文化，是被群体认同的价值取向和具有操作性的行为准则。制度文化是由三个层面构成的：一是传统、习惯、经验与知识积累形成的制度文化的基本层面；二是由理性设计和建构的制度文化的高级层面；三是包括机构、组织、设备等的实施机制层面。其中，制度文化的基本层面是一个自生自发的规范层面，反映着价值观念、道德伦理、风俗习惯等文化因素。制度文化反映着一个社区、一个社会、一个国家经法律制度确认的政治、经济、社会、文化等正式制度层面。制度文化的基本层面与高级层面相互统一与协调一致，是实现制度文化功能的关键[109]。

实验室知识创新文化中的制度文化，从形式上看，是由若干规则、章程、条例、程序等组成的管理条文，实质却内含着企业的价值取向，反映实验室坚持什么，反对什么；张扬什么，抑制什么的文化导向。从鼓励知识创新角度讲，制度文化建设应体现公平、公正、效率、科学、严谨、理性、合理、人性的价值理念。知识创新文化中，最具代表性的当属知识产权制度。知识创新中专利知识及在其基础上发展起来的知识产权制度就是围绕着如何维护知识拥有者、智力资源创造者的合法利益，调动他们的积极性，推动知识创新并最终实现经济的增长而产生的形态，适应了知识创新成果的制度合理化诉求。

3．精神文化

精神文化就是包括国防科技重点实验室在内的各类创新平台所倡导并确立的价值观念、信仰追求、道德情感等思想和心理环境，是对实验室全体成员共同价值观的形成具有指导作用的无形力量。精神文化是知识创新文化体系的核心和精髓所在。精神文化有时也被称为观念文化，是以意识形态和理论形态方式存在的文化，是被人化了的文化的最深层次，是人们在生产实践和生活实践的过程中形成的思想体系，是知识创新的价值尺度[110]。基于精神文化在知识创新文化体系中的核心地位，有必要从以下几个方面，深入认识和把握它。

一是价值观。这里讲的价值观是实验室创新文化所指的价值观。重点实验室价值观是实验室关于创新应遵循内在尺度的基本看法，是一个实验室在长期的创新实践中所形成和遵循的基本信念和行为准则，是实验室全体成员对自身存在和发展的意义、对科研人员和实验室外部活动对象的态度等问题的基本观点及评判组织和内部科研人员行为的准则。一般而言，"务实、创新、卓越"构成国防科技重点实验室创新文化的核心价值观。

二是思维方式。实验室作为重要的创新平台和基地，其基本职能之一就是知识创新，为科学理论的诞生和重大发明的发现提供准确的数据。实验室创新所需的思维方式是创造性思维方式，具体是求异、置疑、批判。具体而言，求异思维是一种自觉打破常规的思维习惯，突破经验的束缚，从而有所创见的思维方式，这种思维具有典型的创新性，科学发明、发现最离不开这种思维方式；置疑就是一种不盲从的、谨慎的怀疑精神，批判是对错误理论的批评和纠正。置疑和批判是相互联系的一对概念，置疑是批判的基础，批判是质疑的结果。它们在实验室创新和科学研究中都起到重要作用。

三是个性心理。实验室的工作是从事科学研究，科学研究是一项艰辛的工作。许多大的发明发现，都是经历了苦苦思索、无数次实验方得以成功。所以，实验室创新同样离不开勇于探索、坚韧不拔的意志。勇于探索、坚韧不拔就是要求科研人员在科学研究中不怕困难，敢于突破常规研究领域，持之以恒，不为一时成败论英雄，失败时不气馁。

四是行为方式。行为方式是精神文化的外在表现形式，通过知识创新主体的言行举止直接体现出来。价值取向是精神文化的重要内容之一，是人们选择行为方式的准则，即人们在特定的环境下被要求如何行动、如何思考、如何检验。在知识创新中，创新主体的行为方式具体受行为规范、行为准则限制和约束。包括国防科技重点实验室在内的创新平台必须注重知识创新中行为规范和准则的构建。

重点实验室知识创新文化是以上三个层面文化的有机结合，其中物质文化是基础，精神文化是核心，制度文化是保障，它们既独立发挥作用，又相互依赖、相互强化，不可分割。

6.2　重点实验室知识创新文化的功能及培育的意义

知识创新是人运用自身力量，创造知识、改变世界的活动，是推动生产力发展与社会进步的重要因素。知识创新文化则是知识创新的文化形态，它一方面生成于知识创新过程，另一方面又作用于知识创新实践。加强重点实验室知识创新工程，必须在全面认识知识创新文化内涵特征的基础上，充分认识其功能及培育意义。

6.2.1　知识创新文化的功能

重点实验室知识创新文化作为一种深层文化，是一个复杂系统，一般而言对知识创新实践具有导向、激励、凝聚和约束等功能。

1．导向功能

现实实践中，任何个体的行动总是受其思想意识支配的。知识创新作为人们有目的、有意识地探索规律的一种认识活动，同样离不开价值观念、人生理想的引领，科学态度、科学理念的导航。具体而言，各个实验室的知识创新文化对各自实验室知识创新活动具有的导向功能体现在以下两个方面。

一个是价值导向作用。这是就知识创新文化中价值观的功能而言。任何一个主体做什么、为什么做，以及如何做等都离不开价值观念的引导。重点实验室知识创新，创新什么、怎么创新同样受实验室文化，尤其是知识创新文化的引导。这一引导就是知识创新文化的价值导向功能。实验室研究人员在研究中有着各自的努力方向和目标，而知识创新文化能够引导研究人员开拓思维、积极创造，并能引导研究人员将个人的价值实现和整个实验室的愿景达成相结合，能够把实验室全体人员的聪明才智引导到实验室致力实现的共同创新目标上来。另一个是目标指引作用。实验室知识创新目标是实验室维持创新活动的指示灯，对整个实验室的创新活动具有指引作用。在实验室知识创新文化的指引下，实验室研究人员，包括各个研究方向根据自身实际情况，去规划符合整个实验室发展的创新目标。

2．激励功能

怎样才能做到最大限度地激励或激发人的创造性，将人的潜能最大限度地激发出来，并能够发挥到极致，这显然是知识创新文化必须回答和解决的核心话题。实验室知识创新文化的激励功能表现在，通过一定的刺激，促进从事创新活动的研究人员认识到自身价值的实现要以实验室价值实现为基石，进而内在激发员工的积极性和创造力。也就是说，知识创新文化就是要让实验室全体成员认识到只有通过自己的创造性活动和创新性成果，才能充分实现自身的人生理想、境界、目标和价值，进而在此基础上实现由外在的"要我创新"变成内在的"我要创新"。

实验室知识创新文化激励功能应侧重在以下几个方面来进行。一是尊重激励，即坚持人人平等，珍惜每一个研究人员的劳动成果，营造出宽松和谐的创新氛围，使大家心情舒畅，团结一致从事创新。要给予每一个研究人员充分的创新自由权，为每一个研究人员提供便捷的知识创新通道，使他们发挥才能。二是荣誉激励。对于获得突破的研究人员要给予奖励，包括但不局限于给予荣誉证书或荣誉称号、给予破格提拔和晋升的机会等。通过这种方式，发挥榜样力量引导，鼓励更多的人投入知识创新的活动当中，形成人人谋创新、人人尊重知识的良好氛围。三是情感激励。这主要是针对管理者而言，即要营造在生活上主动关心、照顾人的氛围，真心实意为创新人员的工作和生活提供实质的帮助，让他们找到归属感。四是目标激励。制定切实可行的长远计划和短期计划，使创新主体明确自身的发展前景，鼓励创新人才有意识地朝着知识创新的目标努力，最终实现自身乃至整个实验室的目标定位。

3．凝聚功能

知识创新作为人类有目的的创造性活动，是人类各种能力和活动方式有机协调和综合运用的过程，是创新者对创新对象及所涉及的知识和社会的多重关系进行独特的解读、组合、集成的过程[111]。从中不难体会研究人员要将创新过程坚持到底，仅凭个体的天赋、知识、经验积累是远远不够的，还需要人类所特有的强大的精神力量的介入与支撑。知识创新文化可以将实验室既有的有限资源紧紧凝聚在创新任务上，同时吸引创新人才以各种有效方式和途径，支持、参与各种知识创新活动，奉献自己的聪明才智。这就是知识创新文化凝聚功能的体现与反映。

重点实验室培育创新文化的过程中，增强凝聚功能就是要尊重研究人员的自由探索和首创精神，鼓励和激励人员通过创新努力实现个人价值，让其以个人成就展现自己；提倡团队合作，建立学习型组织，创造条件充分发挥科技人员的聪明才智和想象力，发挥他们的集体智慧和团队精神；就是要努力凝聚并弘扬科学精神和人文精神，帮助广大科技工作者树立远大思想，确立科学态度，培育科学情怀，为创新提供强大的精神动力，使创新得以发生、坚持下去直至实现辉煌的目标。

增强知识创新文化凝聚功能关键是还要建立一套机制，使实现个人价值与群体创造有机地协调、结合起来，形成有凝聚力的共同体，并保持群体间互相协作，共享信息和知识，减少并消除内耗的制度和方法，从而使知识创新顺利进行。

4．约束功能

知识创新文化的约束功能是指创新主体在实验室文化所蕴含的共同价值观念、行为规范下，规制、约束、控制创新行为，使其符合科学发展方向和实验室创新目标，从而最大限度提升知识创新效率，尽最大努力降低知识创新成果的负效应。可以看出知识创新文化的约束功能是内化在群体意识之中，是一种软约束，它能造成强大的内心信念，使创新主体在知识创新过程中产生心理共鸣，进而自我调整、控制自己的行为和态度，自觉做到有利于知识创新的事多做，不利于知识创新的事不做。虽然这种约束不是强硬的、死板的制约和被迫服从，但内在的自我服从，更是一种强大的文化软约束。

从近代人类文明演进过程可以看出，知识创新文化与知识创新相互需求、互动共进。一个国家或集体思想文化守旧、创新活力丧失，往往面临着在竞争中出局的危险。因此，重点实验室必须加强创新文化培育，在整个实验室营造崇尚创新、勇于创新、激励创新和保障创新的理念、价值观、制度、环境和氛围，充分发挥知识创新文化在知识创新中的导向、凝聚、激励和调节功能，不断提升重点实验室知识创新的能力与效率。

6.2.2 知识创新文化培育的重要意义

重点实验室创新文化是实验室创新的灵魂，是实验室内部特有的价值观，是实验室的信念，可以指导实验室的活动、行为及制度[112]。无论是从理论层面，还是从实践角度，包括国防科技重点实验室在内的各类创新平台都必须重视加强知识创新文化的培育。

1. 理论意义

上节论述的创新文化所具备的导向、凝聚、激励和调节四个方面的功能，其实已经从理论层面回答和解决了重点实验室加强知识创新文化培育的重要意义。概括来讲，包括国防科技重点实验室在内的各类创新平台加强创新文化建设，可以激发创新平台知识创新活力。这既体现在加强实验室知识创新文化建设，对于提高整个实验室人员的创新意识，增强创新信念、动机和兴趣，倡导创新精神，培育崇尚创新、敢为人先、敢冒风险、勇于竞争和宽容失败的环境，激发实验室科研人员的创新热情具有十分重要的作用，也体现在通过建立健全激励创新的制度和政策体系，为实验室科研人员开展知识创新活动营造一个良好的工作条件和环境，更好地激励科研人员提出新见解，开拓新领域，创造新事物，多出科技创新成果，进而不断提升重点实验室知识创新的能力与水平。

2. 现实意义

这里主要想分析培育知识创新文化有利于克服中华传统文化对知识创新的负面作用。以儒家学说为核心的中国传统文化，一向视服务社会、献身国家为人生最高价值目标：追求崇高思想品德，向往理想人格，强调刚健有为、自强不息、百折不挠的人生态度和立身精神[113]。显然，实验室知识创新应该继承和发扬这种优良传统。在肯定积极因素的同时，也要看到，受传统文化影响，在包括国防科技重点实验室在内的不少创新平台知识创新实践中，还存在着不少限制、压抑创新的文化因素。

传统文化中不利于知识创新的文化因素主要有以下几方面。一是实用主义，具体表现为功利主义学术价值观、排斥异端的中庸之道，以及重辩证综合轻逻辑分析、重思想统一轻精神独立等思维传统。显然这种实用主义对包括重点实验室在内的所有创新平台的知识创新能力有极大的负面影响。二是近亲繁殖。中国传统社会是以血缘关系为基础的宗法家族制社会，在这种关系网络社会里，集团之间的争斗激烈，转移了创新的注意力，也消耗了创新的能量。在学术上由于"师道尊严"等，重视"师承"的传统影响，讲究一脉相承，因而具有很大的封闭性，形成了知识面狭窄、知识结构不合理、排斥异己的弊病。这样必然妨碍彼此的思想碰撞和相互启发，阻碍了创新活动的开展。三是崇拜权力。就是官本位思想，表现在知识创新实践中，就是容易崇尚权威，愿意当"首长"，不愿意当"专家"。这不可避免会导致创新资源向行政领域流失，影响创新效率。还有就是传统的思维方式只重整体，而缺乏精确化的分析；重实践而疏于理论的创造；重内省而只讲意会不求言传；重辩证而略于形式推理。显然，这些都不符合科学发展的要求，不利于知识创新。

上述消极因素，严重影响和制约了知识创新效能的提升，包括国防科技重点实验室在内的各类创新平台必须注重通过培育创新文化，限制及至消除这些因素的消极影响，营造有利于知识创新的良好氛围。

6.3 国防科技重点实验室知识创新文化培育对策措施

知识创新文化培育，就是通过采用有助于知识创新的价值标准，不断改造实验室的价值观、思维方式、行为模式及相关制度，形成更加有利于知识创新氛围的过程。正如其构成一样，知识创新文化的培育也是一个复杂的系统工程，可以从以下三个层面把握其培育的对策措施。

6.3.1 观念文化培育

观念文化作为创新的意识形态，是创新价值观最直接的表现形式，决定创新实践活动的走向，是知识创新文化建设的核心和灵魂。包括国防科技重点实验室在内的各创新平台应该着重从价值观念、思维方式、道德品质三方面入手，加强知识创新观念文化的培育。

1. 创新价值观念培养

价值观念有个人与社会之分，知识创新文化培育中的价值观念更多是指社会价值观。正如美国学者李克特在其《科学是一种文化过程》一书中指出："科学对于自然环境的特殊依赖关系意味着科学知识的内容在原则上是由超出了人类控制的力量和条件所决定的。社会可以激励科学，或者阻碍科学。当社会激励科学时，它可能更强烈地激励着其中的某些科学的发展。可是，在原则上社会绝不可能决定科学知识的内容，因为这些内容由对自然的观察来决定。不过社会价值观对于事实上阐述哪些内容和放弃哪些内容有着影响，所以即使对自然的观察是科学的，最终的阐述中也会有某些非科学的成分。"[114]当然，这里李克特是针对科学在说，但显然也是适应知识创新的。具体而言，在知识创新文化培育中，应该注重培养与树立以下共同的价值观念。

1）崇尚创新

崇尚创新就是树立创新只有第一，没有第二的价值观，坚持科学精神和科学理念，不畏世俗，不惧权威，勇于对未知的领域进行探索，强调原始性创新，鼓励研究人员跳出原有的认知范畴和传统的思维范式，勇于独辟蹊径，提出独到的见解，取得原创性成果。实践一再表明，知识创新越来越成为当今社会生产力解放和发展的重要基础与标志，越来越决定着一个国家、一个民族的发展过程。如果不能创新，尤其是不能从源头上推进知识创新，一个民族就难以兴盛，难以屹立于世界民族之林。崇尚创新要求在知识创新中，要有敢于破解世界难题的勇气和信心，发挥顽强拼搏、锲而不舍的精神和韧劲。

2）求真务实

求真就是要坚持科学的态度，运用现代科学的方法，尊重科学内在的价值和规律，严谨治学，追求真理。由于自然界的各种事物具有无比复杂的内部结构和无限丰富的外部现象，因此在探索科学真理和知识过程中，人们只有通过各种形式的实践与认识活动，才能逐渐建立精确的公式、定律，形成严密的科学理论。如果没有严谨的品质和作风，是很难获得重大发现的。务实就是要尊重实际、注重实干、讲求实效，就是要务实求变、务实求新、务实求进。求真务实归根结底就是实事求是，力戒浮躁，杜绝虚假。没有求真务实精神，人类社会就不能发展。务实的过程是反对作伪的过程，弄虚作假的伪善行为是务实的大敌。

3）平等自由

心理学研究表明，创新、创造是人的基本潜能，而身心自由则是创新潜能得以实现的基本条件。因此，重点实验室要注重在整个实验室倡导民主自由的科学氛围，倡导宽容和多样化，尊重不同意见，保留差异性。

爱因斯坦认为："科学进步的先决条件是不受限制地交换一切结果和意见的可能性——在一切脑力劳动领域里的言论自由和教学自由。"也就是说，在爱因斯坦看来，取得科学成就的基础就在于这样的学术自由，只有自由的个人才能做出科学发现和知识创造。自由探索不仅体现了追求真理和知识的执着精神，而且体现了追求过程中所采取的自由开放和独立思考的学术态度。美国普林斯顿大学之所以能在诺贝尔奖 100 多年的历史上培养了众多获奖者，一个重要的原因就是它拥有一个能让科学家们完全自由地从事科学研究的学术氛围，一个充满宽容与关爱精神的文化环境。由此，重点实验室在开展学术讨论时，要坚持真理面前人人平等原则，要尊重学术自由，提倡学术争鸣，提倡理性质疑，不受地位影响，不受利益干扰，不受行政干预。正如有学者所说："只有充分重视每个理论研究者的个性，容忍各种不同的研究风格的自由发展，理论创新的激情才能真正地喷涌出来。"[115]

以世界知名的卡文迪许实验室为例，在实验室创建之初，第一位实验室主任麦克斯韦就指出，自由而充分的讨论使物理学上能够有发现和创新。据此他要求大家克服狭隘的专业知识的局限性，进行交流，汇集群体的智慧。在实验室，研究人员采取讨论会、喝茶会、漫谈会等形式，不分题目，自由发言，交流研究情况，学术思想非常活跃。直到 20 世纪 30—40 年代，它一直被人们看成物理学的圣地。总之，宽松自由的学术环境，没有傲慢的权威意识，人人能够平等地展开严肃的学术争论，才能促使创新意识不断出现。

4）鼓励冒险

"在科学的入口处，正像在地狱的入口处一样，必须提出这样的要求：'这里必须根除一切犹豫；这里任何怯懦都无济于事'。"[116]马克思在这里揭示了科学研究中鼓励冒险的重要性。冒险，是一种自觉面对困难和艰险而无所畏惧的勇敢行为。在知识创新中，冒险即敢闯研究领域"禁区"，不迷信前人，不迷信权威，敢走前人没有走过的路，在各种风浪和考验面前充满自信的精神。回顾科学发展、知识创新史，不难发现只有敢于冲破旧传统的束缚，敢闯科学"禁区"的人，才可能取得开拓性的成就。

任何创新，也就是突破前人，都源于"疑"，质疑是探索的起点。不断质疑进而释疑，就是创新的过程。没有冒险精神，就没有知识创新。重点实验室培育知识创新文化，就是要在实验室树立敢为天下先的创新胆略和魄力，革除盲目崇拜、循规蹈矩、墨守成规等思想观念，树立现代科学的思想和方法，鼓励大胆尝试。

5）宽容失败

知识创新需要冒险精神，需要"自以为是"，这意味着在研究过程中，难免失误和失败。因此，知识创新中，应宽容失败，应给予失败一定的地位。宽容是对对方的一种尊重，有时它更是一种力量，宽容是科学创新文化的重要价值观。科学需要宽容，因为只有在宽容的学术氛围中，原创思维才可能得到鼓励，人们才能得到更多的社会信任和自我尊严，更容易把创新视为己任，使潜能自然地释放出来。

创新是探索未知，没有先例可循，失败的可能性更大。因为并不是每一个创新思想都有实际价值，正如杨振宁指出过的学术上的思想、见解"能有10%是正确的，就是非常了不起了！"由此可见，创新之路异常艰辛，重点实验室在创新文化培育中，要注重培养、树立失败是成功之母的观念，正确对待失败。

6）协同发展

包括国防科技重点实验室在内的创新平台在观念文化培育中，除了上述几个方面因素之外，还需要注重培养、树立协同发展意识。之所以强调这一点，是由人类认识世界的客观规律决定的。

知识创新的客观世界具有无限的发展性和复杂的联系性，因此人们对它的把握也必定是无限的，不可能一次完成。个体往往只能首先认识呈现在他面前有限空间和时间中的有限事物，不可能对无限的事物及其深藏的本质一览无遗。也就是说，个体认识的时空局限性在某种程度上讲是不可避免的。克服个体认识局限，形成真理性认识客观要求协作，形成合力，也就是要借鉴、吸取他人的认识成果，依靠他人的帮助。某种程度上讲，协作精神对知识创新和知识创新从事者来说，必不可少。

另外，重点实验室知识创新往往集中于交叉学科、边缘学科，前沿性、复杂性、综合集成性明显。要出创新成果，就要求在尊重科技工作者的个性，鼓励研究人员充分施展个人的聪明才智的基础上，着重培育研究人员的协作精神，倡导科技工作者之间的团结协作，反对个人主义、门户主义、小团体思想，鼓励不同学科之间的相互协作，合力攻关，共同发展。现代研究也表明：在发明创造中，一个项目单靠个人完成，成功的可能性要小一些，靠集体分工来协作完成，成功的可能性非常大，集体讨论比个人思考效率也提高了很多。正如有的学者指出的，目前，在我国，特别需要加强科研人文环境建设，要创造一个科学团体内部，不同学术思想，通过竞争、优化、融合形成有团体精神、协作精神、宽容精神的集体创新体系[117]。

总之，知识创新的成败及效率与知识创新主体，即从事知识创新活动的人的价值观密切相关，主体的信仰信念、人格等都会影响到知识创新效率。包括国防科技重点实验室在内的创新平台，在知识创新文化培育中，必须注重培养研究人员强烈的创新欲望，求真务实、严谨治学的品质，协作与宽容的态度，以及坚韧不拔、持之以恒的毅力。

2．创新思维方式培养

关于创新思维的界定，目前学术界众说纷纭。能够达成共识的是认为创新思维的核心内容是产生新颖、独创、有价值的思维结果，是突破旧概念、建立新概念的一种思维方式。创新思维应该贯穿科研工作的全过程，从科研课题的选择，科研工作的开展，到科研成果的总结，都需要运用创新思维。创新思维是一种能动的思维，它具有明确的目的性和针对性，有一种强烈的创造欲望。从上述共识中，可以发现创新思维有如下一些特点：敏捷性，创新思维往往表现为突发的一闪念，瞬间冒出的思维火花，偶然间获得顿悟；深刻性，就是这种思维活动中必须善于透过表象，把握内涵，揭示事物的本质和规律，预见事物的最终结果；独特性，就是要一反常规，标新立异，从新的角度、奇特的方式去思考，表现出创造性解决问题的新思路；新颖性，就是要用批判的精神，怀疑的眼光，突破老思想、旧观念，寻找新的交汇点、组合点和迁移点，从而导致新发现、新观点、新理论的产生等。这其中，独特性与新颖性是创新思维的灵魂与核心。

创新思维是个人智力的集中体现，但又与非智力因素密切相关，如个人的动机、兴趣、情感、意志、理想、信念等，即智商与情商的关系问题[118]。基于创新思维的特点和影响因素，着眼提升知识创新效能，包括国防科技重点实验室在内的创新平台在创新思维培养方面应该着力抓好以下几个方面。

1）善于观察和发现问题，激发好奇心和兴趣

知识创新和科学发展的历史证明，善于观察和发现科学问题是创新中至关重要的一环。正如爱因斯坦曾说过的"提出一个问题往往比解决一个问题

更重要，因为解决一个问题也许仅是一个数学上的或实验上的技能而已。提出新问题、新的可能性，从新的角度去看旧的问题，需要创造性和想象力，这标志着科学的真正进步。"发现问题之所以在创新中具有如此重要地位，是因为发现问题才能激发科学研究者的好奇心和兴趣。科学史上，恐怕很少有科学家是在自己毫不感兴趣的领域中取得重大成就的。

那么怎么发现问题呢？重要的是要具备合理、广泛的知识结构，丰富的实践经验，而这些显然要通过学习加以积累。在此基础上，还需要注重提高观察力。观察力是一种能力的培养，首先要由易到难，由简单到复杂，由现象到本质，循序渐进地进行；其次要及时强化，对观察的结果及时记录、及时评价，有利于激发观察的兴趣、培养正确的观察态度和良好的观察习惯，及时纠正观察中的遗漏、克服粗枝大叶的毛病；最后要持之以恒，观察力的培养需要长期进行观察活动，需要有一定的计划，养成勤于观察的习惯。没有恒心，不长期进行观察活动，观察力的提升是有限的。

总之，重点实验室要重视培养和提升研究人员的观察力以发现问题，并始终保持研究人员对知识与科学的好奇心和兴趣，使求知欲不断得到深化与升华，以持续激发创新动力。

2）把握知识创新中的想象、直觉和灵感

一个富有创新力的人必须具有三种心理素质：想象、直觉和灵感[119]。想象是对认识中的表象进行加工改造以后得到的一种形象思维，是创造的源泉。创造一开始需要想象作为向导，科学创造就是猜想，它直接触发了科学工作者的灵感和直觉，灵感是人的创造心理外在激发状态的表现，它为科学创新提供重要思路、重要启发。直觉在科学创新中的作用是寻找事物联系的功能，它和灵感密不可分，是灵感状态达到高潮之后的必然结果。

知识创新是各种心理活动的高水平的综合，是智力因素和非智力因素的最佳结合，不同领域、不同阶段的知识创新所需要的心理因素也不同。另外，研究人员也因个体的特点、素质等使创新的心理机制不尽相同，但想象、灵感和直觉对知识创新有很大作用已成为学术界之共识。因此，研究人员要在勤奋探索的基础上，积累知识和经验，保持和发展好奇心，培养善于捕捉"直觉"和"灵感"的本领，陶冶健康而丰富的情绪，培养广泛的兴趣，涉猎多种学科，这样才能打开思维；要游历于文学艺术的百花园，丰富自己的文学、语言表达能力。之所以这样，是因为想象是构建新形象的心理过程，而新形象是通过文学语言来构成并表达的。除了这些，还要注重通过不断的实践和训练，来激发和培养想象力。

3）不断突破思维定式

思维定式又称"习惯性思维"，是指人们按习惯的、比较固定的思路去考虑问题、分析问题。思维定式阻碍了思维开放性和灵活性，造成思维的僵化和呆板，使得人们不能灵活运用知识，创造性思维的发展受到阻碍。突破思维定式，就是指突破既定的思维模式、理论传统形成解决科学问题的思维方式。

众所周知，在知识创新和科学活动中，以前获得的规律和关于事物的规定性在人们进行思维时，起着一种思维定式和思维框架的作用。不可否认，这种思维框架对于知识创新和科学发现有着积极作用，但如果运用不当，将会表现为墨守成规、思想陈旧，从而阻碍知识创新的发生。这就要求在知识创新文化培育中，要培养敢于打破常规的勇气。这不仅可能带来思维方式的突破，甚至引起方法论的变革，从而可以为知识创新奠定坚实的方法论基础。在实践中，对一些问题经过长期研究之后，发现原有的思维方式无法解决问题，研究人员就要换种方法思考，突破思维定式，说不定就会豁然开朗，茅塞顿开，实现知识创新。

4）掌握创新思维方法

创新思维不是一种思维形式，而是科学抽象思维、科学形象思维和科学直觉思维的综合。在知识创新和科学研究工作中，一方面要运用抽象思维不断地分析、综合、归纳、演绎，另一方面要运用形象思维中的具象、意象进行多层次的思考，在此基础上还要对形象思维的结论进行取舍，一旦达到统一就是直觉和灵感集中活跃的阶段。概括来说，创新思维可分为两种基本方式：发散思维和集中思维。知识创新和科学研究的过程，要经过从发散思维到集中思维，再由集中思维到发散思维，多次循环，直到问题解决或得到答案。

创新思维方法很多，除了上面论述的，还有分析思维与综合思维，形象思维与灵感思维，顺向思维与逆向思维，以及群体思维法、交叉思维法、网状思维法、极限思维法、变换思维法、头脑风暴法等。所有这些，都值得我们在科学研究中借鉴和运用。

创新思维是科学发展的桥梁，虽然每个科研工作者会因学识不同、素质不同，掌握创新思维的技法不同、努力程度不同，而获得不同价值的科研成果，当然有成功也有失败，创新是探索性的活动，那么失败是任何创新活动中都可能出现的现象。但反复失败，则可能是思维方式、方法上出现问题，要提高成功率，研究人员应掌握一定的创新思维技法，即懂得怎样提出问题、发现问题，怎样提出假设并验证假设，并找到引向正确结果的途径。认真学习思维科学的基本知识，努力开展创新思维的训练和应用，学习创新思维技法，通过对逻辑思维、形象思维、灵感思维及其他创新思维方法的不断研究和实践，从而提高创造性思维能力。

3. 创新道德品质培养

"道"的本意是道路，引申为道理、做事的门道。"德"指心有所得，内心有所感悟、行为利于他人。道德是以善恶为标准，依靠社会舆论、传统习俗和内心信念来调整人与人、人与单位、人与社会及人与自然之间的行为规范的总和[120]。归结起来，道德是人类对自身需求和如何才能在社会中得以实现的理性探究的产物，其规范的是人生的基本操守。这些基本操守主要通过处世、行事和立身的践行来体现。"处世"是对人在行为中如何处理与他人的各种关系、处理与所属不同群体关系的概括。"行事"是指个体承担义务的各种社会活动，是每个社会角色不可回避的基本生存方式。"立身"专指个人对待自己的生命存在和发展的态度，是指向自我的一种操守。人具有自我意识和自主抉择的能力，使人有可能通过自我的力量把握人生，因此这种操守也是道德人生所不可或缺的方面。

道德是法规制度的补充，是一种潜在的约束力，能够引导员工由被动地遵守法规制度转向自觉行动。这是从一般意义上讲，就知识创新而言，道德主要通过以下途径发挥对创新的支撑作用[121]：微观上，个人良心深处，自觉地对创新产生深刻的认同和强烈的追求；宏观上，随着个人良心之有意识的力量不断地外化而形成习俗（包括社会舆论、社会风气和风俗习惯等），成为无意识、下意识的力量，对创新形成虽然朦胧却更深更普遍的认同和支持。这两种力量要奏效，又必须由各类法人团体特别是政府和政党，有意识地、自觉地运用经济、行政和法律的力量，从道德上对符合目的的创新给予激励和支持。然而，这种有意识的力量不仅必须依靠个人的良心自觉，特别是习俗的无意识力量，而且最终必然、必须转化和落实为后面二者，从而在微观和宏观、有意识和无意识之复杂的互补、互动中，给创新提供广泛、深厚而强有力的道德支持。因此，在培育有利于知识创新的价值观念时，重点实验室必须有意识加强道德建设。

1) 大力弘扬科学精神

"科学知识、科学思想、科学方法和科学精神，可以引导人们奋发图强、积极向上，促进人们牢固地形成正确的世界观、人生观和价值观，促进人们实事求是地创造性地进行社会实践活动。"[122]充分发挥道德对知识创新的促进作用，首先，需要大力弘扬科学精神。要弘扬科学精神，首先就要真正热爱科学，崇尚真理，努力按科学规律办事。在现实中，做到淡泊名利，刻苦追求。要自觉地抵制拜金主义、享乐主义和极端个人主义，坚持反对伪科学和封建迷信。要大力倡导优良学风，遵守职业道德，坚持严谨、严肃、严格的科学作风和实事求是的科学态度。其次，弘扬科学精神还要大力开展宣传和教育工作，使科学精神深入人心。通过普及科学知识，提高公众的科学素养，不断树立科学观念。如果广大科技工作者都能认识到自己的社会责任，用自己的实际行动去实践科学精神，就一定能够极大地遏制科学道德失范现象的发生和蔓延。

2）突出强化诚信意识

诚信，不仅本身是一种道德操守，而且它是孕育其他道德品行的基础。诚信是诚实守信的简称，其中，诚实是一种坦荡的心境的展现，是一种实事求是、不虚夸、不掩饰、用真实的力量去实现自己追求目标的选择。诚实是对他人人格的信任，是平等待人、人人间建立信任的基础。守信，是对自己承诺的践行，是尊重他人，有交往、合作诚意的直接表现。守信关系到人际关系的确立和维护，因而既是重要的又是基础性的道德要求。包括国防科技重点实验室在内的各知识创新平台要清醒地认识加强诚信建设的重要性，要坚持科学监督与诚信教育相结合，教育引导科研人员坚守学术诚信、恪守学术道德、完善学术人格、维护学术尊严；要对科研不端行为"零容忍"、树立正确科研评价导向的规定，加大对科研造假行为的打击力度，进一步净化学术环境、提升实验室科研诚信水平。

3）注重加强道德自律

道德自律是培养有利于知识创新道德的主要途径，即通过培养科技工作者的道德认识及道德人格力量，使科学工作者自觉遵守和践行道德规范。创新道德的自律性来源于追求真理的信念，没有信念或终极价值的追求，道德规范实际上也是不存在的。为此，重点实验室要注重加强道德教育，就是依据一定的道德准则和要求，有目的、有计划、有组织地对科研人员施加影响，使其能够自觉接受约束。

6.3.2　制度文化培育

根据前面论述的知识创新文化构成，制度文化就是包括国防科技重点实验室在内的各创新平台以体制、机制、政策、规章等确定的制度环境，它对师生的思维、言行方式及生活行为习惯具有引领、约束和定型的作用。重点实验室制度文化培育，就是要通过制定制度文本—运行实践—反馈修订这样一个不断循环和不断完善的过程，最终形成一个人人都自觉以其为准绳的体制、机制、政策系统，一种身在其中、离开它就无所作为的环境氛围[123]。建设制度文化，各实验室管理者需要进行系统思维，要着眼于制度文本在整体框架中的统一性和层次性，建立一套制度体系；要着眼于制度体系的导向性、激励约束力和人性化，而不能搞形式主义。结合知识创新实践，着眼军民融合深度发展，国防科技重点实验室要以系统思维的方式着重从以下几个方面加强制度文化培育。

1. 科研制度文化培育

进行科学研究，创造发明新知识、新技术，是重点实验室的基本职能。因此，科研制度文化建设得如何，能不能通过制度文化的创设，充分调动研究人员的积极性，充分挖掘创新潜能，对于提高知识创新效率，多出创新成果，多出高层次人才至关重要。包括国防科技重点实验室在内的创新平台加强科研制度文化建设，就是要求在认真研究学科发展规律、科学研究和知识创新自身规律，以及科研人才成长规律的基础上，着眼于制度体系的导向性、长效性、激励约束力和人性化，建构道德、知识、行为和业绩有机结合的科学的评价指标体系和制度体系。

在知识创新实践中，建设完善的科研制度文化，要注重运用系统思维，厘清实验室科研人员应该具备怎样的道德品质；应该遵循怎样的基本研究规范，如怎么选题、怎么研究、怎么结题、怎么发表科研成果等；如何对科研人员进行评价，评价结果如何运用，如对不合格研究人员如何惩戒，优秀研究人员如何激励等。在这样系统分析的基础上，再融入实验室的价值取向和信仰追求，着眼于这套制度体系的"导向性、自我约束力和人性化"，然后设计出比较科学的有关科学研究层面的制度文化。当然，这些制度文化还要与人事、学科建设、思想政治工作等各项制度文化建设相衔接并协调一致，这样作为科研层面的制度文化才能形成一整套运作机制。这些运作机制的不断完善和不断强化，就会逐步形成制度文化的理念和氛围，从而成为研究人员的行为习惯和模式。

2. 人事制度文化培育

人事制度文化建设需要有一个完整的制度建设框架。拥有实验室人事管理权的相关部门，要站在重点实验室学科发展、科研发展和促进知识创新的高度，针对实验室科研和行政管理等不同层次人员具体特点，从建设方针、评价机制、考核办法、培养选拔措施和晋升机制等方面系统设计相应制度。比如针对行政管理者就应该侧重清正廉洁、公平公正、无私奉献、照章办事等方面的要求，而对于科研人员则要侧重科研道德、文明、诚信、创新等方面的要求。

在建设实践中，要注重加强分配、奖惩、评价、考核等方面的制度文化设计。比如，在分配制度方面，分配手段应呈现多样化、科学化趋势，工作分析、岗位测评等手段要客观、公正、透明，把按劳分配和按生产要素分配有机结合起来，形成各种组合，分配形式多样，分配手段更丰富，有效激发创新主体的积极性和创造性。通过公平分配的制度来促进和保护人们的创新激情和创新成果，并规范创新成果，保障创新工作的有序进行；在奖惩制度方面，应本着"奖惩结合，有功必奖，有过必罚"的原则，鼓励先进，鞭策后进，论功行赏，赏罚分明，张扬创新，抑制不思进取的惰性滋长，让大批创新人才脱颖而出；在评价制度方面，要注重科学评价的完善，真正建立起匿名评审、同行评议和利益回避的良性机制，避免行政权力对评价机制的干预，改变对人才的评价模式，既重视文凭、职称，又不唯文凭和职称，以人才绩效考核为主要标准，形成一个不拘一格用人才的常态社会氛围和准则，真正为创新人才营造一个良好的制度环境。

另外，要注重确立和完善公平竞争的机制，本着"开放、流动、公平、竞争"的思路，促进各类创新机构在开放的条件下加强能力建设，在流动的前提下加强资源配置，在公平的环境下鼓励参与，在竞争的条件下择优选拔。

3．组织管理制度文化培育

主要是解决一些重点实验室存在的科研管理和科研队伍行政化问题。长期以来，行政化严重阻碍了重点实验室创新文化的建设，去除科研管理和队伍行政化是提高知识创新效能的必然选择。为此，要在深入细致的调查研究，广泛征求意见，制定针对种种弊病的改革措施，建立更加科学的科研管理体制。比如，改革课题申报评审制，积极引入购买制或奖励制，尽量减少课题立项、招标及验收过程的寻租空间，减少行政干预，使科研的自主性增加；实行更加透明的科技管理过程，加强对科研管理过程的监督，增加信息公开渠道，做到公开、公正、公平。要摒弃官本位思想，从根本上减弱科研管理的行政化色彩。革除传统等级思想，树立"服务行政"理念。如果官本位思想不能根除，去行政化最终可能是治标不治本，收不到真正效果。

另外，要尝试建立富有"柔性"的科技组织结构形式[124]，这种科技组织结构具有"扁平化""反转""网络化""无形化"等特点。"扁平化"就是指管理幅度大而管理层次少的一种管理组织形式。相对于大家熟知的"扁平化"，"反转"是一种新的管理理念，这种理念承认决定组织行为的许多信息是来自科技组织的基层科技工作者，而不是管理者。管理职能发生变化，管理是服务，而不是发号施令。"网络化"强调全部科研人员为了共同目标共享信息、紧密合作。"无形化"则强调非正式组织的积极作用，实现无形与有形的结合。总之，这种"柔性"结构的组织管理模式，可以因科研的需要迅速地做出组织策略调整，进而有效促进创新成果的涌现。

6.3.3　物质文化培育

知识创新的物质文化是与创新活动相关的工作设施、生活条件和形象标示，由优美的园区环境、便捷的信息交流、传神的形象设计、优质的后勤服务等构成的良好的环境和氛围，是一种以物态形式表现出来的表层文化[125]。实验室知识创新物质文化建设是表达实验室研究理念、彰显人文情怀、展示审美情趣、反映价值观念的无声胜有声的载体和场景，包括国防科技重点实验室在内的各知识创新平台在文化建设过程中，要充分重视这份物质文化资源，使人在与物的思想呼唤中不断体验、体察、感悟、感化。

1. 深刻认识物质文化在实验室创新文化中的基础性作用

重点实验室物质文化除了具有传播先进文化、导向激励、规范人们行为和塑造人格等文化的一般功能外，还具有熏陶与内化、审美与美育、启迪与自我教育等重要功能[126]。重点实验室加强创新物质文化建设，也就是建设高品位的文化设施和优美的校园环境，可以让研究人员在庄重、典雅、艺术化的氛围和清新、整洁、文明的环境中，实现精神与环境的完美融合，从心灵深处内化文明修养，自觉规范自己的言行，启迪创造性的思维活动，激发强烈的求知欲望，进而促进科学研究效率的提升，知识创新成果的不断涌现。重点实验室的建设者们需要深刻认识加强实验室创新物质文化建设的重要性，努力建设高品位的物质文化设施，为培养高素质的创新型人才，加快知识创新进程创造良好的文化环境。

2．构建富有内涵的文化设施

加强重点实验室知识创新物质文化培育还要建设富有思想文化内涵的基础设施。包括国防科技重点实验室在内的各创新平台所拥有的基础设施，如研究大楼、学术报告厅、图书资料室等，提供的服务是相同的，但蕴含在基础设施中的思想文化内涵是不同的。如实验室基础设施命名，有的实验室将不同的研究楼宇用 A 楼、B 楼、C 楼或者 1 号楼、2 号楼、3 号楼来简单区别，没有赋予其强烈的思想文化内涵，如"知行楼""博文楼"等。实践表明，赋予基础设施强烈的文化底蕴和思想内涵，能够感染者研究人员的思想心，潜移默化地焕发出研究人员无穷的创新活力。为此，各重点实验室要加强规划，统筹考虑实验室长远发展空间，优化设施布局，协调建筑风格，使实验室的基础设施达到使用功能、审美功能和教育功能的和谐统一，让实验室的一草一木都隐含和记载着创新精神，显示实验室的灵性，为全体人员提供宝贵的物质需求和精神养料。

3．着力打造行为过程与审美思维的和谐统一

重点实验室知识创新物质文化不仅要让人们看起来耳目一新，而且要让人们愿意在其环境生存活动，形成人景呼应、人物互动。景之美，物之美，都是在人们的运动过程中展现的。没有人的呈现，没有人的行为的延伸，任何物质文化的存在和拓展价值就失去了主体审美体验。"物质文化是人类作用于客观世界的结果，没有打上人的印迹的物质不是文化，"[127]在知识创新物质文化建设中，要注重实验室全体人员共同创造、共同研究、共同体验，通过对校园文化活动的共同参与，培养全体成员的审美思维。同时，要注重营造特定的实验室文化空间，着力打造行为过程与审美思维的和谐统一，也就是在此空间，不仅实现研究人员认知审美体验，而且有助于提升研究人员自觉学习思考的习惯，真正体现物质文化促进创新效率提升的效果。

本章小结

在界定实验室知识创新文化一般内涵的基础上，指出重点实验室知识创新文化作为一种特定类型的创新文化，具有导向、激励、凝聚和约束等创新文化的共性功能，无论是从理论层面，还是从实践角度，包括国防科技

重点实验室在内的各类创新平台都必须重视加强知识创新文化的培育。提出知识创新文化培育，就是通过使用有助于知识创新的价值标准，不断改造实验室的价值观、思维方式、行为模式及相关的制度，形成更加有利于知识创新氛围的过程，强调重点实验室知识创新文化的培育是一个复杂的系统工程，在实施中，可以从观念、制度和物质文化三个层面分别入手深入全面把握具体培育对策措施。在观念文化培育方面，指出观念文化是知识创新的意识形态，是创新价值观最直接的表现形式，决定创新实践活动的走向，是知识创新文化建设的核心和灵魂，包括国防科技重点实验室在内的各创新平台在加强知识创新观念文化建设时，应该突出价值观念、思维方式、道德规范的培育；在制度文化培育方面，强调重点实验室制度文化培育，就是要通过制定制度文本—运行实践—反馈修订这样一个不断循环和不断完善的过程，最终形成一个人人都自觉以其为准绳的体制、机制、政策系统，加强制度文化培育，各重点实验室需要进行系统思维，建立一套包括科研制度文化、人事制度文化、组织管理制度文化在内的制度文化体系，充分发挥知识创新制度文化的导向性、激励约束力和人性化；在物质文化培育方面，指出实验室知识创新物质文化建设是表达实验室研究理念、彰显人文情怀、展示审美情趣、反映价值观念的载体和场景，国防科技重点实验室在创新文化建设过程中，要深刻认识物质文化在实验室知识创新中的基础性作用，着力构建富有内涵的文化设施。

第 7 章

国防科技重点实验室知识创新经验研究

● ● ● ● ● ● ● ●

随着知识经济与全球化进程不断加剧，实验室在提升知识创新效率与能力方面的作用得到了越来越多国家、地区和企事业单位的重视。了解西方发达国家依托国家实验室开展知识创新现状，学习我国地方单位依托重点实验室培育主干学科和优势专业领域的经验，研究军队系统科研创新平台及重大科研项目培养科技帅才的主要做法，无疑对于进一步提升国防科技重点实验室知识创新能力水平具有重要意义。

7.1 发达国家依托公立科研机构进行知识创新经验借鉴

国家级重点实验室是为国家战略目标服务，从事原始创新核心工作，承担前沿基础研究和开展高新技术转移的重要研究机构。美欧等西方发达国家普遍拥有并重视包括国家级重点实验室在内的科研机构在促进国家科技水平提升中的作用，依托这些科研机构产生了大量的原始创新。

7.1.1　主要发达国家公立科研机构基本情况

为公立科研机构（或称政府科研机构、国家科研机构）是指由国家（中央政府）建立并资助的科研机构，包括国家设立的科学院、研究中心、中央政府部门所属的科研院所、国家实验室等[128]。世界各国的政治、经济、文化和社会制度等不同，各国在相互学习的同时，又都保持着相对独立性，形成了各具特色的包括国家实验室在内的为公立科研机构，构成了这些国家基础创新平台体系。

1．为公立科研机构的类型

世界各国的公立科研机构大致有以下几种类型。

1）国家所属大型综合性科研机构

所谓国家所属大型综合性科研机构，是指由若干研究所、实验室和研究组等组成的全国性、综合性、大型科研机构。世界一些主要国家均设有此类科研机构。例如，法国的国家科研中心拥有 1300 多个科研机构；德国的弗朗霍费学会拥有 41 个研究所，赫尔姆霍尔茨研究中心有 16 大研究中心，联合会有 15 个研究所，马普学会有 71 个研究所；意大利的国家研究理事会拥有 157 个研究所；加拿大的国家研究理事会拥有 16 个研究所；澳大利亚科学与工业组织 70 多个实验室；俄罗斯科学院拥有 400 多个研究所；奥地利科学院有 60 个科研机构等[129]。

2）部门所属专业性科研机构

由中央（联邦）政府各职能部门所属的科研机构，它们一般由若干研究所等科研机构组成，主要从事部门法定职能相关的、某一专业或某一领域的综合性研究，有的也承担一定的管理和教育职能。如美国各部门所属的 850 个国家实验室（主要集中在其国防部、能源部、卫生部、农业部和宇航局等），德国联邦政府各部所属的 50 多个研究机构，法国的农学研究院、国家空间研究中心等，日本通产省的工业技术研究院等。

3）其他各类科研机构

包括由中央和地方政府联合建立的研究所、实验室等，还有各类科研仪器设备中心、实验中心、仪器测试中心、计算中心及科技情报中心等，这类科研机构以实验测试、分析、计算、加工等为基础，既从事研究活动，也为其他政府研究机构、高等院校和企业提供服务。

2．为公立科研机构的地位和职能

基于市场经济国家政府与市场职能定位与划分，美国等西方市场经济国家之所以要由国家出面设立研究机构，主要是要解决以下私人机构不愿意，或者不能有效解决的问题。一是一些研究与发展工作的规模和所需的时间是大部分私人工业企业难以承担的，特别是那些由较小规模私人企业构成的工业部门，例如煤炭工业中的气化和液化的研究与发展工作；二是一些研究与发展工作对整个国家显得极为重要，但是，研究与发展成果使私人工业企业并不能直接获得经济利益，例如计量和标准的研究；三是一些研究项目成功与否具有很大风险使一个单独的私人企业不敢冒这种风险，例如核聚变的研究；四是研究与发展的目的主要是军事性的；五是研究的目的在于探索自然规律，而这种研究又是高等院校难以直接承担的，如高能物理的研究等。从中可以看出，作为国家创新体系中不可或缺的重要组成部分，包括国家级重点实验室在内的为公立科研机构是保持一国在科学发现、技术进步、产业竞争力等方面全球领先地位的雄厚基础。世界主要国家的国家实验室在研发活动中必须服从国家整体战略目标，其承担的任务如下。

1）科学研究

从事政府必须负责的涉及国家安全、空间科技、能源开发、环境保护、疾病防治等领域内的基础研究和应用研究；承担需要使用大型科研设施且设备费用昂贵，同时又需要进行多学科综合研究的项目；通过与大学的合作项目，为那些在大学受到一定局限的应用研究领域培养科学家和工程师；从事周期长、投资大、规模大、高风险和高回报，同时又是民间企业无力承担或不愿意承担的基础性、前瞻性研发项目；从事那些有助于促进工业部门各企业间竞争的研发项目；从事国家需要而研发成果又不能直接获得经济效益的研究；具有公共产品属性的技术监督、计量标准、质量检测、环度控制等方面的科研。

2）人才培养

除开展科学研究之外，集聚优秀人才，培训培养高层次创新人才，也是为公立科研机构的重要任务。除了在科研活动中培养人才之外，研究生教育也是科研机构利用科研资源优势、满足自身发展需求、发挥科教融合作用的必然之选。为公立科研机构培养人才一般有两种模式：一种是科研机构与大学的联合培养，其中科研机构主要承担研究生培养的职责，最后由大学授予学位；另一种是科研机构独立培养模式，通常采取集中教学和分散培养相结合的培养方式。

3）智库支持

公立科研机构在某种程度上还承担着科技思想库的作用，为政府决策者提供证据和建议以支持决策。这里包括两方面的内容，一方面是科技专家为科技政策提供建议，即"面向科学的政策"，另一方面是为一般的政策提供科学建议，即"面向政策的科学"，这些都是科研机构发挥科技资源优势、服务社会经济发展的重要方面。

3．公立科研机构的管理模式

在世界主要国家，特别是发达国家，对包括国家实验室在内的公立科研机构都是严格依法进行管理的。各国对政府各部门及其所属研究机构的职权范围、职能、工作任务均制定有相应的法律、法规[130]，具体如表 7-1 所示。

表 7-1　世界主要国家公立科研机构管理模式

依法创建		
特　　点	法律内容	有关法律
依法创建，法律地位明确，研究方向明确。经费有稳定的保证，其运营受政治、经济和社会变化的影响相对较小，可为其研究开发活动提供相对稳定的环境	明确规定公立科研机构法人资格、机构设置、资金来源、内部管理章程、领导职务的任免与任期、职员的权利与义务、机构的业务范围、财务管理、业务监督等	涉及的法律主要有机构法、授权法、各种专项法、政令等。如美国的《公立卫生研究院法》《国家标准技术研究院法》；日本的《理化学研究所法》《理化学研究所法施行规则》等
管理模式		
类型	特点	典型代表
主管部门直接管理	多见于部门所属科研机构，其本身就是政府职能部门的一部分。主管部门对它们的管理基本上同其他职能部门一样	美国公立卫生研究院；英国的物理和工程研究理事会所属研究机构；澳大利亚的科学与工业组织
自主管理	多发生在大型综合性科研机构。一般由政府创办，在行政隶属关系上属政府有关部门管理，但在组织、人事和财政管理方面均享有相当大的自主权	德国马普学会、亥姆霍兹联合会；法国国家科研中心；日本、韩国的部分政府科研机构
委托管理	政府将其建立和资助的科研机构的行政管理权以合同形式委托给高校企业或非营利机构	美国能源部、国家科学基金会的许多联邦实验室都采用这种方式管理

1）政府创建主管部门直接管理

世界多数国家的政府部门所属科研机构是由部门直接管理的。美国联邦政府部门约有规模大小不一的国家实验室 850 个，大部分由部门直接管理。

2）政府创建自主管理

德国、法国、澳大利亚等国家的部分公立科研机构采用此方法。这类科研机构均由政府创办，政府资助，但在科研方向、组织管理、人事管理和财政管理等方面，享有相当大的自主权。

3）政府创建委托民间团体管理

此种管理模式主要是在美国的部分国家实验室实行。据有关资料统计，有约 40 个分属于能源部、国防部、国家宇航局、国家科学基金会及卫生和人类服务部的实验室，通常称为联邦资助的研究与发展中心。这些研究中心大部分是政府为某种特定的研究目标而建立的大型研究机构，它们的经费几乎全部来自主管部门。这些部门以合同形式将它们的行政管理分别委托给高校、企业和非营利机构。

4．国家实验室的人员管理

作为创新主体，人是知识创新的基础和智力支持，因此各国都重视加强对各类国家实验室的人员管理。各国国家实验室的人事管理有不同的模式，不少国家采用国家公务员式的管理制度。在美国，多数国家实验室采用任职年限制度（Tenure Track 制）。如美国公立卫生研究院采用的制度是 5（3 年）—6 年共 11 年连续评议淘汰机制，大约只有 5% 的人能最终成为固定科研人员。对科技人员的晋升通过同行评议方式来进行，初中级科技人员每 1～3 年评议一次，高级科技人员每 4 年评议一次。在德国，国家科研机构采用任期年限制度。如国家 16 大科研中心联合会采用 3～5 年的合同制，少数优秀科研人员可以续签聘任合同[131]，极少数最优秀的科研人员可以转为固定人员。在日本，公立科研机构采用研究职国家公务员的募集考试制度，将成绩合格者按照专业和考试名次列入公立科研机构录用候补人员名单（有效期 3 年），并根据用人单位的需要和求职者的志愿，按考试名次推荐给用人单位，经面试和体检后方能被录用。在法国，国家科研中心等公立科研机构的人员享受国家公务员待遇，人员编制由政府主管部门审定，有名额限制。当编制有空缺时采用公开招聘考试的方式，经同行评议和讨论后做出决定。录用人员的级别根据学历和专业确定。

7.1.2　典型实验室创新实力考察

发达国家的公立实验室中，许多是世界科研前沿最高水平的代表，产生过具有划时代意义的科技创新成果。这些实验室还培育了一大批诺贝尔奖获得者，对促进科技发展起着十分重要的作用。分析主要依靠政府提供经费成长起来的国家实验室，以及它们拥有的强大创新实力，可以管窥发达国家政府是如何运用高投入政策夯实科技创新微观基础的[132]。

1.　劳伦斯·伯克利国家实验室的创新实力

劳伦斯·伯克利国家实验室（Lawrence Berkeley National Laboratory，LBNL）前身，是物理学家奥兰多·劳伦斯1931年创建的辐射实验室。劳伦斯·伯克利国家实验室位于美国加利福尼亚州的伯克利，与加州大学伯克利分校紧邻，占地1215亩，俯瞰旧金山湾。它隶属美国能源部，由加州大学伯克利分校代管。

劳伦斯·伯克利国家实验室是美国最杰出的国家实验室之一，其研究领域包括物理学、生命科学、化学等基础科学，还包括能源效率、回旋加速器、先进材料、粒子加速器、检测器，以及工程学、计算机科学等，在材料研究方面主要是纳米材料、磁性材料、薄膜材料、超导材料等。

在科学界，LBNL相当于"卓越"（Excellence）的同义词。截至2015年，与劳伦斯实验室相关的13个科学家及组织获得诺贝尔奖、70位科学家是美国国家科学院（NAS）的院士（院士在美国是科学家最高的荣誉之一）、13位科学家获得了科研领域国家最高终身成就奖——美国国家科学奖章、18位工程师当选为美国国家工程院院士、3位科学家被选入医学研究所等。此外，LBNL培养了数千名大学理科和工程专业的学生，他们推动着全美国和世界各地的技术革新。该实验室为美国第一颗原子弹及氢弹的研制提供了最原始、最基本的实验及机械支持。劳伦斯实验室对帮助判断什么是第二次世界大战的三个最有价值的技术开发项目（原子弹、低空爆炸信管和雷达）做出了贡献。

2.　阿贡国家实验室的创新实力

阿贡国家实验室（Argonne National Laboratory，ANL）是1946年特许成立的美国第一个国家实验室，也是美国中西部最大的研究中心之一。现有东西两个区：伊利诺伊州东区，位于芝加哥市西南40多千米的一片森林里，占地面积 9108 亩，有员工约 3200 名；爱达荷州西区，位于蛇河谷爱达荷瀑布西 80 多千米处，占地面积 5465 亩，实验室的主要核反应堆研究设施都建在这里。70 多年来，美国政府一直委托芝加哥大学管理这个实验室。

第二次世界大战期间，阿贡实验室作为"曼哈顿计划"的一部分，在芝加哥大学冶金实验室基础上发展起来。1942 年 12 月 2 日，由物理学家费米指导设计和制造的实验用核反应堆，在芝加哥大学的壁球场里首次运转成功。这是人类第一次成功地进行核链式反应，它标志着原子时代的真正到来。战后，阿贡实验室接受开发和平利用原子反应堆的任务，研究范围不断扩大，涉及科学、工程和技术的许多其他领域。

目前，阿贡实验室有 6 个主要研究领域：①基础科学。主要包括物理学、高能物理学、化学、生物学、数学和计算科学、生命和环境科学、材料科学，以及高性能计算方面的实验等。②科研工具或科学设施。如设计和制造先进光子源即大型辐射同步加速器、核反应堆设施、强脉冲中子源、串列直线加速器系统等设施。③执行能源资源计划。开发新的先进电池和燃料电池，以及先进的电力生成和储存系统，增加美国的能源资源，确保为未来稳定提供有效和清洁的能源。④环境管理。进行环境风险和经济影响评估，分析有害垃圾场并采取补救措施，处理失去效能的核燃料，开发使老化核反应堆安全退役的新技术。⑤国家安全。主要目的是增强抗击恐怖主义威胁的能力。开发核燃料循环、生物学、化学、系统分析和系统建模方面的专门技术，进而用于研制探测化学、生物和放射性威胁及识别其来源的高灵敏度仪器。⑥工业技术开发。20 世纪 90 年代以来，阿贡实验室已与 600 多家企业合作研制工业新产品或开发新技术。

3. 洛斯·阿拉莫斯国家实验室的创新实力

美国洛斯·阿拉莫斯国家实验室（Los Alamos National Laboratory，LANL），简称阿拉莫斯实验室，成立于 1943 年，位于美国新墨西哥州的洛斯·阿拉莫斯，曾云集大批世界顶尖科学家，是美国著名的核武器研究实验室，隶属美国能源部，目前，主要从事核武器、生化武器、病毒数据库、人类基因组测试、气象与空气质量和环境恢复等方面的研究，是世界上最大的多学科研究机构，现有各类人员总数 13593 人，年度经费 22 亿美元（截至 2004 年）。作为美国乃至世界上享有盛誉的国家实验室，阿拉莫斯实验室与加州大学有着特殊关系，可以概括为"政府拥有，大学代管，实验室相对独立"[133]。美国能源部与加州大学签署协议，每次协议的有效期是 5 年，每 5

年能源部对实验室进行评估，并决定合同的续签或变更。另外，能源部在实验室派遣了相关人员，负责购置实验室设备、监督经费的使用及实验室的安全保密工作，每天实验室都要向能源部汇报运行情况。

阿拉莫斯国家实验室建立之初的使命就是研制核武器，冷战结束后，现在阿拉莫斯实验室的任务是利用计算机进行模拟核试验和对国家核武库的管理。通过利用实验设施可以对核爆进行完全的模拟而不需要真正地引爆核弹。阿拉莫斯实验室研究工作分两大类，武器研究与非武器研究。武器研究，包括开发满足目前军事需要的核弹头、设计试验先进技术方案，以及通过相关科学技术领域的实验与理论研究，维持一项创新性武器研究计划；非武器研究，包括核裂变、核聚变、中等物理加速、超导、生物医学、非核能及基础能源科学等。

7.1.3　经验启示

国家实验室是西方发达国家创新体系的重要组成部分，承担着与企业和高校科研机构不尽相同的科研任务，发挥着不可替代的作用。为了确保其作用充分发挥，西方发达国家采取一系列举措，加强对这些实验室的管理，有效地提高了国家实验室的创新能力与水平。结合对几个有代表性的重点实验室文献考察，西方发达国家依托国家级实验室进行知识创新的实践，有几点值得我们学习借鉴。

1. 国家要予以稳定的资金支持

无论是从国家级实验室职能定位，还是确保其作用充分发挥角度讲，国家实验室的运行经费都应该以国家财政投入渠道为主，这既符合科技发展的自身规律，也体现了国家目标和国家意志。历史和实践充分表明，国家实验室应以从事基础研究和应用基础研究为主，只有稳定的国家支持，才能使科研人员集中时间和精力潜心科研工作,有利于资源的合理化配置和充分利用，也有助于消除浮躁心态。

2. 实验室要注重目标与使命定位的清晰准确

作为政府设立，或者主要由政府资助，国家实验室都注重科研方向选择结合国家需要。如阿拉莫斯实验室在发展中，始终以国家目标和时代需要为己任。阿拉莫斯实验室成立之初就是为"曼哈顿计划"服务，要求必须抢在德国之前研制出原子弹。在第二次世界大战结束后，该实验室一直将促进国家安全放在本实验室职责之首，并致力于开发更加安全而稳定的武器系统。阿拉莫斯国家实验室借助国家实际的、急迫的战略需要而发展壮大该实验室具有以国家目标为己任的长远眼光和气魄，也在不断发展中聚集了许多优秀人才协同工作，使其在核科学基础研究领域取得了丰硕成果，并在随后的半个多世纪里持续保持世界一流水平。这表明，作为我们国家承担重大科研任务的国家实验室，在设立之初就应该明确要在一定的期限内集中人财物资源为国家目前紧迫的战略目标服务，承担国家急需的经费巨大、研究周期长、多学科交叉的重大研究项目。

国家实验室应该有明确的定位，即在各自所属的领域和相关的基础学科中开展长期战略性研究，以提高国家整体的科研能力。为了确保实验室生存与竞争力，国家实验室目标与使命定位要准确且具有前瞻性。美国劳伦斯·伯克利国家实验室致力于支持全方位的国家能源战略，通过对基础科学和新技术方面的投资来扩展未来的能源选择范围。美国橡树岭国家实验室（ORNL）领导着基础和应用研究与发展，创造科学知识和技术解决方案来增强国家在科学关键领域的领导地位，增加干净、丰富能源的可取得性，恢复与保护环境和对国家的安全做出贡献。同时，美国的国家实验室还有教育与培训未来的科学家与工程师，提高国家科学与教育水平的使命。

3. 要注重多学科布局，跨学科设置

美国的国家实验室都是跨学科、多部门的综合性大型实验室，许多研究项目都在多个部门及其部门职员共同支持下展开。其学科设置注重多学科综合布局，学科之间既独立研究又互补协调，充分利用学科之间的交叉性，达到不同学科之间的双赢目的。比如，橡树岭国家实验室是新能源、技术和材料发展的先锋，在生物、化学、计算、工程、环境、物理和社会科学等领域拥有知识的先进性。

注重组织跨学科的大科学研究项目和工程项目。集结各学科的精兵强将在学科的交叉点上寻找共同感兴趣的研究课题，用创造性的研究项目取代重复的小项目。劳伦斯·伯克利国家实验室是世界加速器和探测器革新与设计的中心，同时是核医学的发源地和医学成像的摇篮。在心脏病研究领域，该实验室的研究人员首次分离了脂蛋白，确定了高密度与低密度脂蛋白的比率是心脏病发生概率的重要标志。该实验室还发明了化学激光，揭秘了光合作用。实验室的科学家也是帮助建立 Internet 的先驱者，他们开发协议，规范

网络数据流，防止网络崩溃等。生命科学家则通过研究老鼠来检测人类镰状细胞疾病的实验室治疗情况。天文物理学家致力于解决宇宙的起源与终结问题。材料科学家处于原子尺度工程学的前沿，开发的燃料电池及先进的照明设备等已经进入市场。

注重保持机构内研究题目和概念多样化的研究计划。劳伦斯·伯克利国家实验室 2010 年远景规划包括五个方面：复杂系统、理解宇宙、定量生物学、新能源与解决方案、研究的集成计算。同时，实验室也维持对满足现在和将来的高级科技生产力发展需要的资源与设备的一贯关注。

4. 政府要注重通过灵活、实用、高效的方式加强技术转让，提高知识转移速度

国家实验室作为知识创新的源头，其创新成果通过什么方式为社会所用，显然关系着知识创新的效率。由于美国国家实验室的经费来源绝大部分来自联邦政府，也就是说来自纳税人，实验室经费的增加在很大程度上取决于公众对其工作的理解和信任，所以，美国各国家实验室都特别重视为公众、为社会提供服务，并设立专门办公室接待来访者并回答社会各界关心的问题，向社会提供免费的信息服务。为了进一步加快技术转移步伐，1980—2001 年间美国国会和联邦政府先后颁布了 10 多项涉及技术转让的法律和行政法规。例如，1980 年颁布的史迪文森-韦德勒法案及其修正案，明确规定技术转让是美国国家实验室的一项正式任务，并且每个实验室要将预算的 0.5%用于技术转让工作，同时允许依托高校及实验室成果转让人拥有政府资助的研究成果的专利权益[134]。

但无论怎样，正如著名的盖尔文报告（Galvin Report）所指出的那样："通过技术转让和科研成果商品化以提高工业竞争力，这不是美国国家实验室的主要任务，而应该是其主要任务的副产品。国家实验室的技术成果商品化应主要依靠那些由原实验室研究人员脱离实验室创办的衍生公司（Spin-off Company）来进行"[135]。事实上，不少美国国家实验室都是通过成立新公司，并分流部分实验室人员专门从事技术成果转让工作。以阿贡国家实验室为例，该实验室与依托高校芝加哥大学共同创建了阿芝开发公司（ARCH Development Corporation），该公司对实验室的发明拥有所有权，并负责向工业界进行转让。阿芝开发公司还根据自身实际情况，决定将发明成果转让纯收入的 25%拨给实验室科研人员。

除了以上两种举措外，美国国家实验室还注重通过以下方式向工业部门

进行技术转移：①专利和许可证，如美国阿贡国家实验室与芝加哥大学创办了阿芝开发公司，该公司有权支配阿贡国家实验室和芝加哥大学的发明成果，向私人企业的技术商业化发放许可证。②合作研究开发协议。合作研究开发协议涉及的国家实验室对工业企业的联合研究开发只开展数据交流，而无资金来往，对有关的数据可以保密，公司可以就有关知识产权与实验室谈判专有权问题。③横向联系。指的是国家实验室按照合同为能源部以外的机构所搞的科研工作，实验室的业务总预算中用于外部合同的经费不得超过 20%，这种限制可以防止实验室变成"揽活儿商店"而偏离自己的使命。如阿贡国家实验室每年用于私人公司及工业保护机构的合同研究费用在 500 万～600 万美元。④联合体。按需要和能力相互匹配，将若干个机构集结在一起。一个成功的例子是中西部植物生物技术联合体，是由 14 个中西部大学、40 家农工企业和若干个接受联邦资助的机构联合开展的项目。

5. 要注重发挥人力资源在知识创新中的作用

为了充分促进知识创新，美国国家实验室注重罗致人才，注重知识组合的多样性，注重不同学科人才的合理配置。为了确保知识创新拥有充足的人才支撑，美国的国家实验室注重培养与引进人才并举，就是通过雄厚的研究经费、领先的研究实力吸引了来自全美乃至世界各地的优秀人才进行世界一流水平的科学研究，形成良性循环，把实验室的发展与优秀人才的培养和发展紧密结合，达到双方互赢的目的。

美国许多国家实验室从事的研究，需要大量人员。例如，阿拉莫斯国家实验室通常员工人数要超过 1 万人。在资金有限的情况下，美国国家实验室人员采取灵活的人员编制管理方式，分固定编制人员和流动编制人员。固定编制又分：终身职、连续职（职务任期不固定）、有期职（任期长短随职称等级的不同而异）等。流动编制人员包括：客座科学家、从事博士论文研究的研究生、年轻科研人员或已谋得实验室有期职位的人员。其中，劳伦斯·伯克利国家实验室与其他许多国家实验室的人员情况有一个明显不同，由于劳伦斯·伯克利国家实验室由伯克利大学主持运行，所以其人员中比其他实验室多了一种分类——教员（Faculty），有许多研究生也在这里学习和工作。

总之，实验室人员构成中博士所占的比例是最大的。另外，由于这些实验室都是跨学科的、多部门的综合性大型实验室，所以一个实验室就相当于一个小社会，这里除了聚集来自不同学科的工程师、技术人员外，还有工人与辅助人员，如环境学家、安全专家、消防人员等。

我国的国情与以美国为首的西方发达国家不同，价值取向和行为趋向与他们也存在着本质的区别。但是，西方国家的国家实验室在开展项目和课题研究中的成功经验，及其作为世界一流科研机构促进知识创新的方式方法，均是值得我们研究、学习和借鉴的。

7.2 中国科学院实施创新工程推动知识创新的经验与启示

作为中国最高科研机构，中国科学院（简称中科院）拥有最多国家级重点实验室，在国家创新体系中承担着重要的角色和任务。1998 年开始，在国家的支持下，中科院启动实施知识创新工程，范围涵盖包括重点实验室在内的所有院、所、室。知识创新工程的实施，促进了中科院的改革和开放，极大地提升了中科院知识和技术创新的能力与水平。

7.2.1 基本情况

20 世纪 90 年代以来，世界经济经历了以 IT 技术推动的快速增长时期。为了抓住知识经济成为新经济形态而产生的新机会，我国政府及时推出了面向中科院的知识创新工程。这一知识创新工程自 1998 年开始实施，其总目标是：建设一批国际知名的国家研究基地，培养和造就大批具有创新意识和创新能力的高素质科技人才，形成不断取得具有国际影响的重大科技成果的环境，为我国知识创新实力达到世界中等发达国家水平奠定基础。

经过十多年（1998—2010 年）的建设，中科院实现了快速、持续、协调发展，创新能力大幅提升，优秀人才不断涌现，现代院所制度基本建立，做出了基础性、战略性、前瞻性的创新贡献，初步探索出了一条建设中国特色国家知识创新体系的新路子，发挥了骨干引领作用，有力带动了中国特色国家创新体系建设，有力带动了中国科学技术水平的提升，有效提升了中国科学技术的国际竞争力，为我国的经济发展、社会进步和国家安全提供了重要的知识基础、技术支撑和创新人才。中科院已经成为瞄准国家战略目标和国际科技前沿、具有强大和持续创新能力的国家自然科学和高技术的知识创新中心，成为具有国际先进水平的科学研究基地、培养造就高级科技人才的基地和促进我国高技术产业发展的基地，成为具有国际影响的国家科技知识库、科学思想库和科技人才库。

经过实施知识创新工程，如今，中科院是国家科学技术方面最高学术机构和全国自然科学与高新技术综合研究发展中心，共拥有 12 个分院（北京、沈阳、长春、上海、南京、武汉、广州、成都、昆明、西安、兰州、新疆）、100 多家科研院所、3 所大学（中国科学技术大学、中国科学院大学，与上海市共建上海科技大学）、130 多个国家级重点实验室和工程中心、210 多个野外观测台站，承担 20 余项国家重大科技基础设施的建设与运行，拥有正式职工 6.8 万余人，在学研究生 5.2 万余人。建成了完整的自然科学学科体系，物理、化学、材料科学、数学、环境与生态学、地球科学等学科整体水平已进入世界先进行列，一些领域方向也具备了进入世界第一方阵的良好态势。在解决关系国家全局和长远发展的重大问题上，已成为不可替代的国家战略科技力量。一批科学家在国家重大科技任务中发挥了关键和中坚作用，并作为我国科技界的代表活跃在国际科技前沿。

在实施创新驱动发展战略、建设创新型国家的新时期，中科院启动实施"率先行动"计划，正以高度的责任感和紧迫感、自觉性和坚定性，贯彻"立足当前，着眼未来，既面向国家重大需求做出创新贡献，又面向世界科技前沿追求学术卓越，以深化改革促进创新发展，以重点突破带动整体跨越"的指导思想，前瞻谋划，系统设计，积极思变，主动改革，以点带面，蹄疾步稳，努力实现"四个率先"的目标[①]。

7.2.2　政策措施

知识创新工程启动以后，围绕提高创新能力与水平，中科院以参与试点实验室、研究所组织变革为主要内容，以组织结构调整和运行机制转换为突破口解决长期困扰自己的不符合创新规律和产业化规律的科技创新组织结构与运行机制问题，取得了明显成效。结合研究视角，以下做法尤其值得学习

---

① 在新时期新阶段，肩负出成果、出人才、出思想战略使命的中科院启动实施了《"率先行动"计划暨全面深化改革纲要》，正在努力实现"四个率先"目标，即"率先实现科学技术跨越发展，率先建成国家创新人才高地，率先建成国家高水平科技智库，率先建设国际一流科研机构"。参见：http://www.cas.cn/zz/yk/201410/t20141016_4225142.shtml。

借鉴。

1. 学科布局与组织结构调整方面

进行学科布局调整。中科院原有的科技布局与组织结构是单纯以学科为主的、研究模式以各院所各学科的分散研究和跟踪模仿国外研究成果为主、科技成果转化模式主要是科技成果的自我循环。知识创新工程的改革措施将此种状况改革为：科技布局根据国家战略需求和科技发展的态势，凝练创新目标并优选创新领域，并且向原始创新与系统集成转变。按照这一指导原则，中科院明确提出要发展信息科技与先进制造、生命科学与生物技术、物质科学和先进材料、资源环境科学与技术、能源科学与技术、海洋科学与技术、天文与空间科技、数学与系统科学等重点学科领域，要加强科学技术史及科技政策与发展战略、大科学工程和重大交叉学科前沿研究。围绕这些重点学科和研究领域，在知识创新工程实施期间，又部署了一批重大创新项目、重要方向性项目和领域前沿项目。

根据新的学科布局，明确提出要按照具有相对一致的科技战略目标、相近的研究领域以及具有相对集中的园区和易于共享的支撑条件等原则，通过继续优化整合现有的研究机构，积极孕育并适时新建一些研究机构、所际联合和项目牵引等方式，形成若干个开放的、跨学科或跨地域的知识创新基地，并对相关研究所进行结构调整，最终形成具有强大科技创新和国际竞争实力、特色鲜明的国家研究所。经过调整，中科院研究机构由 1997 年的 123个减少到 2010 年的 100 个[136]。

进一步加强国家重点实验室和开放实验室建设。提出坚持竞争机制，对原有实验室进行定期严格公正的评估，优胜劣汰，并组建 2～3 个大型国家（联合）实验室。拟新建 8～10 个国家重点实验室和 20～30 个院开放实验室，充分发挥重点实验室在学科建设和人才培养中的地位与作用。

上述举措的实施，有力地促进了中科院科技创新能力和学术影响力。统计资料显示，与世界上具有可比性的 86 个公立科研机构学术影响力相比，中科院有 14 个学科居于前 10 位，其中，化学、材料科学、数学、工程学、计算机科学、环境与生态学、地球科学、物理学 8 个学科位居前 5 位。所有 21个学科的排名较 1998 年前均明显提升，其中计算机科学、农业、分子生物与遗传学分别从第 11 位、第 45 位、第 50 位上升到第 3 位、第 8 位和第 13 位。科技基础平台性能总体接近国际水平，国家重点实验室数量占到全国总量的34%。截至 2010 年，在全部 16 位获国家最高科技奖的科学家中，有 12 位是中科院院士，其中 6 位在中科院研究机构工作，1998—2009 年获得国家自然科学奖、国家技术发明奖和国家科学技术进步奖共 343 项，其中获国家自然科学奖数量占全国总数的 41%[137]。

2．人才培养和队伍建设方面

为了给知识创新工程提供坚强的人才保证与智力支持，工程实施之初，中科院就提出了按照"开放、流动、联合、竞争、高效"和"用好现有人才，稳定关键人才，引进急需人才，培养未来人才的原则，实施科技创新队伍建设与发展教育行动计划，建立与完善新的用人制度、分配制度和考核评价与激励制度，培养和吸引国内外优秀人才，进一步加强科技创新队伍建设，全面推进研究生教育。

1）实行以队伍结构优化为核心的人员总量控制

知识创新工程试点单位实行岗位聘任、项目聘用和流动人员（包括研究生、博士后、访问学者等）相结合的队伍结构。中科院通过编制总量和岗位结构双重控制的宏观管理模式，重点对各单位岗位设置、岗位聘任制队伍建设进行调控。

2）建立与国际接轨的新型用人制度

知识创新工程实施期间，中科院提出通过创新试点，在实行全员聘用合同制和职务聘任制的基础上，过渡到全员岗位聘任制，实现双聘合一，建立与国际接轨的新型用人制度。

一是岗位聘任。进入创新试点的岗位聘任人员，包括专业技术人员和管理人员等，均须实行按需设岗，公开招聘，择优聘任，契约管理。为了确保岗位聘任的顺利实施，在全院范围内停止各类专业技术职务任职资格和职员职级晋升的评审，同时撤销院级各系列的专业技术职务任职资格评审委员会。各单位撤销本级专业技术职务任职资格和职员职级晋升的评审机构，根据不同岗位要求，组建相应的聘任委员会，建立完善的聘任程序和考核标准与办法。中科院除严格控制各单位岗位数量外，为强化岗位竞争机制，每年还将统一组织面向社会的公开招聘活动，各单位必须有不少于 20% 的岗位面向所外公开招聘。

二是项目聘用。试点单位可根据承担项目的需要，按不同期限以合同方式聘用项目人员，聘用时间最长不能超过科研项目的期限。项目聘用由课题组提出要求，研究所负责审核批准并宏观控制聘用规模。项目聘用岗位不纳入院对各单位的岗位控制总量，不占事业编制。

三是人事代理。各单位可将部分人事管理职能委托专门机构代理，逐步实现人事关系管理与人员使用分离。

3）加强优秀人才的引进工作

在进一步推进全院体制改革与机制创新的同时，把工作重点转移到吸引、培养和造就新一代科技帅才上来，加大吸引海外杰出科技人才回国和为国服务的力度。有目标、有重点地引进优秀人才，在优先发展领域、重要研究方向和新的学科生长点，形成具有国际竞争力的集群优势。

一是吸引海外知名学者来院工作。吸引已在发达国家获得教授或相当职位的一流科学家，以多种方式到中科院工作，在某些重点学科、前沿学科和交叉学科开展高水平研究，带动国内一批重点学科的发展，这项工作首先在基础研究领域进行了试点。

二是部署科学家小组。以国家重点实验室和院开放实验室为依托，与中科院部署或承担的重大项目紧密结合，与"百人计划"相衔接，联合国内外优秀青年学者，在若干交叉学科前沿和优先发展领域，与学科布点紧密结合，组建100个左右的青年科学家小组。

三是进一步完善"百人计划"。进一步加强作为"百人计划"重要组成部分的"引进国外杰出人才计划"，力争五年内从国外引进500名优秀的学科带头人。结合优选发展领域、重大项目，重点引进在国外已取得助理教授以上职位和具有相关经历的人员，实现创新人力资源、设备、经费的当量凝聚，坚持院所两级资源匹配的原则。同时，适当加大从国内招聘人才的力度。

4）完善现有人才培养体系

以培养所级领导干部，优秀科技、管理和经营人才为重点，通过开展学术研讨会、国内访问学者计划、博士生导师上岗培训班、人文与社会科学讲座、领导干部上岗培训、管理干部交流研讨、在职进修工商管理（MBA）和公共管理（MPA）课程、高层经理研讨班、研究员带薪学术休假等继续教育活动，造就一批在各领域担负重任、发挥关键作用的杰出人才群，以满足科学事业不断发展对人才的要求。

5）全面推进研究生教育

中科院研究生教育工作是我国高等教育事业的重要组成部分，肩负着为国家现代化建设培养人才、为中科院知识创新工程试点提供人才保证的重任。适应知识创新工程需要，研究生教育工作的定位是：在管理体制改革方面取得重大突破，形成中科院独具特色，与科技创新紧密结合的高级科技人才的培养教育体系。按照知识创新工程试点工作的目标，充分利用中科院的智力资源和科技资源，大力发展以博士生教育为主体的研究生教育。

知识创新工程实施期间，建立中科院研究生院，逐步实现研究生教育的统一招生、统一管理、统一学位授予。贯彻扩大招生规模、全面提高质量、优化学科结构、改善办学条件、加强环境文化建设的方针，为国家大规模地培养高质量的高级科技人才。

依靠上述举措，中科院立足创新实践引进、培养和凝聚高层次创新人才，造就了近千位高水平中青年战略科技专家和科技尖子人才，极大地促进了中科院人才队伍建设。截至 2009 年，通过"百人计划"共引进海外杰出人才1292 人，通过"千人计划"引进海外高层次人才 78 人，7 个研究所入选"国家海外高层次人才创新创业基地"，国家自然科学基金创新团队占全国总数的45 %，国家杰出青年基金获得者占全国总数的 34.5 %，在国际重要科技组织和重要国际学术期刊中担任重要职务的科学家约 900 人。承担国家重大任务的尖子人才从 2003 年 587 人增加到 2009 年 921 人。

3．在扩大开放、促进合作创新方面

在建设知识创新基地工作中，强调的是建设国家知识创新基地，应该保证充分的开放度和公正性，吸引国内外最优秀的科学家来院开展科学研究。因此，中科院扩大开放、促进联合，建设面向全国的国家科研机构。积极推动与大学、企业、地方的合作和共建，形成更加开放的创新格局。并且发展与提高了国际的科技交流与合作的层次。与德国马普学会等共建了 5 个青年科学家小组，与法国国家科研中心等合作共建了 3 个联合实验室；与俄罗斯科学院开展了卓有成效的大科学工程项目合作，并加强了高级客座人员的互访。

4．在促进知识转化方面

注重建立知识创新与高技术产业化的有机结合机制。为了打通创新成果与实际应用之间的瓶颈，中科院在实施知识创新工程期间，注重采取切实措施，促进知识创新与高技术产业的有机结合。具体包括：一是按照"人才+项目"的方式成组转移和转制，鼓励科技人员带着研究成果创办或领办高技术企业。二是积极引导研究所与地方、企业合作和共建企业研究发展中心。三是推动部分技术开发型研究所的整体转制以面向国家和地方经济建设，成为在市场竞争中独立生存与发展的高技术企业、中介机构。目前，已确定北京软件工程研制中心、成都计算所、广州电子所等作为今年整体转制的试点所。至 2001 年年底，完成了原成都计算机应用研究所等 13 个单位转制为有

限责任公司（白春礼，2003）。

5. 在深化改革、激发创新活力方面

提高创新效率，根本动力还是在改革。结合实施知识创新工程，中科院对以下几个方面制度进行持续深化，极大地激化了创新活力。

一是全面改革用人制度。普遍实行了以"按需设岗、按岗聘任、择优上岗、开放竞争"为主要内容的岗位聘任制，取消了传统的专业技术职称评审制度，初步建立了岗位聘任、项目聘用和流动人员相结合的新型用人制度。

二是改革资源配置制度。确定了"整体规划、保证重点、择优支持、鼓励竞争、动态调整"的资源配置方针，初步形成了有利于资源集成和提高使用效率的机制，建立了新型分配制度。全面实行了体现绩效优先原则的"基本工资、岗位津贴、绩效奖励"三元结构分配制度，逐步试行了法定代表人年薪制，将广大职工的切身利益与事业发展紧密结合起来，有力地调动了广大科技人员的积极性。

三是完善科技评价制度。按照"质重于量、分类评价、公开公正、科学严肃"的原则，对研究所、重点实验室逐年进行以科技创新贡献为核心的评价，评价结果与研究所、重点实验室的试点经费相挂钩。研究所、实验室也普遍建立了对研究室（组）及个人的考核评价制度。调整后，队伍结构趋于合理，各试点单位的科研岗位占83.7%，管理岗位占8.9%，技术支撑岗位占7.4%。在岗位聘任人员中，具有博士学位的占17.5%，具有硕士学位的占21%。中青年已成为科技队伍的主体，45岁以下的青年科技人员占主体，45岁以下的研究员占研究员总数的54.8%。以研究生为主的流动队伍发展迅速。

7.2.3　经验启示

中科院知识创新工程实践为我国科技发展、科技体制改革、国家创新体系建设积累了宝贵的经验，为新的历史条件下提高我们国家整体知识创新能力与水平给出了启示。基于国家级重点实验室，有以下几点值得重视。

一是一定要把握住定位准确这个基础。作为国家级重点实验室，要始终坚持科学技术是第一生产力的战略思想，将面向国家战略需求和面向世界科技前沿紧密结合起来，不断明晰实验室的战略定位，不断凝练创新目标，着力提升自主创新能力。要始终坚持立足客观实际，认知规律，不断前瞻，切

实制定出符合自身实际和国家需要的、有效实施知识创新举措。

二是一定要掌握好开拓创新这个法宝。无论是学科培育，还是人才培养，国家级重点实验室在推进知识创新各项工作中要始终坚持解放思想，求真务实，改革创新，与时俱进更新观念。要重视体制机制变革在促进创新方面的作用，注重通过持续改革，激发创新活力。

三是一定体现出以人为本这个关键。要始终坚持以人为本，以事业的发展凝聚人，以正确的价值观引导人，以良好的创新环境吸引人，以合理的待遇激励人，以创新实践培养造就人，充分发挥科技创新队伍的积极性、主动性和创造性，建设一流的科技创新队伍。

四是一定要树立起开放共赢这个理念。作为国家级重点实验室，要始终坚持联合合作，开展与地方、企业和大学多种形式的合作，促进产学研结合，促进高科技产业化，促进创新创业人才培养造就，促进知识转移与技术扩散。要始终坚持对外开放，以开放的心态对待人类创造的一切新知识，有效利用全球科技创新资源，在国际交流合作中坚持自主互利，共同发展，提升自主创新的能力和水平。

7.3　地方高校发展交叉学科促进知识创新的经验与启示

当代科学技术的发展在高度分化的基础上呈现出高度综合的集约化趋势，学科之间的交叉、融合也达到了前所未有的程度。学科交叉的力度和广度，已成为影响创新、特别是源头创新的关键因素，也成为解决重大科技和社会问题的必然选择。进入 21 世纪以来，我国许多研究型大学敏锐把握科学技术和学科发展这种趋势，依托重点实验室大胆探索跨学科和交叉学科发展，促进多学科交叉融合，有力提升了自身的创新能力。

7.3.1　地方高校依托重点实验室发展交叉学科的基本情况

我国的诸多一流大学都已经把交叉学科教育列为教学改革的一个重要方

面[138]。作为基础性研究的"国家队",在交叉学科培育过程中,地方高校重视发挥重点实验室功能作用。由于国家重点实验室名单处于动态变化之中,限于名单公开的滞后性,我们以 2010 年为截止年限,以这之前的国家重点实验室为样本进行分析。截至 2010 年,全国共有 220 个国家重点实验室,其中依托高校建设的有 114 个,占到一半以上,这充分体现了高校的雄厚实力和在整个实验室体系中的关键地位。选择这部分实验室作为研究对象,具有很强的代表性,并可以为其他分管部门提供参照。

1.地方高校重点实验室跨一级学科情况

由表 7-2 可以看出,在所有重点实验室中,研究方向为单学科的实验室只占 2.6%,其余的 97.4%均为学科交叉实验室,特别值得一提的是,有超过三分之一实验室的研究方向涉及多元素交叉。可见,学科交叉研究得到了绝大多数高校国家重点实验室的认同和实行。

表 7-2　地方高校实验室主研方向的一级学科数量统计表

实验室类型	数量	所占比例
单学科实验室	3	2.6%
双元素交叉实验室	46	40.4%
三元素交叉实验室	25	21.9%
多元素交叉实验室	40	35.1%

2.地方高校重点实验室跨学科门类情况

为了对地方高校国家重点实验室学科交叉科研的类型和实际开展情况有更为清晰的了解,对涉及交叉的 111 个实验室主研方向的学科门类做进一步的统计和分析,具体如表 7-3 所示。可以看出,依托高校的国家重点实验室,从学科门类角度讲,跨学科以工学门类内部学科交叉为主,占到了 33.3%。其余的为不同学科门类间的交叉,如理工医等的交叉。可见,跨度大、范围广的学科交叉研究在现实中得到越来越多的重视和发展。

表 7-3　高校重点实验室主研方向的学科门类统计表

学科门类	数量	所占比例
工*工	37	33.3%
理*理	3	2.7%

续表

学科门类	数量	所占比例
理*工	45	40.6%
理*医	10	9.0%
工*军	6	5.4%
理*农	1	0.9%
工*管	1	0.9%
理*工*医	3	2.7%
理*工*管	2	1.8%
理*工*医*教	1	0.9%
理*管*农	1	0.9%
理*工*农	1	0.9%

总之，从以上两个方面的分析可以看出，高校国家重点实验室学科覆盖面广，大多数实验室的主研方向涉及两门及以上一级学科之间的交叉。尤其需要注意的是，超过半数的实验室涉及三门以上的一级学科，有的实验室的一级学科数量甚至达到十二门之多。这就为学科交叉科研的形成和发展创造了极为有利的多学科优势条件。

7.3.2 地方高校依托重点实验室发展交叉学科的典型案例

国内一些知名研究型大学利用强大的基础资源，包括过硬的师资力量、充足的资金来源及国家的政策扶持等，近年建立了一批针对科技前沿或热点问题进行研究的跨学科重点实验室。以中国科技大学为例，具体情况如表7-4所示。

表 7-4 中国科技大学国家级重点实验室学科交叉情况

实验室名称	跨学科所涉及领域	研究领域
微尺度物质科学国家实验室	物理学、化学、材料科学、生物学、信息科学、工程学、计算机科学等学科	原子分子科学、纳米材料与化学、低维物理与化学、量子物理与量子信息、生物大分子结构与功能、BioX-交叉科学
火灾科学国家实验室	燃烧学、流体力学、传热学、工程热力学和化学流体力学、计算机等学科	建筑火灾、工业火灾、火灾化学、森林火灾、火灾数值模拟、火灾探测以及火灾风险性能化评估

自 1958 年建校之初，中国科技大学就没有采用苏联理工分家的模式，而是实行理工结合、科学与技术结合的模式；其专业的设置带有多学科交叉的特点，如技术物理系、化学物理系、应用数学和计算机技术系、生物物理系等，都带有明显的跨学科的特色。50 年来，中国科技大学在跨学科研究和教学方面不断发展，交叉性研究几乎遍及各个领域。表 7-3 列举的两个国家级重点实验室学科情况，集中反映了该校交叉学科发展情况。

从这两个实验室的研究领域可以看出，跨学科是科技创新发展的客观需要。如表 7-3 中的微尺度物质科学国家实验室，就是中科院 4 个实验室与中国科技大学 3 个实验室进行整合组建成的跨学科的综合性国家实验室。其研究领域涉及原子分子科学、纳米材料与化学等领域，实现了一级学科、二级学科之间大跨度的交叉、整合。

7.3.3　依托重点实验室发展交叉学科的经验启示

交叉学科的建设与发展，是社会和科技发展变化以及学科发展的内在规律共同作用的结果。以下几点具有普遍性，值得学习与借鉴。

1. 调整优化组织结构和学科结构，找准学科发展的有效增长点

高校应把交叉学科的建设与发展提高到战略高度，从交叉学科是科技创新的原动力，是学校发展的有效竞争力的角度，抓住机遇，适时为交叉学科营造平台，提供成长的沃土。应根据自身特点、社会发展需要及学科发展规律，逐步调整现有组织结构和学科结构，优化资源配置，科学规划、有效实施，积极扶植弱势学科，缩小各学科之间的差距，找准学科发展的有效增长点，促进工、管、文、理等各学科之间的合作、交叉和渗透，并明确交叉学科带头人的责权利，发挥其"领头雁"的作用，培植团队精神，增强学科队伍的凝聚力，形成学科队伍的整体优势，使交叉学科尽快占领学术制高点，发展壮大[139]。

2. 建设跨院系、跨学科的公共科研平台

高校要以重大和关键科学问题为核心，以交叉学科为重要基础，整合全校范围内的多学科力量和科技资源，建设跨院系、跨学科的研究中心及公共科研平台，实现科研和技术资源共享，形成交叉学科发展的良好契机。在建设过程中应着重强调，以科研项目带动平台建设，以研究任务推动技术平台

的发展，以学科交叉重构共享体系。能否实现跨院系、跨学科的研究中心及公共科研平台的有效运行，关键是如何推动科研体制及研究环境的创新，促进科研人员的积极和有效的流动。结合大型平台整合与建设及资源共享系统的建立，学校应加强综合性管理机制、专业科研人员队伍的整体建设。

3．加强不同学科之间的沟通和交流，打破"学科壁垒"

物理学家海森堡有一句名言"科学扎根于交流，起源于讨论。"只有加强不同学科之间的沟通才能使不同学科的教师相互了解，相互合作，才能打破"学科壁垒"。然而我们现在的情况往往是不同学科的教师，即使在同一所学校也互不认识，但对于同一学科的同行即使相隔千里也有联系。因此，高校要为不同学科之间教师的交流创造条件，如定期举办学术报告等，通过不同学术观点的争鸣和学术思想的碰撞、切磋、互相渗透和融合，启迪教师的学术思想，激励创造性思维能力，为促进学科的交叉发展，创立新的学科领域打下基础。另外，高校要在制度上防止师资队伍的"近亲繁殖"现象，要把不同学校、不同体系的人员集中在一起，博采众长、融洽提炼、推陈出新，形成学术思想上的增长点，产生新的优势，避免知识的同化、僵化和老化，形成"杂交"优势[140]。

4．建立交叉学科建设管理体制和运行机制

促进交叉学科发展，高校要建立有效的交叉学科建设与发展管理体制和运行机制，强化学科建设管理的综合协调功能，加强交叉学科项目组织工作，营造一个公平、公正、自由的学术环境和鼓励创新、允许失败的创新环境，使交叉学科能够健康发展。

一是优化科技鼓励政策。进一步营造一个鼓励各种学术思想和观点自由发挥、充分交流、互相启发的良好的学术环境，通过竞争实行"优胜劣汰"，激励研究人员保持旺盛的进取精神，促进优秀人才脱颖而出。同时，调动研究人员联合争取项目和联合完成项目的积极性，对完成国家重大项目并获奖的，给予集体和个人突出贡献奖。

二是建立交叉学科建设专项资金。学校应划拨一定比例的资金投入交叉学科建设，建立专项资金鼓励和支持研究人员进一步加强各学科之间的沟通，加强国际学术交流和研究合作，了解国内外最新的研究动态和发展趋势，掌握先进的科学技术，参与世界科学前沿的研究。

三是优化学科建设管理体制与运行机制。学校应成立专门的学科建设管

理委员会，负责组织学校的学科建设规划、管理、协调和研究工作，并做好辅助服务和行政支持，解决从事交叉学科研究人员的后顾之忧，使研究人员能集中精力开展研究。

7.4 军队院校培育创新团队促进知识创新的经验启示

军队科技创新团队是指在军事科技创新活动中，由知识、技能及素质互补、为共同目标而相互协作的科研人员组成的学科内或跨学科的科技攻关群体[141]。近年来，我军各院校、科研院所对科技创新团队的建设培养工作越来越重视。在各级的大力扶持下，全军涌现出了相当一批高水平的科技创新团队。总结分析这些创新团队建设成功经验，无疑对于进一步提升国防科技知识创新能力与水平有着重要借鉴意义。

7.4.1 军队科研院所培育科技创新团队基本情况

响应建设创新型国家、创新型军营的需要，全军各大单位高度重视创新团队建设，科技创新团队的建设已成为我军现代化建设的一道新的风景线。在各级的努力和支持下，全军不少院校和科研院所都拥有了教育部创新团队、自然科学基金委创新研究群体或军队科技创新群体。为了进一步提升创新团队建设水平，一些单位还制定了专门政策措施来培育和支持科技创新团队发展。例如，国防科技大学制定了《学校基础研究和新兴交叉学科领域研究团队重点建设实施办法》及其实施细则，除了对创新团队提供经费支持以外，还从申报条件、遴选程序、考核管理等方面做出了比较具体的规定。海军工程大学积极开展科研团队激励机制的探索与实践，建立了全员聘任制度、目标管理制度、奖酬分配制度，通过一套合理的制度，把团队目标、个人行为规范和奖酬分配有机结合起来，充分调动所属人员开展创新研究的积极性，取得了良好的效果。第二军医大学出台了《创新团队建设实施细则》，对申报条件、管理与考核办法等方面做出了详细规定。空军预警学院制定了《科研创新团队管理办法》和《科研管理先进单位、先进科研团队和科研先进工作者评比奖励办法》，在科研创新团队的管理等方面做了有益探索。军事科学院等也制订了团队支持计划，鼓励团队创新合作。这些单位还对团队负责人及其成员资格、团队规模等进行了具体规定，如规定团队负责人必须是院士、长江学者、国家杰出青年基金获得者等已经取得了优秀成绩的人员，要求团队骨干力量在 10 人以下，或 5～7 人等，有些还规定了团队成员须承担的基金数量等。

在肯定科技创新团队建设成绩的同时，也要看到，作为一种新型的基层学术组织，创新团队的建设和管理还有改进完善的余地。比如，有些受支持的团队在拿到经费之后，没有按照团队模式运作，团队成员还是各自为政，等等。究其原因十分复杂，既有团队自身的原因，也有团队以外的原因。都是前进中的问题和困难，相信在各单位的探索过程中，这些问题能够得到完善和解决。

7.4.2　军队科研院所培育科技创新团队经验启示

科技创新团队作为诸多科技组织中最具活力的组织形式，促进其形成和发展是至关重要的，它们的走向、发展程度、所具备的活力和创造性对单位的科技发展具有重大的战略意义。通过对以国防科技大学为代表的几个创新团队的样本分析，进一步推进单位的科技创新团队建设，有以下几方面值得考虑。

1. 重视杰出团队带头人的选拔与培养

每一个成功的创新团队都与一个或多个杰出的团队带头人有密切联系。团队带头人能够在一个研究领域内凝练出具有发展前景的学术方向；并且能够培养、凝聚、带领一批骨干力量，经过多年积累，在该领域内取得重大突破，获得具有竞争优势的研究成果。自然科学基金委要求"研究群体的学术带头人应具有较高的学术造诣和较好的组织协调能力，在研究群体中有较强的凝聚作用"，教育部要求"创新团队带头人应具有高深的学术造诣和创新性学术思想，品德高尚，治学严谨，具有较好的组织协调能力和合作精神，在研究群体中有较强的凝聚作用"。可见带头人对团队发展的关键作用。团队带头人的作用体现在以下几方面：一是做人，良好的道德品质和公正、追求真理，很强的凝聚力；二是做学问，把握方向、优秀的学术敏感性，瞄准前沿、具有前瞻性；三是做文化，树立团队精神，并能够贯彻、形成集体价值观念；四是做管理，运用先进的管理思想、方法和技术，建立制度、形成秩序，促进沟通和协作，促进知识创新；五是做伯乐，培养人才、激励人才，甘为人梯，发展队伍。

2. 要注重培育优秀的团队文化

每一个团队有自己不同的发展经历、学科特色、成员结构和带头人，所以团队文化也各具特色。但每一个团队带头人和多数成员在访谈中都强调：团队文化是促进团队发展的重要力量。对于每一个成功的创新团队来讲，团队文化的表现和内涵存在差异，但都具有以下共同特征：一是作用特征，团队文化成为团队成员共同的价值观，得到全体成员认可，并成为团队成员的行为规范和价值导向；二是运行特征，团队文化的影响和组织任务、组织环境、组织结构相适应，使组织的制度、结构和行为更协调；三是内涵特征，团队文化强调学术平等、团结协作、开放共享的价值观念，尊重创新，即使在强势性团队中，团队文化也强调学术平等。

3. 要注重加强团队内部良好的合作

在调研中，访谈对象在团队经验总结中都十分强调团队成员之间的密切合作和互相支持。良好的合作关系体现在以下几个方面：一是高水平的利他行为，成员愿意也能够为其他人提供帮助，表现出很高的关系绩效。二是成员之间互相信任，具有高度的目标认同和观念认同，人际关系良好，形成伙伴关系。三是有效的沟通，成员之间的学术交流和意见沟通充分，成员心理预期的一致性程度高。四是公平公正的管理，建立公正效率兼顾的秩序，鼓励贡献，尊重劳动。五是成员对个人权益和责任关系具有正确认识。

4. 要注重学术方向的凝练和选择

选择一个具有发展前景的学术方向是团队成功的基础条件，而学术方向的选择也与团队带头人密切相关。创新团队的学术方向选择要满足以下要求：一是重要性，即学术方向的选择面向国家重大需求；二是先进性，在该领域处于前沿地位，团队具有领先优势；三是前瞻性，在选择初期只有少数人能够意识到，这也反映了杰出带头人的重要作用；四是创新性和风险性，新的方向大多具有多学科交叉融合的特点；五是学术方向从确定方向到取得标志性成果，需要长期积累。

5．要注重人才队伍建设

打造一支具有竞争优势的队伍是创新团队的发展基础。创新团队的队伍构成一般具有以下方式：一是自然生成，如通过老师带徒弟或者长期合作的方式形成，团队观念一致、稳定性好，具有稳定的学术方向和合作基础；二是项目生成，通过承担重大项目，整合相关优势力量形成创新团队，这种团队稳定性差，人员融合是一个重要任务。三是目标生成，围绕特定学术方向和重大科研项目，具有相同研究兴趣的成员自愿组合到一起形成创新团队，此类团队的组成具有自发性。要注重高水平科学研究和拔尖人才培养互相协同。对于创新团队来讲，科学研究和人才培养是互相协同的两项任务。除了博士生、硕士生以外，团队中青年骨干教师也属于团队人才培养的重要对象。一些团队通过开展知识管理，提高了人才培养和科学研究的协同性，全面促进事业发展，效果显著。

6．要注重通过各种方式加强条件建设

创新团队建设需要基本的条件，包括实验设备、工作环境、运行经费等。通过"211"工程、"985"工程的建设，团队的工作条件得到了显著改善，对于提高研究水平起到了重要作用。创新团队建设离不开重大项目的支持，如国家重点学科，国家实验室建设项目，承担重大科研项目等，使团队建设投入力度大大增强，为开展高水平研究奠定了坚实的基础。

本章小结

对主要发达国家包括国家实验室在内的公立科研机构基本情况进行梳理，在对世界主要国家代表性实验室创新实力考察的基础上，总结了发达国家立足实验室增强创新实力的成功经验与主要做法：国家要予以稳定的资金支持；实验室要注重目标与使命定位的清晰准确；要注重多学科布局，跨科学设置；政府要注重通过灵活、实用、高效的方式加强技术转让，提高知识转移速度；要注重发挥人力资源在知识创新中的作用。在对中科院实施知识创新工程基本情况和主要做法梳理的基础上，概括出了中科院增强创新实力的成功经验：要把握住定位准确这个基础，要掌握好开拓创新这个法宝，要体现出以人为本这个关键，要树立起开放共赢这个理念。对我国研究型大学

依托重点实验室大胆探索跨学科和交叉学科发展，促进多学科交叉融合，有力提升了自身的创新能力的实践进行概括分析，指出培育交叉学科提升知识创新能力要注重调整优化组织结构和学科结构，找准学科发展的有效增长点；建设跨院系、跨学科的公共科研平台；加强不同学科之间的沟通和交流，打破"学科壁垒"；建立交叉学科建设管理体制和运行机制。创新团队是现代科研的重要组织形式，有助于提升知识创新效率，在分析军队科研院所培育科技创新团队基本情况和典型案例的基础上，概括出了通过构建科技创新团队提升知识创新能力需要注意把握的着力点：重视杰出团队带头人的选拔与培养，注重培育优秀的团队文化，注重加强团队内部良好的合作，注重学术方向的凝练和选择，注重人才队伍建设，注重通过各种方式加强条件建设。

第 8 章

国防科技重点实验室知识创新
能力评价

· · · · · · · ·

前面章节我们分析了国防科技重点实验室知识创新的一般原理，概括了影响国防科技重点实验室知识创新的因素，从学科、人才、文化三个层面有针对性地提出了增强知识创新能力的对策措施。应该讲，这些是共性的，具体到某一个重点实验室的知识创新情况，则有赖于科学系统的评价。研究国防科技重点实验室知识创新能力评价问题，不仅有助于丰富基于创新平台的知识创新理论内容，还有助于创新主体及时发现自身在创新活动中存在的各种问题，进而解决问题持续增强知识创新能力与水平。总之，科学、客观、公正地对国防科技重点实验室进行评价，无论对实验室自身还是对国家正确实施相关决策都有着决定性影响，必须予以重视。

8.1 国防科技重点实验室知识创新能力内涵与构成分析

当前，关于知识创新能力概念与构成的界定，理论界还没有现成成果可供借鉴。前几章分析了国防科技重点实验室知识创新的各个方面，尤其是在国家创新体系中独特地位的分析中，尝试概括出国防科技重点实验室知识创新能力的概念及其构成。

8.1.1　国防科技重点实验室知识创新能力内涵

通过前面几个章节的分析，我们知道包括国防科技重点实验室在内的国家重点实验室是国家为提高基础研究水平，提升国家的创新能力和科技竞争力而采取的通过国家投资建设及直接和间接管理的国家级科学研究基地。同时，国家重点实验室是创新人才培养的主要基地、知识创新的中心。据此，我们可以给出国防科技重点实验室知识创新能力的概念。

所谓国防科技重点实验室知识创新能力，是指能够科学、客观地反映国防科技重点实验室在科学研究、军事技术创新、创新人才培养、前沿交叉学科培育等活动中所体现出的知识创造能力、人才创新能力、学科创新能力及创新管理能力等多方位能力的综合创新能力。

需要说明的是，以上概括仅仅是初步的，浅显的，还没有深入到规律层面，但有一点是明确的，就是我们对国防科技重点实验室知识创新能力内涵的概括，应能客观科学地反映出国防科技重点实验室在科学研究、培养人才、学科培育过程中形成的协调发展、相互促进的新格局，使其既能反映国防科技重点实验室这一组织自身的特点，又能体现国防科技重点实验室作为国家创新系统中的一员在科技创新活动中的特点。

8.1.2　国防科技重点实验室知识创新能力构成

通过前面概念的界定可知，国防科技重点实验室知识创新能力由以下四部分构成。

1．知识创造能力

包括国防科技重点实验室在内的国家重点实验室作为国家创新系统中知识创新系统的核心部分，承担系统中知识创新、知识传播与转移及部分技术创新的功能。这是重点实验室创新中的核心功能，可以将其称为新知识创新功能，简称知识创造。知识创造能力是国家重点实验室创新能力的核心所在，也是其创新活动中最为本质的内容。对于国家重点实验室而言，其知识创新不仅仅指通过科学研究获得新的自然科学和技术科学知识的过程,而是包括所有能产生新知识、新技术,增加整个人类知识财富的活动。知识创新的目的就是追求新发现、探索新规律、创立新学说、创造新方法、积累新知识。知识创新成果是社会进步、科技进步、技术创新的坚实后备力量,是一个国家的强大科技储备,是发明的源泉。国家重点实验室知识创新能力的强弱是其科学研究水平的直接体现。

2. 人才创新能力

人才创新能力是包括国防科技重点实验室在内的国家重点实验室创新能力的基础力量,而人才创新能力又离不开人才的培养。知识的传播是高素质人才的培养和知识交流的主要渠道,无论是知识创新还是技术创新都离不开大量的创新型人才和一定的知识氛围。没有有效的知识交流,就不可能有持续和丰富的创新实现。同时,大量的创新成果要通过其载体——人才来扩散。知识的传播是知识创新与技术创新和知识应用的纽带,国防科技重点实验室作为军事技术知识传播的核心场所,在传播知识、培养人才上有着不可推卸的职责。知识传播与知识创新的结合是国家重点实验室科技创新的重要内容。因此,我们将高素质人才的培养也作为国防科技重点实验室科技创新能力的构成部分,并在很大程度上体现的是一种创新的潜力和对创新系统各要素相互联系的重要纽带。

3. 学科创新能力

前面分析了学科建设在提升包括国防科技重点实验室在内的各创新平台知识创新能力水平中的地位与作用。一般而言,在人力、科研经费、实验设备有限的条件下,要实现再出成果,多出成果,任何创新平台的研究都必须集中于某一具体领域,而不可能四处出击。从这一角度讲,加强学科建设是包括国防科技重点实验室在内的任何创新平台提高知识创新能力与水平的前提与基础。国防科技重点实验室只有以高水平的学科建设为基础和支撑,确保知识创新拥有明确方向,长期用力,持续攻关,才能有效发挥研究的功能,提高知识创新的质量和效益。与此同时,注重学科培育,有较高的学科水平,尤其是前沿交叉学科,还可以改善重点实验室的人才培养质量,增强重点实验室整体竞争力,从而吸引更多创新资源,而这些最终都会对重点实验室、对整个国家知识创新水平提升产生推动作用。

4．创新管理能力

这里的创新管理能力是指国防科技国家重点实验室在安排和组织实施知识创新过程中拥有和展示出的综合能力，主要体现在创新机制上。重点实验室的知识创新从性质上来讲，属于团队创新，就是说更多地需要协同完成。因此，这就需要各种机制激励创新，从而实现充分激发每一个人的创造性，在合作共赢的氛围中开展创新活动。

以上这四个方面的能力，是从国防科技重点实验室知识创新活动的目的和内容来分析解构的。除此之外，也可以从国防科技重点实验室知识创新过程来分析解构。知识创新过程包括投入和产出两个方面，因此从创新过程上可以将知识创新能力解构为两个方面：一是知识创新投入能力，国防科技重点实验室进行创新活动的资源投入主要有人力资源、实验设施、设备和经费资源等；二是知识创新成果产出能力，知识创新成果是国防科技重点实验室进行知识创新活动的直接产出，一般以论文、科技专著、专利、鉴定成果和科技奖励等形式出现。

8.2　国防科技重点实验室知识创新能力评价体系构建

创新评价在当前已经是非常成熟的理论，从类型上讲，将其分为创新能力和创新绩效评价两大类。这两者尽管在评价目的、评价指标的选择上各有侧重，但在评价指标选择原则、评价实施程序上基本相同。

8.2.1　国防科技重点实验室知识创新能力评价思路与程序

创新能力评价的一般思路是先界定创新能力概念及其构成，然后分析影响能力的因素（包括有哪些、各自的影响权重以及彼此之间的关系），接下来是确定评价指标，选定合适的评价方法，最后是选择具体对象，进行实证分析，验证评价体系的科学性。具体步骤如图 8-1 所示。由于前面已经就概念、能力构成、影响因素等进行了论述，下面重点分析评价指标的筛选和评价方法的选择，最后进行实证分析。

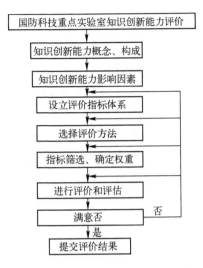

图 8-1　国防科技重点实验室知识创新能力评价步骤

8.2.2　国防科技重点实验室知识创新能力评价指标筛选

国防科技重点实验室知识创新能力建设评价的准确性、所得结果参考价值的大小，有赖于指标体系科学合理的选取，有赖于各个指标权重的确定。

1．评价指标筛选原则

为了确保科学、客观、公正地对国防科技重点实验室进行评价，需要多维度、多层次筛选确定评价指标。依据知识创新的一般原理，结合国防科技重点实验室自身特点，筛选指标需要把握以下原则。

1）科学性和客观性

国防科技重点实验室知识创新能力建设评价指标体系的建立，需要以遵循知识创新内在规律为前提，按照影响知识创新能力与水平的内外部因素确定评价指标，根据各因素影响权重确定每一个指标在评价体系中的权重。同时，要注重把握各个指标的层级关系，采用恰当方法进行数据处理，力求能够客观反映评价对象的知识能力状况。

2）目的性和导向性

国防科技重点实验室知识创新能力建设评价目的之一是发现创新主体知识创新过程中可能存在的问题，引起创新主体注意，进而分析问题、解决问题，促进国防科技重点实验室知识创新目标的实现。为此，评价指标的选取，既要与知识创新战略目标一致，也要能够反映重点实验室的特点，反映基于重点实验室这一平台的创新工作运行特点，从而能够很好地发挥指导创新主体发现问题、分析问题，在解决问题过程中提高知识创新能力与水平。

3）系统性和全面性

国防科技重点实验室知识创新受到多种因素的影响，因此，评价指标体系的设计应力求系统、全面、完整地体现这些影响因素，进而可以全面准确评价国防科技重点实验室知识创新能力。与此同时，考虑到数据的可获得性，增强评估的可操作性，评价指标在保证全面性的前提下，要避免指标可能出现的繁杂性，尽量使指标精简可靠。

4）独立性和可比性

选取国防科技重点实验室知识创新能力评价指标，要尽量确保评价指标在内涵、外延、范围、时间跨度等方面能够清晰认定，标准一致，避免歧义。同时，考虑到评价还有激励作用，因此指标设计要有利于不同知识创新系统进行纵向和横向的对比，不能出现重复性指标或相关性指标，避免出现评价指标冗余。

2. 指标体系确立

根据前面对国防科技重点实验室知识创新能力概念，尤其是构成的分析，可以初步确定知识创造能力、人才创新能力、学科创新能力和管理创新能力这4个一级评价指标。首先选择了10位军事技术知识创新研究领域的专家，以座谈会的方式征询专家们的意见。具体方式是采用李克特5级量表，请专家对所有指标的合理性程度进行评判，进而采用隶属度分析，剔除了"创新团队"等3个二级指标。

考虑到初步筛选的各个指标之间可能有逻辑相关性，导致信息冗余，进而会影响到评价结果的合理性和科学性，结合小样本调研数据，运用SPSS19.0统计软件对各指标进行相关分析，得到相关系数矩阵，对关联程度过强的指标进行分析，删除"创新成果市场转化率"4个指标。对余下的指标运用SPSS软件进行信度、共同度检验，剔除了"知识共享与交流机制""科技中介机构服务水平"2个指标。最后，我们又邀请另一批非军方专家根据指标设立原则开展讨论，通过进一步的解析、提炼，找出影响一级指标的二级指标和具体指标，构成国防科技重点实验室知识创新能力评价指标体系，如图8-2所示。

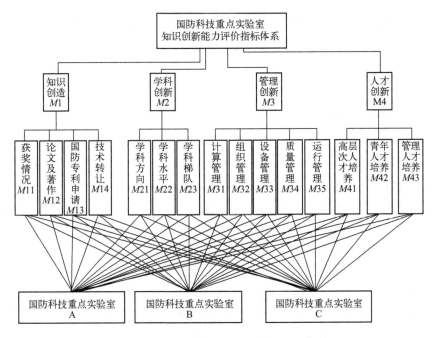

图 8-2　国防科技重点实验室知识创新能力评价指标体系

将知识创造、学科创新、管理创新和人才创新四个一级指标用 M 表示，分别对应知识创造、学科创新、管理创新和人才创新，得到：

$$M = M_1\ M_2\ M_3\ M_4 \tag{8-1}$$

针对一级指标中分别进行分析，确定对应的二级指标模型，如下所示：

$$M_1 = M_{11}\ M_{12}\ M_{13}\ M_{14} \tag{8-2}$$

$$M_2 = M_{21}\ M_{22}\ M_{23} \tag{8-3}$$

$$M_3 = M_{31}\ M_{32}\ M_{33}\ M_{34}\ M_{35} \tag{8-4}$$

$$M_4 = M_{41}\ M_{42}\ M_{43} \tag{8-5}$$

8.2.3　国防科技重点实验室知识创新能力评价方法

无论是能力评价，还是效率评估都有多种评估方法，而评估结果常常会因评估方法的不同而不同。

1．几种主要评价方法

常用的评估方法主要有以下四种：主成分分析法、因子分析法、层次分析法、模糊评价法和灰色关联度评价法[145]。

1）主成分分析法

主成分分析是数学上常用的一种数据降低维度方法。其基本思路是设法将原来很多的具有一定关联性的指标 $X_1, X_2, \cdots, X_n$（设定有 N 个指标），重新组合成一组个数较少并且互不相关的综合指标 F_m，用来代替原有指标。主成分分析法运用的关键之一是如何正确提取综合指标 F_m，从而使其既能最大限度地反映原有指标所代表的信息，又能保证新指标之间信息不重叠，即不会出现冗余信息。

设 F_1 表示原有指标的第一个线性组合所形成的主成分指标，即每一个主成分所提取的信息量可用其方差来度量，其方差 $\text{Var}(F_1)$ 越大，表示 F_1 包含的信息越多。由于希望第一主成分 F_1 所含的信息量最大，因此在所有的线性组合中选取的 F_1 应该是 $X_1, X_2, \cdots, X_n$ 的所有线性组合中方差最大的，故称 F_1 为第一主成分。如果第一主成分不足以代表原来 n 个指标的信息，再考虑选取第二个主成分指标 F_2，为有效地反映原信息，F_2 与 F_1 要保持独立、不相关，用数学语言表达就是其协方差 $\text{Cov}(F_1, F_2)$。因此，F_2 是与 F_1 不相关的、$X_1, X_2, \cdots, X_n$ 的所有线性组合中方差最大的，故称 F_2 为第二主成分，依此类推构造出的 $F_1, F_2, \cdots, F_m$ 为原来指标 $X_1, X_2, \cdots, X_n$ 的第一、第二、及第 m 个主成分。

主成分分析以信息丢失最少为前提，将众多的原有变量综合成较少几个综合指标。通常综合指标（主成分）有以下几个特点：

（1）主成分个数远少于原有变量的个数，原有变量综合成少数几个因子之后，因子可替代原有变量参与数据建模，这将大大减少分析过程中的计算工作量。

（2）主成分能够反映原有变量的绝大部分信息。因子并不是对原有变量的简单取舍，而是原有变量重组后的结果，因此不会造成原有变量信息的大量丢失，并能够代表原有变量的绝大部分信息。

（3）主成分之间应该互不相关。通过主成分分析得出的新的综合指标（主成分）之间互不相关，因子参与数据建模能够有效地解决变量信息重叠、多重共线性等可能给进一步分析应用带来的诸多问题。

（4）主成分具有命名解释性。总之，主成分分析法是研究如何以最少的信息丢失将众多原有变量浓缩成少数几个因子，如何使因子具有一定的命名解释性的多元统计分析方法。

主成分分析法的优点：第一，它利用降低维度技术用少数几个综合变量来代替原始多个变量，这些综合变量集中了原始变量的大部分信息。第二，它通过计算综合主成分函数得分，对客观经济现象进行科学评价。第三，它在应用上侧重于信息贡献影响力综合评价。

主成分分析法的缺点：当主成分的因子负荷的符号有正有负时，综合评价函数意义就不明确，并且其命名清晰性也较低。

2）因子分析法

因子分析法是主成分分析的推广和发展，它将具有错综复杂关系的变量（或样品）综合为数量较少的几个因子，以再现原始变量与因子之间的相互关系，同时，根据不同因子还可以对变量进行分类，它也是属于多元分析中处理降维的一种统计方法。因子分析的基本思想是通过变量的相关系数矩阵（这里只讲 R 型因子分析）内部结构的研究，找出能控制所有变量的少数几个随机变量，来描述多个变量之间的相关关系。这少数几个随机变量是不可观测的，称为因子。因子分析常有以下四个基本步骤：

（1）确认将要分析的原有若干变量是否适合作因子分析。因子分析的前提要求是原变量应有较强的相关关系，从而能从中综合反映某些变量共同特征的几个较少的公共因子变量。

（2）构造因子变量。可用主成分分析法构造 m 个主因子，用主因子表示原始变量的正交因子模型

$$X_{P \times 1} = A_{p \times m} F_{m \times 1} + \varepsilon_{p \times 1}$$

式中，F 为 X 的公共因子或潜因子；$A = (a_{ij})_{p \times m}$ 为因子载荷矩阵，a_{ij} 为因子载荷，即第 i 个变量在第 j 个公共因子的相关系数，反映了第 i 个变量在第 j 个公共因子下的相对重要性。

（3）利用旋转方法使因子变量更具有可解释性。因子载荷矩阵不是唯一的，若 $\forall_{m \times m}$ 是正交矩阵，则因子模型 $X_{p \times 1} = A_{p \times m} F_{m \times 1} + \varepsilon_{p \times 1}$ 可以写成 $X = (A\forall)(\forall'F) + \varepsilon$，而 $\forall'F$ 仍满足分量间的相互独立，且与 ε 不相关。$\forall'F$ 也是公共因子，$A\forall$ 也是因子载荷，可将其看作是对 A 的旋转。找到合适的 $\forall$，使旋转后的因子载荷矩阵结构简化，即每个变量仅在一个公共因子上有较大的载荷，而在其余公共因子上的载荷比较小，便于对公共因子进行解释。可用常用方差最大正交旋转法来实现这一目标，正交旋转后，某个变量在某个因子

上的载荷趋于较大，在其他因子上的载荷趋于较小，该因子变量就能够成为某个变量的典型代表。

（4）计算因子变量得分。构造因子变量是为了计算因子得分，由于公共因子最能反映原始变量的相关关系，所以用公共因子代替原始变量进行研究。首先需要构造因子得分函数，它是公共因子关于原始变量的一个线性组合，其次计算公共因子的得分，最后按某一因子得分对样本进行排序和分类。

3）层次分析法

层次分析法是美国运筹学教授 Saaty 于 20 世纪 70 年代初期提出来的。作为一种定性与定量相结合的方法，层次分析法将人的思维过程层次化、数量化，并用数学方法为分析、决策、预报或控制提供定量的依据。简单来说，层次分析法的基本思路是，评价者通过将复杂问题分解为若干层次和若干要素，并在同一层次的各要素之间进行简单的比较、判断和计算，就可以得出不同替代方案的重要程度，从而为选择最优方案提供决策依据。

层次分析法的特点是能将人们的思维过程数学化、系统化，便于人们接受，所需定量数据信息较少。

层次分析法的过程可分为四个基本步骤：

（1）建立层次结构模型；

（2）构造出各层次中的所有判断矩阵；

（3）层次单排序及一致性检验；

（4）层次总排序及一致性检验。

层次分析法的优点：

（1）分析方法系统性。层次分析法把研究对象作为一个系统，按照分解、比较判断和综合的思维方式进行决策，而且在每个层次中的每个因素对结果的影响程度都是量化的，非常清晰、明确。

（2）决策方法简洁实用。这种方法既不单纯追求高深的数学理论，又不片面注重行为、逻辑、推理，而是把定量方法与定性方法有机结合起来，使复杂的系统分解，即使是具有中等文化程度的人也可了解层次分析法的基本原理并掌握其基本步骤。

（3）所需定量数据信息较少。由于层次分析法是模拟人们决策过程的思维方式的一种方法，比一般的定量方法更讲求定性的分析和判断。

层次分析法的缺点：

（1）不能为决策提供新的方案。层次分析法只能从原有方案中进行选择，忽视了决策者自身创造力不足的特点。

（2）定量数据较少，定性成分多，可能不具有说服力。

4）模糊评价法

模糊评价方法是借助模糊数学的一些概念，对实际的综合评价问题提供一些评价的方法。具体来说，模糊评价就是以模糊数学为基础，应用模糊关系合成的原理，将一些边界不清、不易定量化的因素定量化，从多个因素对被评价事物隶属等级状况进行综合性评价的一种方法。

模糊评价方法的基本步骤为：

（1）确定被评价对象的因素（指标）集合评价（等级）集；

（2）确定各个因素的权重及它们的隶属度向量，获得模糊评判矩阵；

（3）把模糊评判矩阵与因素的权向量进行模糊运算并进行归一化，得到模糊综合评价结果。

模糊评价方法的特点在于评估对象逐个进行，确保被评价对象有唯一的评价值，不受被评价对象所处对象集合的影响。综合评价的目的是要从对象集中选出优胜对象，所以还要将所有对象的评价结果进行排序。

模糊评价方法的优点：

（1）模糊评价通过精确的数字手段处理模糊的评价对象，能够对蕴藏信息呈现模糊性的资料做出比较科学、合理、贴近实际的量化评价。

（2）模糊评价结果是一个向量，而不是一个点值，包含的信息比较丰富，既可以准确地描述被评价对象，又可以进一步加工，得到参考信息。

（3）模糊统计方法和隶属函数为定性指标定量化，实现了定性和定量方法的有效集合。

模糊评价方法的缺点：

（1）计算复杂，对指标权重向量的确定主观性较强。

（2）评估指标间的相关性会造成评估信息重复的问题。

（3）当指标集的范围较大时，在权向量和为 1 的约束条件下，相对隶属度权系数往往会偏小，结果可能会出现超模糊现象，分辨率很差，无法区分谁的隶属度更高，甚至会造成评判失败。

5）灰色关联度评价法

关联度是因素之间关联性大小的量度，可定量地描述各因素之间相对变化的情况。灰色关联度分析是一种多因素统计分析方法，用灰色关联度来描述因素间关系的大小、强弱和次序。从思路上看，关联度分析属于几何处理范畴。其基本思想是根据序列曲线几何形状的相似程度来判断其联系是否紧密，即认为几何形状越接近，则发展变化态势越接近，关联程度越大。

灰色关联度分析方法的基本步骤：

（1）整理评估指标体系所需的基础数据，构造出原始矩阵。

（2）评估指标的规范化处理。用改进的功效系数法将指标无量纲化。

（3）求差序列、最大差和最小差。计算参考序列和其余各列对应期的绝对差值，形成绝对差值矩阵。

（4）计算关联系数。

灰色关联度评价方法的优点：

（1）灰色关联度评价方法只需要少量的数据样本即可。

（2）灰色关联度评价方法不需要将数据进行归一化处理，可直接使用原始数据进行计算，并且计算简单、易理解。

灰色关联度评价方法的缺点：

（1）灰色关联度评价方法的指标相关性会带来评价信息重复的问题，因此指标的选择至关重要。

（2）灰色关联度评价方法所求出的关联度系数只考虑了事物之间的正相关关系，而忽视了事物之间的负相关关系，容易因此而得出错误的结论。

（3）灰色关联度评价的定量模型的基础理论非常有限，仅仅根据曲线形状相似度来判断因素之间的相关性是不合适的。

2．评价方法的选择

前面介绍了创新能力评价方法，在具体评价某一重点实验室知识创新能力时，需要结合初步确定的指标选择适当的评估方法。考虑到知识创新能力评价是一个系统的概念，为了确保评价客观准确，评价时大多需要采用综合评价的方法。需要说明的是，无论用什么样的评价方法都要解决一个问题，即评价指标的赋权问题。

确定评价指标的权重是衡量企业创新能力的一个关键环节。评价指标的赋权方法多种多样，但本质上可以分为两类，即主观赋权法和客观赋权法。主观赋权法是一种定性分析法，基于专家评价或主观经验，事先设定好综合评价指标体系中各项指标的权重。客观赋权法是基于评价指标体系中每一个指标的内在联系，利用多元统计分析方法，确定各评价指标的权重。在实践中，传统上大多使用主观评价方法，该方法简单明了，优势突出，被广泛接受和使用，但也有技术方面的一些缺陷。用主观赋权法评价指标的数字特征实际上与要确定的权重没有联系，权重只是评价指标体系所反映内容的重要程度的主观判断。在不考虑评价指标之间内在联系的条件下，经常出现重要的评价指标判断过高或过低的情况，使评价指标难以客观地反映评价对象。另外，由于评价指标体系中的评价指标的重要性是随着时间的变化而变化的，而主观赋权法的权重基本保持不变，这将大大影响评价结果的准确性和有效性。

前文所述的评价方法在评价指标的赋权方面都有各自的缺点。具体说来，层次分析法和模糊评价法属于主观赋权评价方法，采用的是定性的方法，其权重的确定主要来自专家经验和主观判断。主成分分析法是客观赋权评价方法，其权重的确定主要看各项指标的变异系数和指标间的相关关系。灰色关联度评价法在评价过程中往往会因为不能很好地解决指标之间的相关性导致评价信息重复。模糊评价法和层次分析法由于主观太强，导致评价结果说服力过低。主成分分析法各指标之间只有纵向比较，缺乏横向比较，这样会使评价结果出现偏差。

8.2.4　国防科技重点实验室知识创新能力评价模型

权重是对指标的重要程度的模糊表示，本节我们应用基于德尔菲的模糊层次分析方法确定指标影响权重。前文提到常用的创新能力评价方法，其中使用频率最高的方法是具有复杂层次结构的多目标决策分析技术——层次分析法。考虑到知识创新能力的部分评价指标无法准确地定量描述，是"亦此亦彼"的模糊状态，而且指标属性间的关系绝大多数为非线性关系，仅采用层次分析法难以获得合理的指标权重，因此，选择模糊层次分析法（F-AHP）这种定性分析和定量分析相结合的多目标决策法。根据上述原理，可以得到各层级权重集[145]。

一级指标 M 的权重如式（8-6）所示，其中 n 表示一级指标的数量。

$$W_f = w_1\ w_2\ \cdots\ w_n \qquad (8\text{-}6)$$

W_{is} 表示第 i 项一级指标对应的次级指标权重，则有：

$$W_{is} = w_{i1}\ w_{i2}\ \cdots\ w_{im} \qquad (8\text{-}7)$$

式中，m 表示第 i 项一级指标对应的次级指标的个数，$i \in \{1, 2, 3, 4\}$。

由于重点实验室知识创新及其评价受多种因素影响，因此其评价不应该具有绝对性，而应该以一个模糊集合来表示。本书将国防科技重点实验室知识创新评价等级分为优、良、中、差四个模糊子级别，采用德尔菲方法统计重点实验室各级指标的能力水平，针对各级指标进行层次化计算。首先针对二级指标进行综合评价计算：

$$F_i = W_{is} \cdot E_{is} \qquad (8\text{-}8)$$

式中，E_{is} 表示对应二级指标下的模糊评价矩阵，由于评价等级有 4 个级别，则有：

$$E_{is} = \begin{pmatrix} a_{11} & \cdots & a_{14} \\ \vdots & & \vdots \\ a_{i1} & \cdots & a_{i4} \end{pmatrix} \qquad (8\text{-}9)$$

同理，针对一级指标进行综合评价计算，得到最终的评价水平：

$$J_f = W_f \cdot F \qquad (8\text{-}10)$$

式中，F 大小为 $n \times 4$。

到此，我们就可以对国防科技重点实验室的知识创新能力进行判断。基本思路就是对获得的模糊子集用最大隶属度原则进行直接识别，即选择评价水平等级中的最大值 R_j 为最终评价结果，有：

$$R_j = \max(J_{fj1} : J_{fj4}) \qquad (8\text{-}11)$$

式中，j 为对应的评价对象编号，这里拟评价的重点实验室有 3 家，因此 $j \in \{1, 2, 3\}$。

8.3 国防科技重点实验室知识创新能力评价实证分析

这里以三家国防科技重点实验室为研究对象，通过对专家的半结构化访谈和收集文献，可判定国防科技重点实验室知识创新能力要素一级指标 4 个（分别是知识创造、学科创新、管理创新和人才创新），二级指标 15 个（获奖情况、论文及著作、国防专利申请、技术转让、学科方向、学科水平、学科梯队、计划管理、组织管理、设备管理、设备管理、运行管理、高层次人才培养、青年人才培养、管理人才培养），这也构建了国防科技重点实验室知识创新能力评价的层次模型。

依据德尔菲方法，向知识创新领域的权威专家寄出三轮调查问卷，包括对 4 个一级指标重要性评价和对应指标下的创新能力的评价。问卷中，一级指标重要性评分区间为 0～1，1 表示最重要，0 表示无关；二级指标创新能力强弱等级用"优、良、中、差"表示。共发放三轮问卷，其中第一轮寄出 36 份，有效反馈 35 份；第二轮寄出 35 份（第一轮反馈的专家），有效反馈 32 份；第三轮寄出 32 份（第二轮反馈的专家），有效反馈 30 份。用"隶属度"对 19 项指标的重要程度和三家重点实验室的各评价数据进行模糊隶属度评价，对反馈结果进行统计，可得三家国防科技重点实验室的指标权重和创新能力评价，如表 8-1 所示。

以国防科技重点实验室 A 为对象，基于模糊层次分析法，对一级指标下的二级指标分析，权重集和评价集分别为：

$$W_{1s1} = [0.35 \quad 0.25 \quad 0.25 \quad 0.15] \tag{8-12}$$

$$E_{1s1} = \begin{bmatrix} 0.30 & 0.50 & 0.20 & 0.00 \\ 0.40 & 0.40 & 0.10 & 0.10 \\ 0.40 & 0.40 & 0.10 & 0.10 \\ 0.10 & 0.30 & 0.40 & 0.20 \end{bmatrix} \tag{8-13}$$

应用模糊数学模型，计算得到模糊子集：

$$F_1 = W_{1s1} \cdot E_{1s} = [0.32 \quad 0.42 \quad 0.18 \quad 0.08] \tag{8-14}$$

同理计算得：

$$F_2 = [0.285 \quad 0.325 \quad 0.29 \quad 0.1] \tag{8-15}$$

$$F_3 = [0.35 \quad 0.3675 \quad 0.2325 \quad 0.05] \tag{8-16}$$

$$F_4 = [0.44 \quad 0.385 \quad 0.145 \quad 0.03] \tag{8-17}$$

则由二级指标得到的一级指标综合评价特征值如下：

$$F = \begin{bmatrix} 0.32 & 0.42 & 0.18 & 0.08 \\ 0.285 & 0.325 & 0.29 & 0.1 \\ 0.35 & 0.3675 & 0.2325 & 0.05 \\ 0.44 & 0.385 & 0.145 & 0.03 \end{bmatrix} \tag{8-18}$$

表8-1　三家国防科技重点实验室的指标权重和创新能力评价

一级指标	权重	二级指标	权重	国防科技重点实验室A				国防科技重点实验室B				国防科技重点实验室C			
				优	良	中	差	优	良	中	差	优	良	中	差
M_1	0.35	M_{11}	0.35	0.30	0.50	0.20	0.00	0.30	0.20	0.30	0.20	0.30	0.30	0.30	0.10
		M_{12}	0.25	0.40	0.40	0.10	0.10	0.30	0.30	0.20	0.20	0.40	0.40	0.10	0.10
		M_{13}	0.25	0.40	0.40	0.10	0.10	0.40	0.40	0.10	0.10	0.40	0.50	0.10	0.00
		M_{14}	0.15	0.10	0.30	0.40	0.20	0.10	0.30	0.40	0.20	0.40	0.40	0.20	0.00
M_2	0.30	M_{21}	0.40	0.20	0.30	0.40	0.10	0.10	0.30	0.40	0.20	0.50	0.30	0.20	0.00
		M_{22}	0.35	0.30	0.30	0.30	0.10	0.30	0.30	0.30	0.10	0.45	0.40	0.15	0.00
		M_{23}	0.25	0.40	0.40	0.10	0.10	0.40	0.40	0.10	0.10	0.50	0.30	0.20	0.00
M_3	0.20	M_{31}	0.25	0.50	0.40	0.10	0.00	0.30	0.30	0.30	0.10	0.30	0.10	0.40	0.20
		M_{32}	0.25	0.40	0.40	0.20	0.00	0.20	0.40	0.20	0.20	0.40	0.20	0.30	0.10
		M_{33}	0.25	0.30	0.30	0.30	0.10	0.30	0.30	0.30	0.10	0.40	0.40	0.20	0.00
		M_{34}	0.10	0.20	0.40	0.30	0.10	0.20	0.40	0.30	0.10	0.40	0.20	0.30	0.10
		M_{35}	0.15	0.20	0.35	0.35	0.10	0.20	0.35	0.35	0.10	0.45	0.20	0.35	0.00
M_4	0.15	M_{41}	0.40	0.50	0.40	0.10	0.00	0.20	0.40	0.10	0.30	0.50	0.40	0.10	0.00
		M_{42}	0.30	0.40	0.40	0.20	0.00	0.30	0.20	0.30	0.20	0.40	0.40	0.20	0.00
		M_{43}	0.30	0.40	0.35	0.15	0.10	0.30	0.35	0.25	0.10	0.35	0.40	0.20	0.05

一级指标的权重集如下：

$$\boldsymbol{W}_{f1}=[0.35 \quad 0.3 \quad 0.2 \quad 0.15] \tag{8-19}$$

因此，国防科技重点实验室 A 的知识创新能力综合评价水平如下：

$$\boldsymbol{J}_{f1} = \boldsymbol{W}_{f1} \cdot \boldsymbol{F}=[0.3335 \quad 0.37575 \quad 0.21825 \quad 0.0725] \tag{8-20}$$

重复上述计算流程，计算得到的国防科技重点实验室 B 的国防科技重点实验室 C 的知识创新能力综合评价水平分别如下：

$$\boldsymbol{J}_{f2} =[0.26575 \quad 0.31625 \quad 0.25825 \quad 0.15975] \tag{8-21}$$

$$\boldsymbol{J}_{f3} =[0.41275 \quad 0.342 \quad 0.205 \quad 0.04025] \tag{8-22}$$

由式（8-20）～式（8-22）可知，三家国防科技重点实验室知识创新能力综合评价级别的特征值如表 8-2 所示。

表 8-2　三家国防科技重点实验室知识创新能力综合评价级别的特征值

企业 ＼ 级别	优	良	中	差
国防科技重点实验室 A	0.33350	0.37575	0.21825	0.07250
国防科技重点实验室 B	0.26575	0.31625	0.25825	0.15975
国防科技重点实验室 C	0.41275	0.34200	0.20500	0.04025

根据最大隶属度原则和式（8-11），分析表 8-2 可得：国防科技重点实验室 A 和 B 知识创新评价水平等级良好，对应最大值，分别为 0.37575 和 0.31625。国防科技重点实验室 C 知识创新等级优秀，对应最大值 0.41275。在同一知识创新能力评价框架下，三家国防科技重点实验室的知识创新能力水平中国防科技重点实验室 C 最佳。

上述结果表明，国防科技重点实验室 C 在学科创新和管理创新上优势突出；国防科技重点实验室 A 和 B 应加强学科方向进一步凝练，要注重提升学科建设水平；完善实验室管理机制，优化设备管理、质量管理和运营管理流程和方法。

本章小结

通过以上分析，可以得到以下几点启示：

（1）国防科技重点实验室知识创新能力是由知识创造、学科创新、管理创新和人才创新四大因素决定。其中，知识创造在知识创新能力提升中占据重要地位，是知识创新能力建设的前提因素；实验室运行管理机制是重点实验室知识创新能力提升的保障；人才队伍建设是其根本。

（2）通过提炼国防科技重点实验室知识创新评价体系中的共性指标，可对其他创新平台和创新主体微观层次的评价指标进行适应性拓展研究，提高评价框架在其他领域微观层面评价的泛化能力。

（3）这里的研究方法仅适用于国防科技重点实验室知识创新的评价研究，对其他类型创新平台的创新行为评价，仍需结合一般评价理论进行深入研究。

第 9 章

国防科技重点实验室知识创新
能力提升政策建议

● ● ● ● ● ● ● ●

　　包括国防科技重点实验室在内的国家级重点实验室平台是知识传播、创造、应用的中心，是高水平科研成果和培养高层次专门人才的中心，在建设创新型国家，提高整个国家知识创新能力与水平中有着十分重要的地位与作用。在对基于国家级重点实验室平台知识创新的理论基础、人才队伍、学科发展等诸问题进行了系统的阐释之后，对如何基于国家级重点实验室平台提升知识创新能力这一问题的回答，自然成为课题论证链条的终端，也是课题的落脚点。根据前面理论基础部分对影响知识创新主体因素分析的逻辑，本章从管理的三个不同层面提出对策建议。

9.1　政府部门层面政策建议

　　为了提升国家级重点实验室知识创新能力与水平，本节探讨中央政府和国家级重点实验室的宏观管理部门和国家重点实验室主管部门应该怎么制定政策，制定什么政策，采取什么举措。

9.1.1 统筹国家重点实验室建设发展

国家重点实验室的宏观管理部门要根据国家经济社会发展和科学技术发展的需求，认真研究事关实验室发展的重大问题，做好国家级重点实验室布局的顶层设计和规划，整合资源，优化布局，努力构筑综合水平高、整体实力强、核心优势突出的实验室格局，为提高我国自主创新能力，建设创新型国家贡献力量。

优化国家重点实验室布局。面向世界科技前沿、面向经济主战场、面向国家重大需求，构建定位清晰、任务明确、布局合理、开放协同、分类管理、投入多元的国家重点实验室建设发展体系，实现布局结构优化、领域优化和区域优化。适应大科学时代基础研究特点，在现有试点国家实验室和已形成优势学科群基础上，组建国家研究中心（地名加学科名），统筹学科、省部共建，企业、军民共建和港澳伙伴的国家重点实验室等建设发展。为确保实验室布局符合国家级重点实验室的定位，顶层规划应该坚持以下三条原则。一是要坚持以国家需求为导向。国家需求代表着国家经济、社会和科技发展的走向。服务于国家需求，尤其是战略性需求是国家级重点实验室应有的责任。因此，要按照国家战略需求进行国家级重点实验室的战略布局。二是要坚持以重大问题为目标。2016 年 8 月 8 日，依据《中华人民共和国国民经济和社会发展第十三个五年规划纲要》《国家创新驱动发展战略纲要》和《国家中长期科学和技术发展规划纲要（2006—2020 年）》，国务院印发了《"十三五"国家科技创新规划》的通知，明确了"十三五"时期科技创新的总体思路、发展目标、主要任务和重大举措。制定国家级重点实验室建设发展规划，必须以这些重大科学问题和技术问题及由此衍生的重大科研项目为目标，通过集中攻关，实现重要基础研究、重大战略产品或关键共性技术的突破。三是要坚持以资源整合为重点，包括人才、学科、设备、信息等在内的各类资源等是国家级重点实验室运行发展必不可少的基本条件。资源的稀缺性要求在制定国家级重点实验室规划时充分考虑各类资源的整合，在国家级重点实验室运行过程中加强各类资源的共享，切实改变资源分散、低水平重复建设的问题，进一步拓展已有资源的潜能，发挥资源的整体效益。

具体而言，要面向学科前沿和经济社会及国家安全的重要领域，以提升原始创新能力为目标，引领带动学科和领域发展，在科学前沿、新兴、交叉、边缘等学科及布局薄弱与空白学科，主要依托高等院校和科研院所建设一批学科国家重点实验室。通过强化第三方评估，对现有学科国家重点实验室进行全面评价，实现实验室动态优化调整。面向区域经济社会发展战略布局，以解决区域创新驱动发展瓶颈问题为目标，提升区域创新能力和地方基础研究能力，主要依托地方所属高等院校和科研院所建设省部共建国家重点实验室。面向产业行业发展需求，以提升企业自主创新能力和核心竞争力为目标，促进产业行业技术创新，启动现有企业国家重点实验室的评估考核和优化调整，在此基础上，主要依托国家重点发展的产业行业的企业开展企业国家重点实验室建设。按照新形势下军民融合发展的总体思路，以支撑科技强军为目标，加强军民协同创新，会同军口相关管理部门，依托军队所属高等院校和科研院所建设军民共建国家重点实验室。面向科学前沿和区域产业发展重点领域，以提升港澳特区科技创新能力为目标，加强与内地实验室协同创新，主要依托与内地国家重点实验室建立伙伴关系的港澳特区高等院校开展建设。

9.1.2　加强科技基础条件保障能力建设

科技基础条件保障能力是国家科技创新能力建设的重要组成部分，是实施创新驱动发展战略的重要基础和保障，是提高一个国家包括知识创新力在内的综合竞争力的关键。

加强重大科研基础设施建设。支持有关部门、地方依托高等院校和科研院所围绕科技创新需求共同新建重大科研基础设施，形成覆盖全面、形式多样的国家科研设施体系。创新体制机制，强化科研设施与国家科技创新基地的衔接，提高成果产出质量，充分发挥科研设施在创新驱动发展中的重要支撑作用。

加强国家质量技术基础研究。开展新一代量子计量基准、新领域计量标准、高准确度标准物质和量值传递扁平化等研究，开展基础通用与公益标准、产业行业共性技术标准、基础公益和重要产业行业检验检测技术、基础和新兴领域认证认可技术等研究，研发具有国际水平的计量、标准、检验检测和认证认可技术，突破基础性、公益性的国家质量基础技术瓶颈，研制事关我国核心利益的国际标准，提升我国国际互认计量测量能力，在关键领域形成全链条的"计量—标准—检验检测—认证认可"整体技术解决方案并示范应用，实现国家质量技术基础总体水平与发达国家保持同步。

加强科研用试剂研发和应用。以市场需求为导向，推动以企业为主体、产学研用相结合的研发、生产与应用的协同创新。重点围绕人口健康、资源环境及公共安全领域需求，加强新技术、新方法、新工艺、新材料的综合利用和关键技术研究，开发出一批重要的具有自主知识产权的通用试剂和专用试剂，注重高端检测试剂、高纯试剂、高附加值专有试剂的研发，加强技术标准建设，完善质量体系，提升自我保障能力和市场占有率，增强相关产业的核心竞争力。

9.1.3　加强实验室运行监管

坚持《国家重点实验室建设与运行管理办法》中明确的分级分类管理制度，坚持稳定支持、动态调整和定期评估，不断加强对国家重点实验室的管理，提高实验室运行质量与效率。

具体来讲，要采取措施加强实验室管理制度建设，建立健全实验室长效运行监督机制，完善进入、退出机制。加大优胜劣汰工作力度，对创新能力强、运行效益高的实验室，在条件建设和科研经费方面给予重点支持，同时推广其经验和做法；对创新能力弱、管理不善、运行较差的实验室要减少支持直至摘牌。继续组织定期评估，不断完善评估程序和指标体系，严格评估奖惩措施，所有实验室都要根据评估意见对存在的问题进行整改。组织制订实验室五年发展计划和年度工作计划，进一步明确发展目标，凝练重大科学问题。

9.1.4　全面推进科技资源开放共享和高效利用

在既定科技基础条件下，科技资源的开放共享程度与创新平台知识创新效率正相关。因此，提升包括国防科技重点实验室在内的国家级创新平台的知识创新能力与水平，必须注重推进科技资源的开放共享和高效利用。

深入推进科研设施与仪器开放共享。全面落实《关于国家重大科研基础设施和大型科研仪器向社会开放的意见》的要求，完善科研设施与仪器国家网络管理平台建设，建成跨部门、多层次的网络管理服务体系。强化管理单位法人主体责任，完善开放共享的评价考核和管理制度。以国家重大科研基础设施和大型科研仪器为重点，开展考核评价工作，对开放效果显著的管理单位给予补助支持。积极探索仪器设施开放共享市场化运作新模式，培育一批从事仪器设施专业化管理与共享服务的中介服务机构。深化科技计划项目和科技创新基地管理中新购大型科学仪器设备购置必要性评议工作，从源头上杜绝仪器重复购置，提高科技资源配置的效益。

强化各类国家科技创新基地对社会开放。健全科技创新基地开放共享制度，深化科技资源开放共享的广度和深度，把科技创新基地开放共享服务程度作为评估考核的重要指标。围绕重大科技创新活动、重大工程建设及大众创新、万众创业的需求，推动各类科技创新基地开展涵盖检验检测、专家咨询、技术服务等方面的专题服务，充分发挥科技创新基地的公共服务作用。

积极推动科学数据、生物种质和实验材料共享服务。研究制定国家科学数据管理与开放共享办法，完善科学数据的汇交机制，在保障知识产权的前提下推进资源共享。加强生物种质和实验材料收集、加工和保藏的标准化，改善保管条件，提高资源存储数量和管理水平，完善开放模式，提高服务质量和水平，为国家科技创新、重大工程建设和社会创新活动提供支撑服务。

9.2　依托单位层面政策建议

国家重点实验室的依托单位主要以中科院各研究所、重点大学为主体，此外还有部分企业（中央企业为主体），以及军队院校和科研院所。作为重点实验室建设和运行管理的具体负责单位，提升国家级重点实验室的知识创新能力水平，依托单位要在严格履行《国家重点实验室建设与运行管理办法》中明确职责的基础上，重点抓好以下几点。

9.2.1　注重扶持支持

重点实验室的形成与发展需要依托单位提供有力的经济支撑与良好的环境氛围，主要包括由设备、设施等构成的硬件支撑体系和由知识、信息、创新文化、创新环境等构成的软件支撑系统。依托单位应把有限的物力、财力投到急需的地方去，为重点实验室进行的科学研究和技术创新提供良好的支持，使有限的资源投入实现效益的最大化。对重点实验室承担的重大研究课题，要经过专家论证后，根据不同情况，确保配备必需的经费。对基础性强、市场化弱、国家急需的研究项目和方向，依托单位要根据科技创新实际需要，从实验室建设、科研经费等方面给予综合配套支持。

依托单位要采取多种措施，构建一个有利于创新的知识交流平台，包括在学术交流上积极创造条件，支持重点实验室成员开展国内外学术、技术交流活动；有计划、有重点地选拔他们到国内外知名高校、科研机构、知名企业从事研修工作，促进他们与国内外的高水平专家、学者的学术和技术交流；鼓励和支持重点实验室成员通过竞争获得资助，承担国家和地方的重大科研工作和重大工程项目。

除此之外，依托单位要对实验室在岗位编制、研究生名额、后勤保障等方面予以倾斜，在实验室人员职称评定、业绩认定和考核等方面执行特殊政策。

9.2.2　突出监督考核

依托单位按照《国家重点实验室建设与运行管理办法》的要求，切实履行职责，在人员聘任、年度计划制订和总结、考核评估等环节中加强指导和把关，协助做好预警工作，督促和监督实验室工作计划的执行和经费的使用。

依托单位要在会同主管部门做好五年规划的基础上，注重加强国家重点实验室的日常管理和年度考核，探索建立稳定支持和目标考核相结合的新机制。年度考核主要对实验室自主课题部署、人才引进和培养、对外开放等年度工作计划的执行情况进行检查，对实验室可能存在的问题及时预警，并抄报科技部备案。年度考核制度化、规范化，既可以促进实验室的规范管理，又可以增进实验室的相互交流，还可以加强国家重点实验室的宣传力度，更重要的是可以保证实验室接受社会各界的广泛监督，是提高实验室知识创新能力水平的有效手段。

依托单位对重点实验室实施年度考核，要考核一年工作的概况、承担任务和研究成果的详细清单、人员名单和基本情况、人才培养、国内外学术交流与合作等基本情况，更要突出对运行管理情况、可能存在问题等的分析，对下一年度发展思路的分析，以把握方向，确保重点实验室高效运行。

9.2.3　注重营造氛围

国家重点实验室是一个分散的系统，在这个系统中树立一个良好的科技创新环境就必须要有一个健康、良性循环的科研氛围。科研环境包括政府的支持、公众对科研的理解、科研人员的研究态度等。依托单位要在职责范围内加大对国家重点实验室的科研支持力度，促使其研究人员专心于科学研究；应对科研人员进行职业素质教育，将严谨、认真、仔细、负责的良好科研理念注入每个科研人员的脑海中，成为每个人的职业标准。

9.3　实验室层面对策建议

重点实验室是依托大学和科研院所建设的科研实体，实行人财物相对独立的管理机制和"开放、流动、联合、竞争"的运行机制。重点实验室自身管理水平高低与创新能力强弱，显然关系着实验室知识创新。

9.3.1　加强学科创新建设

加强学科创新建设，学科创新是发展的不竭动力，只有学科的不断创新，才能逐步推进整体的科技创新[145]。因此，重点实验室要把加强学科创新建设作为提高知识创新能力水平的一项基础性工作去抓，不断调整学科结构，加强学科交叉，开拓新的研究方向，探索新的研究方法，形成新的学科优势，确保学科的可持续发展。同时要坚持"有所为、有所不为"的原则，集中力量，实现有限目标，要注重利用原有优势学科来带动新兴学科的发展。通过与新兴学科的交叉，促进传统优势的进一步扩大，通过这样的交叉结合，一方面保持传统优势学科的更新和发展，另一方面最大限度地利用好传统优势学科的有形和无形资产，带动其他学科的发展，从整体上保障重点实验室科研能力的持续提升。

特色和优势是任何科研型重点实验室健康生存和发展的关键所在。因此，在学科创新建设中，重点实验室要发挥优势，以特色取胜，从而尽快达到上水平、出标志性成果的目标。具体操作应抓住国家科技创新体系建设的难得机会，围绕科技前沿和国家需要，根据自身特色和优势，与企业、研究院所及其他科研创新平台之间形成优势互补，成为战略伙伴，以重点项目为抓手，提高原始创新和集成创新的能力，推进重点实验室建设取得新的突破，产生新的创新成果，实现跨越式发展。

9.3.2　加强人才培养和创新团队建设

当今世界，人才资源已经成为最重要、最宝贵的战略资源。人才培养和团队创新能力建设是重点实验室建设的首要任务。

实施人才超前培养战略，开展有计划、分层次地培养学科带头人、后备学科接班人和青年学术骨干等工作，力求培养出一批具有国内外一流学术水平的跨世纪学科带头人和一批结构合理、精干高效的科研团队，为今后承担重大课题提供实施保障。对于学科带头人的培养，通过国家杰出青年科学基金、青年科学基金、人才奔腾计划等专项人才培养基金体系，或通过主持、参加国际学术会议及合作研究、出国考察等措施，造就一批优秀的科学家；对于后备学术接班人和青年学术骨干，安排他们攻读在职博士、硕士，或通过国内外进修及学术带头人传帮带等途径，培养他们领衔各类重大科研项目的能力。

科研团队建设需培养科研人员良好的科学素养、团结协作精神及创新精神，以发挥协同作战的整体优势及适应新兴学科的需要。与此同时，为适应管理创新，还需培养一支稳定精干的管理队伍，为实验室建设提供后勤保障。

9.3.3　加强重点实验室创新管理

国家级重点实验室要本着强强联合、优势互补的原则积极开展高水平、实质性合作交流，不能满足于科研设备对外服务、"扶贫式"开放课题等低水平开放；要建立访问学者制度，加快向国际开放，部分实验室应成为国际科学研究中心。要加强实验室之间、实验室与国内其他优势单位之间的协调与联合，通过组织实验室主任交流会、成立联合学术委员会等方式，对相近领域实验室研究方向和自主研究课题的设置进行审议，避免分散、重复研究。

要积极运用知识管理、学习型组织、组织学习的方法和技术，提高实验室知识创新的水平；要把制度建设和团队文化建设结合起来，营造开放、共享、公平、和谐的团队氛围，激发实验室成员的主动性和积极性；要不断优化队伍的年龄结构、学科结构和层次结构，建设和谐的成员合作方式，建立鼓励年轻人成长的氛围，鼓励新的学术思想，为具有个性的成员提供发展空间；要通过运用先进的管理方法，建立协同的运行机制，把科学研究和人才培养紧密结合起来，互相促进。

国家重点实验室要完善内部管理，加强室务公开，重大事项决策和经费使用要公开透明。实验室应根据《国家重点实验室建设与运行管理办法》和《国家重点实验室专项经费管理办法》制定自主研究课题和开放课题的立项、过程管理和考核评价的办法，加强民主管理。

本章小结

基于前面各章节的分析与论述，从政府和宏观管理部门、依托单位和重点实验室自身三个层面提出了增强国防科技重点实验室知识创新能力与水平的对策措施。就政府和宏观管理部门而言，指出中央政府和国家级重点实验室的宏观管理部门应该统筹国家重点实验室建设发展，加强科技基础条件保障能力建设，加强对国家重点实验室的运行监管，全面推进科技资源开放共享和高效利用；就依托单位而言，指出作为重点实验室建设和运行管理的具体负责单位，提升国家级重点实验室的知识创新能力水平，依托单位要注重通过扶持支持完善重点实验室的软/硬件系统，突出监督考核，提高实验室运行质量与效率，与此同时，还要注重营造良好的知识创新氛围；从重点实验室自身来讲，提出重点实验室要注重加强学科创新建设，加强人才培养和创新团队建设，加强创新管理。

第 10 章

结论与展望

● ● ● ● ● ● ●

基于科学研究规模和复杂程度日益加大，学科领域交叉融合日益深化，新兴学科、边缘学科不断涌现的大背景，本书研究国防科技重点实验室如何进一步发挥好项目、基地、人才相结合的优势，不断提升自身知识创新绩效，进而为增强国防科技和武器装备发展领域的知识创新能力、建设创新型国家发挥更大作用，贡献更大力量。

10.1　主要工作

本书以国防科技重点实验室知识创新绩效提升需求为导向，运用知识管理理论、组织学习理论、内部协同创新理论和团队创新绩效理论，分析研究国防科技重点实验室知识创新影响因素、过程、网络体系，论述学科建设、创新人才、文化氛围在国防科技重点实验室知识创新中的作用机制，提出增强国防科技重点实验室知识创新能力与水平的对策措施，主要工作如下。

1. 深入分析了国防科技重点实验室知识创新研究的理论基础

在吸收借鉴理论界已有研究成果的基础上，分析界定了知识创新、知识创新平台等基本概念，重点阐述了国防科技重点实验室知识创新性质特点、地位与作用及组织管理，概括归纳了研究分析国防科技重点实验室知识创新可能涉及的知识管理、组织学习、内部协同、创新绩效等理论。理论基础的分析，为下一步研究如何增强国防科技重点实验室知识创新效率，提高知识创新能力，打下了坚实的前提和基础。

2．系统分析了国防科技重点实验室知识创新的影响因素、动力机制、创新过程和体系结构

知识创新是一项系统工程，涉及主体、客体、环境等各个方面的要素及其互动。着眼知识创新效率与能力的提升，从影响因素、动力机制、创新过程、体系结构等层面和角度，对基于国防科技重点实验室平台的知识创新一般原理，进行了全面深入的梳理与研究。在影响因素方面，重点分析了主体、客体、环体三个方面；在创新动力方面，归纳了动力类型和动力模式；在创新过程方面，分析了管理、转化和场三个过程，揭示了国防科技重点实验室知识创新过程模式；在体系结构层面，从构成、特点和运行机制三个层面进行了具体分析，揭示了开放条件下国防科技重点实验室知识创新的特点与规律。

3．深入研究了人才、学科和文化在国防科技重点实验室知识创新能力提升中的地位作用，提出了基于人才培养与管理、学科建设和文化培育增强实验室知识创新能力水平的对策措施

影响国防科技重点实验室知识创新的因素是多方面的，本书重点分析了人才培养、学科建设和文化培育在增强国防科技重点实验室知识创新效率中的特殊地位与作用，并基于这三个层面分别提出了相应的对策措施。就人才培养而言，提出了加强重点实验室自身建设、加强顶层设计、拓宽培养的渠道；就人才管理而言，分析了团队化管理、规范化管理和柔性化管理；就学科建设而言，结合现状分析、概括了转变思想观念、创新研究方向、优化队伍结构、加强条件建设、完善组织管理五个方面的内容；就文化培育而言，探讨了观念文化、制度文化和物质文化的培育。

4．概括归纳了国家级重点实验室知识创新的有益经验

在对世界主要国家代表性实验室创新实力考察的基础上，总结了发达国家立足实验室增强创新实力的成功经验与主要做法。在对中科院实施知识创新工程基本情况和主要做法梳理的基础上，概括出了中科院增强创新实力的成功经验。对我国研究型大学依托重点实验室大胆探索跨学科和交叉学科发展，促进多学科交叉融合的情况进行了概括分析，归纳出了基于学科建设提升知识创新能力的成功经验。在分析军队科研院所培育科技创新团队基本情况和典型案例的基础上，概括出了通过构建科技创新团队、提升知识创新能力需要注意把握的着力点。

5. 凝练提出了国防科技重点实验室知识创新能力效率提升对策措施

在总结分析影响国防科技重点实验室知识创新的影响因素，归纳国防科技重点实验室知识创新的核心竞争力、运行机制的基础上，构建国防科技重点实验室知识创新系统模型，结合新时代国防和军队现代化目标从政府宏观管理部门、依托单位、重点实验室自身三个层面，有针对性地提出增强国防科技重点实验室知识创新能力水平的政策和措施。

10.2　主要创新点

在国防科技重点实验室知识创新理论研究的基础上，结合我国国防科技重点实验室创新现状及军事技术创新现实要求，提出了基于国防科技重点实验室的知识创新能力水平提升对策措施，系统地回答了国防科技重点实验室知识创新什么、如何创新等具体问题。理论贡献及创新性主要体现在以下几个方面。

（1）在国防科技重点实验室知识创新基本理论分析方面，全面深入概括分析了创新平台的概念、类型，论述了基于创新平台知识创新的性质与特点，揭示了国防科技重点实验室知识创新所具有的团队创新、协同创新的深层次属性。

（2）在国防科技重点实验室知识创新系统分析方面，鲜明提出网络信息化条件下，国防科技重点实验室知识创新处于一个开放的系统之中，需要运用体系思维来分析研究国防科技重点实验室知识创新构成、特点及其运行；深入分析国防科技重点实验室知识创新的主体系统、资源系统、行为系统及支持系统，结合实际分析了国防科技重点实验室知识创新体系的合作信任机制、沟通协调机制、知识流动机制、利益分配机制，对于深层次把握国家级重点实验室知识创新规律与特点，进而有针对性地提升知识创新效率与水平有着重要意义。

（3）在国防科技重点实验室知识创新绩效关键影响因素方面，在影响知识创新一般因素分析的基础上，结合国防科技重点实验室实际，明确了人才、学科和文化氛围在知识创新、效率提升中的地位作用，并据此有针对性提出了操作性强的对策措施。

10.3　存在的不足及未来展望

知识创新并不是一个新的研究课题，但关于军事技术领域知识创新问题，基于国防科技重点实验室这一创新平台研究知识创新问题，目前能够看到的理论成果还十分有限。本书结合前期研究，在这一领域做出了一些有益探索，但这仅仅是一个开头，还有许多问题需要深入研究。

（1）关于国防科技重点实验室知识创新系统外部环境的分析还不到位。撰写过程中已经注意到国防科技重点实验室知识创新是一个复杂系统，指明了它存在于宏观的国家创新系统之中，依赖于宏观环境及外部市场、政策、法律、服务等环境因素的支撑，并且对它依赖的外部环境构成做了研究，但在后面的具体章节论述中，更多的是局限于国防科技重点实验室内部因素的分析研究，外部宏观因素研究不够。

（2）关于影响国防科技重点实验室知识创新绩效关键因素与环节的分析还不全面。研究撰写中注意了人才培养、学科建设、文化培育的重要作用，并研究了基于这三者提升知识创新的绩效具体举措，但对于科研经费、实验用房、仪器设备和基础条件平台等物力因素的分析还不到位，仅仅点出了它们，没有据此开展深入研究，更没有提出系统全面的对策措施。

（3）在逻辑框架和整体知识构成上，注意到了知识创新绩效评价问题，但限于篇幅，没有开展专门研究。另外，在研究重点上，对于知识创新一般性分析较多，军事技术知识创新分析较少；在研究方法上，规范性分析较多，实证性分析较少。这些都是下一步需要进一步加强的地方。除此之外，在军民融合深度发展的大背景下，国防科技重点实验室如何发挥好连通军地双方的桥梁与媒介作用，加快军事技术与武器装备领域原始创新，也是需要重点研究的问题。

参考文献

[1] Amidon Rogers D M. The Challenge of Fifth Generation R&D. Research Technology Management[J]. 1996, 39(4): 33-41.

[2] 闫刚. 知识经济视角下国内知识创新研究的热点、前沿及发展趋势的可视化分析[J]. 科技管理研究, 2013(13): 200-203, 208.

[3] Rosenberg. Inside the Black Box: Technology and Economics[M]. Cambridge: Cambridge University Press, 1982.

[4] Nonaka. The Knowledge Creating Company[J]. Harvard Business Review, 1991(11).

[5] 洪晓军. 创新平台的概念甄别与构建策略[J]. 科技进步与对策, 2008(7): 7-9.

[6] 蒋红, 周景泰, 等. 以重点学科建设为突破口, 构筑上海高校知识创新的新平台——上海高校重点学科建设的若干思考[J]. 成都理工大学学报(自然科学版), 2003(12): 208-211.

[7] 周永红. 论知识创新中的图书情报服务平台建设[J]. 情报资料工作, 2005(3): 85-88.

[8] 苏震. 基于 BLOG 平台的协同知识创新行为分析[J]. 情报科学, 2006(6): 910-194.

[9] 杨淑萍. 面向知识创新的高校科研信息服务平台的构建[D]. 郑州: 郑州大学, 2007.

[10] 黄哲, 刘希宋. 基于知识网络平台的协同知识创新系统的构建[J]. 科技与管理, 2008(11): 80-82.

[11] 雷雪. 面向知识创新的学术 Wiki 平台研究[D]. 武汉: 武汉大学, 2009.

[12] 瞿成雄. 跨系统知识创新信息保障平台构建与服务组织研究[D]. 武汉: 武汉大

学, 2009.

[13] 王蕊. 企业知识创新平台构建与应用研究[D]. 长春：吉林大学, 2007.

[14] Hans Mark, Arnold Levine. 美国研究机构的管理——着眼于政府研究所[M]. 北京：航空工业出版社, 1988.

[15] Michael Crow, Barry Bozeman. 美国国家创新体系中的研究与开发实验室——设计带来的局限[M]. 北京：科学技术文献出版社, 2005.

[16] 易高峰. 国家重点实验室建设的回顾与思考：1984—2008[J]. 科学管理研究, 2009(8): 35-38.

[17] 苏丁丁, 熊兴耀, 程鹏, 等. 国家重点实验室建设现状与思考[J]. 实验室研究与探索, 2011(6): 88-91, 107.

[18] 刘树成. 现代经济词典[M]. 南京：凤凰出版社, 江苏人民出版社, 2005.

[19] 施荣明, 赵敏, 孙聪. 知识工程与创新. 北京：航空工业出版社, 2009.

[20] 翠清. 支持动态能力的企业知识创新体系研究[D]. 合肥：合肥工业大学, 2007.

[21] 孔德(Comte, A). 论实证精神[M]. 北京：商务印书馆, 1996.

[22] 张光博. 社会学词典[M]. 北京：人民出版社, 1989.

[23] Amidon D M. Innovation strategy for the knowledge economy: the ken awakening[M]. Boston: butterworth Heinemann, 1997.

[24] 张凤, 何传启. 知识创新的原理和路径[[J]. 中国科学院院刊, 2005, 20(5): 389-394.

[25] 赵文华. 高等教育系统论[M]. 桂林：广西师范大学出版社, 2001.

[26] 邹海蔚. 构建国家创新体系[J]. 经营与管理, 2004 (11): 11-13.

[27] 彼得·德鲁克. 知识管理[M]. 北京：中国人民大学出版社, 2000.

[28] 艾米顿. 知识经济的创新战略——智慧的觉醒[M]. 北京：新华出版社, 1998.

[29] 丁翠萍. 论我国国家创新体系的信息资源配置[J]. 中国图书馆学报, 2004(11): 21-24.

[30] 何传启, 张凤. 知识创新—竞争新焦点[M]. 北京：经济管理出版社, 2001.

[31] 吴国林. 区域技术创新平台研究[J]. 科技进步与对策, 2005(1): 162-164.

[32] 王斌, 谭清美. 产业创新平台建设研究——基于组织、环境、规制及外围支撑的视角[J]. 现代经济探讨, 2013(9): 44-48.

[33] 刘瑞波. 核心竞争力理论研究综述及其展望[J]. 山东财政学院学报, 2009(2): 63-67.

[34] 科技部、财政部、国家发展改革委关于印发《国家科技创新基地优化整合方案》的通知, EB/OL, http://www.most.gov.cn/mostinfo/xinxifenlei/fgzc/gfxwj/gfxwj2017/

201708/ t20170824_134589.html.

[35] 李云. 国家实验室管理体制和运行机制研究[D]. 成都: 西南交通大学, 2010.

[36] 谢陆宁. 基于综合集成的团队创新支持理论与方法研究[D]. 上海: 上海交通大学, 2007.

[37] 曾健, 张一方. 社会协同学[M]. 北京: 科学出版社, 2006.

[38] 陈劲. 协同创新[M]. 杭州: 浙江大学出版社, 2012.

[39] 邱均平, 段宇锋. 论知识管理与竞争情报[J]. 图书情报工作, 2000(4): 11-14.

[40] 左美云. 国内外企业知识管理研究综述[J]. 科学决策, 2000 (3): 31-37.

[41] 左美云, 许坷, 陈禹. 企业知识管理的内容框架研究[J]. 中国人民大学学报, 2003(5): 69-76.

[42] 林东清. 知识管理理论与实践[M]. 李东, 改编. 北京: 电子工业出版社, 2005.

[43] 冯建民. 现代企业组织学习理论研究述评[J]. 深圳大学学报(人文社科版), 2001(4): 59-64.

[44] 陈国权, 马萌. 组织学习现状与展望[J]. 中国管理科学, 2000(3): 66-74.

[45] 龙静. 企业知识创新及其管理研究[D]. 南京: 南京大学, 2001.

[46] 熊励, 孙友霞, 蒋定福, 等. 协同创新研究综述——基于实现途径视角[J]. 科技管理研究, 2011(14): 15-18.

[47] 彭纪生, 吴林海. 论技术协同创新模式及建构[J]. 研究与发展管理, 2000(5): 12-16.

[48] 全利平, 蒋晓阳. 协同创新网络组织实现创新协同的路径选择[J]. 科技进步与对策, 2011 (9): 15-19.

[49] 贾生华, 等. 基于协同创新思想的浙江民营企业创新发展模式[J]. 浙江社会科学, 2005 (2): 213-218.

[50] 蒋日富, 霍国庆, 谭红军, 等. 科研团队知识创新绩效影响要素研究——基于我国国立科研机构的调查分析[J]. 科学学研究, 2007(4): 364-372.

[51] 颜晓峰. 创新研究[M]. 北京: 人民出版社, 2011.

[52] 初庆春, 刘荣, 汪克夷. 知识、创新和创造力[J]. 大连理工大学学报(社会科学版), 1999, 20(2): 51-53.

[53] 张宝刚, 陈宝辉. 创造性思维与技法[M]. 北京: 机械工业出版社, 1997.

[54] 周明星. 创造教育与挫折教育[M]. 北京: 中国人事出版社, 1999.

[55] 孙雍君, 斯滕伯格. 创造力理论评述[[J]. 自然辩证法通讯, 2000, 125(22): 29-38.

[56] 理查德·L·达夫特. 组织理论与设计[M]. 宋继红, 等译. 大连: 东北财经大学出版社, 2002: 61.

[57] 卢盛忠. 组织行为学[M]. 杭州: 浙江教育出版社, 1993.

[58] 柳卸林. 技术创新经济学[M]. 北京: 中国经济出版社, 1992.

[59] 王明明, 李艳红, 戴鸿轶. 基于知识创新的科研团队知识管理系统研究[J]. 情报杂志, 2006(9): 58-61.

[60] 郭韬, 楼瑜, 滕响林. 基于复杂性理论的企业知识创新系统研究[J]. 情报杂志, 2008(4): 112-115.

[61] 周海平. 近二十年国内显性与隐性知识研究述评[J]. 通化师范学院学报, 2018(8): 93-97.

[62] David Ruelle. Chance and Chaos[M]. Princeton University Press, 1991.

[63] 孙巍. 基于隐性知识内部转化的知识创新研究[J]. 情报杂志, 2006(7).

[64] 唐五湘. 创新论[M]. 北京: 中国盲文出版社, 1999.

[65] Hakan Hakansson. Industrial Technological Development: A Network Approach[M]. London: Crook Helm, 1987.

[66] 张永宁. 基于知识转移的企业创新网络研究[D]. 武汉: 武汉理工大学, 2008: 44.

[67] 曾德明, 禹献云, 陈静华, 等. 企业创新网络分析: 知识流动视角下的理论构架[J]. 科技管理研究, 2009(9): 352-355.

[68] 刘静卜, 李朝明. 企业协同知识创新的利益协调机制研究[J]. 科技进步与对策, 2011 (8): 83-87.

[69] 李正风. 中国科技系统中的"系统失效"及其解决初探[J]. 清华大学学报(哲学社会科学版), 1999(12): 19-24.

[70] 张宝生. 基于知识网络的虚拟科技创新团队的知识流动研究[D]. 哈尔滨: 哈尔滨工业大学, 2011.

[71] 习近平: 坚定不移创新创新再创新, 加快创新型国家建设步伐[N]. 人民日报, 2014-06-10(1).

[72] 国家中长期人才发展规划纲要(2010—2020 年). 北京: 人民出版社, 2010.

[73] 刘宝存. 什么是创新人才, 如何培养创新人才[N]. 中国教育报, 2006-10-09.

[74] 王广民, 林泽炎. 创新型科技人才的典型特质及培育政策建议——基于84名创新型科技人才的实证分析[J]. 科技进步与对策, 2008(7): 186-189.

[75] 王剑. 高层次创新型科技人才成长的四点规律[N]. 中国组织人事报, 2012-07-13.

[76] 张松涛, 关忠诚. 科技人才的教育经历研究——以中国科学院杰出青年为例[J]. 中国科技论坛, 2015 (12): 132-137.

[77] Edquist C. (ed): Systems of Innovation Technologies, Institutions and Organizations. London and Washington Pinter, 1997.

[78] Cohen W M, Levinthal D A. Absorptive Capability: A New Perspective in Learning and Innovation. Administrative Science Quarterly, 1990(17): 178-184.

[79] Karl R P, Leung H, Jojo M L Chung. The Liaision Workflow Architecture [M]. Hong Kong: Hong Kong Polytechnic University, 1998.

[80] 蔡秀萍. 揭秘领军人才素质[J]. 中国人才, 2007(4): 8-9.

[81] 宫以国. 装备科技领军人才培养环境研究[D]. 北京: 装备指挥技术学院, 2008.

[82] Wah L. Making knowledge stick: No knowledge management program can succeed without a shift in corporate culture[J]. Management Review, 1999, 88(5): 24-29.

[83] 马建. 打造优势学科群, 推进高水平大学建设[J]. 中国高校科技与产业化, 2011(3): 22-24.

[84] 张艳, 刘应征. 依托重点实验室培养科技创新团队人才[J]. 实验室研究与探索, 2007(5): 126-129.

[85] Martin Hoegl. Smaller teams——better teamwork: How to keep project teams small[J]. Business Horizons, 2005(48): 209-214.

[86] 吴杨. 团队知识创新过程及其管理研究[D]. 哈尔滨: 哈尔滨工业大学, 2009.

[87] 傅夏仙. 人力资源管理[M]. 杭州: 浙江大学出版社, 2003.

[88] 舒惠国. 落实"四个尊重"拓宽人才视野[J]. 中国公务员, 2003(3):1.

[89] Blyton P, Morris. HRM and the Limits of flexibility[J]. Researching human resource management, 1992.

[90] 李铁君. 大学学科建设与发展论纲[M]. 北京: 中国社会科学出版社, 2004.

[91] 伯顿·克拉克. 高等教育系统[M]. 杭州: 杭州大学出版社, 1994.

[92] 李健宁. 高等学校学科竞争力评价研究[D]. 上海: 华东师范大学, 2004.

[93] 严春燕, 李永正. 学科建设规划与学科内涵发展的关系分析[J]. 西南民族大学学报, 2010(9):249-252.

[94] 张剑雄. 高校学科梯队建设浅探——以梯队结构与实力为视角[J]. 湖北教育学院学报, 2005(10):89-91.

[95] 尚长春, 吴霄, 陈阳. 高校学科建设内涵三要素分析[J]. 技术与创新管理, 2009(3): 164-166.

[96] 申纪云. 科学谋划高等学校学科建设[J]. 中国高校科技, 2014(7): 4-6.

[97] 娄玉珍, 赵鹏大, 徐士元. 大学优势学科、特色学科建设的原则及途径探讨[J]. 中国地质教育, 2006(2): 37-39.

[98] 唐景莉, 黄文, 杨桂青. 大学要科学定位各安其位[N]. 中国教育报, 2004-08-11(2).

[99] 赵文平, 等. 学科发展规律与学科建设问题的研究[J]. 学位与研究生教育,

2004(5): 13-16.

[100] 刘湘宁. 我国研究型大学学科建设目标研究[D]. 长沙：中南大学, 2002.

[101] 章琳. 学科文化与社会主义核心价值观培育[J]. 教育评论, 2017(4):32-35.

[102] 张炜, 高静, 黄学讯. 创新文化及其作用机制的研究述评[J]. 科技管理研究, 2010(11): 7-9, 56.

[103] 金吾伦. 创新文化的内涵和作用[N]. 光明日报, 2004-09-04.

[104] Thornherry, Dvpgressman Mac. Fostering a Culture of Innovation[J]. Proceedings of the United States Naval Institute, 2003(4): 44-48.

[105] 陆秀红, 梁国钊. 爱因斯坦的科学宽容思想与科学宽容精神[J]. 科学技术与辩证法, 2005(8): 96-101.

[106] 李培友. 广西自治区重点实验室创新文化建设研究[D]. 南宁：广西大学, 2011(5): 16-17.

[107] 金吾伦. 创新的哲学探索[M]. 上海：东方出版中心, 2010: 277-279.

[108] 王冀生. 文化是大学之魂[J]. 北京大学教育评论, 2003(4): 42-46.

[109] 曾小华. 文化与制度文化[J]. 中共浙江省委党校学报, 2001(2): 30-36.

[110] 廉夏夏. 支撑技术创新的创新文化体系研究[D]. 昆明：昆明理工大学, 2013: 19-23.

[111] 薛晓芳, 覃正. 虚拟企业的知识创新机制及其知识生态位研究[J]. 情报杂志, 2008(8): 73-76.

[112] 郭东明. JCDK重点实验室创新文化建设研究[D]. 天津：天津大学, 2013: 8-11.

[113] 刘仲林. "创新"的中国文化渊源[J]. 天津师范大学学报(社会科学版), 2001(4): 4-5.

[114] 李克特. 科学是一种文化过程[M]. 北京：生活·读书·新知三联书店, 1989.

[115] 俞吾金. 为理论创新营造良好的氛围[J]. 探索与争鸣, 2001(10): 7.

[116] 马克思. 政治经济学批判序言导言[J]. 北京：人民出版社, 1971: 4-5.

[117] 李炳昌. 交流与合作, 激励科学创新[J]. 前沿, 2005(4): 26.

[118] 强亦忠. 漫议科学创新思维方法[J]. 科协论坛, 2006(11): 34-35.

[119] 谭坤艳. 论科学创新文化及其构建[D]. 成都：成都理工大学, 2008: 23-25.

[120] 王清刚. 论企业内部控制的灵魂——从制度建设到道德与文化建设[J]. 中南财经政法大学学报, 2014(1): 119-125.

[121] 张国钧. 论创新的道德支持[J]. 道德与文明, 2003(3): 10-13.

[122] 江泽民. 论科学技术[M]. 北京：中央文献出版社, 2001: 174-175.

[123] 范跃进. 论制度文化与大学制度文化建设[J]. 山东理工大学学报(社会科学

版), 2004(3): 5-9.

[124] 陈喜乐. 科技资源整合与组织管理创新[M]. 北京: 科学出版社, 2008.

[125] 段万春, 李耀平. 科技创新的桥梁[M]. 昆明: 云南科技出版社, 2006.

[126] 彭宗德. 大学物质文化建设[J]. 黑龙江社会科学, 2008(1): 191-192.

[127] 郭必裕. 大学物质文化精神化略论[J]. 煤炭高等教育, 2008, (5): 5-6.

[128] 胡智慧, 王建芳, 等. 世界主要国立科研机构管理模式研究[J]. 北京: 科学出版社, 2016: 1.

[129] 卞松保, 柳卸林. 国家实验室的模式、分类和比较——基于美国、德国和中国的创新发展实践研究[J]. 管理学报, 2011(4): 567-576.

[130] 任波, 侯鲁川. 世界一流科研机构的特点与发展研究——美国国家实验室的发展模式[J]. 科技管理研究, 2008(11): 61-63.

[131] 沈红. 美国研究型大学形成与发展[M]. 武汉: 华中理工大学出版社, 1999: 32-33.

[132] 张明龙. 美国国家实验室的创新实力考察 [J]. 西北工业大学学报, 2009(9): 57-59.

[133] 仇方迎. 国家实验室: 研究型大学的脊梁[N]. 科技日报, 2005-03-01.

[134] 朱斌, 等. 国科学与技术[M]. 北京: 专利文献出版社, 1999.

[135] 程如烟. 美国科研设施管理简介(上)[J]. 中国设备工程, 2004(1): 61-63.

[136] 知识创新工程评估工作组. 中国科学院开展知识创新工程(1998—2010 年)评估工作[J]. 中国科学院院刊, 2011(2): 127-133.

[137] 龚玉. 基于学科交叉的高校国家重点实验室研究[D]. 上海: 华东师范大学, 2010.

[138] 陈其荣, 殷南根. 交叉学科研究与教育: 21 世纪一流大学的必然选择[J]. 研究与发展管理, 2001(3): 53-57.

[139] 蒋国俊. 综合性大学交叉学科建设存在的问题与对策[J]. 学位与研究生教育, 2004(9): 23-26.

[140] 朱新涛. 学科壁垒、学术堡垒与高等学校学科建设[J]. 江苏高教, 2003(2): 81-83.

[141] 刘新妍. 军队科技创新团队建设研究[M]. 北京: 军事科学出版社, 2011: 27-29.

[142] 王晓易. 中国突破卫星导航定位系统某关键设备技术瓶颈[N]. 解放军报, 2006-06-30(2).

[143] 杨学军, 王建伟. 打造勇攀世界科技高峰的创新团队[J]. 求是, 2011(8): 54-56.

[144] 何钟, 周明. 6000 多项科研成果是如何创造的——第二炮兵装备研究院科学发展闻思录[N]. 解放军报, 2009-02-11(2).

[145] 朱雪梅. 走科技创新之路打造国家一流研究院[J]. 中国水产, 2004(12): 19-20.